대한민국을 움직이는
쿨 에너지

강준만 지음

‘쿨’은 ‘시대정서’다

심리적 자기방어 기제로서의 '쿨'

요즘 한국에서도 '쿨[cool]'이라는 말이 유행이다. 그렇긴 한데, '쿨'이 뭐냐고 하면 이걸 딱 부러지게 이야기할 수 없기에 그 유행의 실체도 파악하기 어렵다. 서양에서의 '쿨'의 역사는 50년이라지만, 그 철학적 기원은 기원전 3000~2000년 아프리카로 거슬러 올라간다.[1] 그러니 수많은 '쿨'의 변종들이 있을 텐데 무슨 수로 '쿨'에 대해 엄격한 정의를 내릴 수 있겠는가.

'쿨'의 개념 정의를 엄격하게 내리는 게 가능하다손 치더라도 무의미할 가능성이 높다. 이미 사람들마다 각기 다른 의미로 이 말을 널리 쓰고 있기 때문이다. 아니 '쿨'의 분명한 정의를 내리려는 태도 자체가 '쿨'의 정신에 반하는 것이다. 어렴풋한 정의 정도로 만족하고 각자 어렴풋하게 그 의미를 음미해보면서 '쿨'의 다양성·다원성을 인정하는 게 현실적인 해법일 수 있다.

미국·영국의 젊은이들은 '쿨'이라는 말을 입에 달고 다니는데, 이들이 생각하는 '쿨'의 의미는 '좋다' '근사하다' '패션이 멋지다' 등이다. 반면 《옥스퍼드사전》은 '쿨'을 "흥분과 열정의 기운을 잃은. 덜 열광적이고 열심인. 열정과 감정에 영향 받지 않으며 흥분하지 않고 심사숙고하고 조용한" 등으로 정의했다.[2]

서양 젊은이들이 실제로 쓰는 용법과 《옥스퍼드사전》의 정의는 다른 건가? 꼭 그렇진 않다. 우리 시대의 '멋'의 개념이 근본적으로 '쿨'을 요구하고 있다고 보는 게 옳겠다.

여기선 쿨에 대한 논의를 《위키피디아》의 무난한 정의를 수용하는 선에서 시작하기로 하자. 《위키피디아》는 '쿨'을 "언제 어느 상황에서나 안정감과 고요함을 유지하고, 자기조절을 잃지 않으면서 독립적인 태도를 갖는 것"이라고 정의했다.[3] 이는 '쿨'이 일종의 심리적 자기방어 기제라는 걸 시사해주는 것이다. 한국에선 어떤가? 김미리의 견해다.

"1990년대 후반부터 젊은이들 사이에 최고의 트렌드로 자리 잡은 쿨cool. '뒤돌아보지 않는다' '필요 이상의 감정 소비는 바보짓이다'라는 식의 사고로 대변되는 '쿨함'은 '일탈과 반항의 코드'로 해석되며 신세대의 사고방식과 대중문화를 지배했다. 특히 디지털 문화의 개인주의적 특성과 맞아 떨어지면서 '쿨하다=세련됐다=시대를 앞선다' '쿨하지 않다=촌스럽다=시대에 뒤떨어진다'라는 인식까지 낳았다.[4]"

이성관계에서의 '쿨'

그렇지만 '쿨'의 용법엔 '계급'을 '문화' '취향'으로 바꾼 혐의가 스며있다. 누군들 촌스럽고 싶어서 촌스럽겠는가? '쿨'하기 위해선 투자가 필요하다. 돈이 필요하다. 투자를 하지 않더라도 '믿는 구석'은 있어야 한다. 그래야 '쿨'할 수 있다. "너 돈 없구나"라고 말하기는 쉽지 않다. 그렇지만 "너 '쿨'하지 않구나"라고 말할 수는 있다. 이처럼 '계급'을 '문화' '취향'으로 바꿔 말하는 건 우리 시대의 예법이 되었다.

그러나 동시에 '계급결정론'도 경계해야 한다. '쿨'엔 계급만으론 다 설명할 수 있는 그 무엇이 있다. 한국의 젊은이들이 '쿨'이라는 말을 많이 쓰는 경우인 이성관계에서의 이별을 생각해보자. '쿨'을 주제로 다룬 가요에 그 용법이 잘 나타나 있다.

"단 한 번뿐이야 너 내일이면 쿨하게 날 잊어줘"(소찬휘의 'Hold me now', 2001)

"티내지도 말고 어설픈 말 하지도 말고 쿨하게 보내줘 눈물 따위 필요 없어"(비제이의 'moo', 2006)

이번엔 몇 년 동안 헌신했던 여자친구와 이별하면서 '쿨 가이'로 거듭나게 된 어느 35세 남성의 '쿨 예찬론'을 들어보자.

"산전 수전 공중전에 연장전까지 치르면서 집착이란 게 뭔가 다시 생각하게 됐다. 내가 그를 좋아했던 것은 어차피 내 행복을 위해서였는데 그가 나를 '배신' 했다며 몸서리칠 이유가 뭐 있겠는가. 100번 찍어 안 넘어가는 나무 없다는 말이야말로 무식하고 정복적으로 들린다. '주지도 말고 받지도 말자' 는 것보다는 '주기는 하되 받을 걸 기대하지는 말자' 는 게 내 정신이다."[5]

이별을 할 땐 감정이 폭발할 수 있으므로 그런 특별한 상황에 비추어 "쿨하게 헤어지자"는 건 나름의 효용이 있다고 볼 수 있다. 문제는 이 경우의 쿨이 일상적 삶에서 전방위적으로 쓰이고 실천되는 사태다. 상처받거나 구질구질해지는 걸 두려워하는 자기방어 전략 때문일 게다.

그러나 똑같이 '쿨' 을 외쳐도 개인적 편차가 있다. "주기는 하되 받을 걸 기대하지는 말자"는 사람도 있지만, "받기는 하되 주지는 말자"는 사람도 있을 수 있다. 한꺼번에 싸잡아서 '쿨' 을 이야기하는 게 위험한 이유이기도 하다.

디지털시대의 '감정의 처세술'

거시적으로 보면, 한국에선 다른 어떤 나라보다 더 전근대 · 근대 · 탈근대가 왕성하게 부딪히며 공존하는 '비동시성의 동시성' 현상이 두드러져 '쿨' 의 과잉 수요를 불러일으키는 경향이 있다. 정서적으로 시대에 뒤처진 사람, 시대 평균적인 사람, 시대를 앞서가는 사람들 사이의 괴리와 갈등이 크기 때문에, 이에 대처하기 위해 '쿨'이 더욱 필요해졌다는 뜻이다. '쿨'은 서로 다른 시간대를 사는 사람들과의 관계와 더불어 한국 특유의 사람에 치이는 문화가 야기하는 피곤함을 피하기 위한 '감정의 처세술'인 셈이다.

좀 더 이해를 돕기 위해 말하자면, 사이버교육 논란도 바로 그런 '쿨'의 문제라고 할 수 있다. 사이버교육의 확산으로 인해 인간적 정감과 체취가 상실되고 기능성 위주의 교육이 득세할 것을 우려하는 사람들도 있지만, 정반대로 기존 교육의 인터페이스interface가 '쿨'하지 않았다는 점에 불만을 느낀 사람들은 모든 인간적 문제를 배제시킨 사이버교육의 쿨한 인터페이스에서 더 큰 매력을 느끼기도 한다.

그와 더불어 디지털 시대가 바꾸어 놓은 '기회'의 개념은 어떤 사안에 대해 '목숨 걸고 끝장보기'의 효용성을 크게 떨어뜨렸다는 점에 주목할 필요가 있다. 그것보다는 최선을 다한 후에 여의치 않을 경우 '빠른 포기'와 '매끄러운 종결'을 하는 게 훨씬 더 수익성 높은 처세법이 된 것이다.

남들보다 잘나고 싶거나 적어도 자긍심은 유지하고 싶어 하는 이른바 '구별짓기'는 어떻게 할 것인가? 그게 여의치 않기에 '쿨'해질 필요가 더욱 커진다고 볼 수 있다. 가수 마야가 "쿨하게 가슴은 뜨겁게 어차피 한번 왔다 가는 세상 쿨하게 사는 게 모두 똑같다면 그냥 미련 없이 버리고 떠날래" 하고 불렀던 '쿨하게'의 노랫말처럼.

개인의 입장에서 보자면 '쿨'은 '감정의 처세술'이지만, 사회적 차원에서 보면 '쿨'은 '시대정서'다. 노무현은 "시대정신이 나를 대통령으로 만들었다"고 주장했지만, 노무현을 대통령으로 만든 건 시대정신이 아니라 시대정서였다. 시대정신이라고 하기엔 알맹이가 약했고 휘발성이 강했다.

노무현을 만든 시대정서는 '핫hot'이었는데, 그렇다면 시대정서라는 건 몇 년마다 바뀌는 건가? 그렇지 않다. 여러 정서들이 공존하는 가운데 상호 우열을 다투는 것이다. 역설이지만, 노무현의 '욱'하는 기질이 '쿨'의 수요를 더 키웠다고 볼 수 있다. 성공의 원인이 동시에 실패의 원인이 되는 역설이라고나 할까.

한국인은 '감정 발산'에 유능하며 '감정 억제'에 무능하다. 요즘 신세대는 '쿨'을 추구하기 때문에 그건 옛날이야기 아니냐는 반론도 가능할 수 있겠다. 또 '쿨'이 일시적인 유행으로 보일 수도 있다. 그러나 '쿨'은 사라지지 않는다. '쿨cool'과 '웜warm' '핫hot'은 상호 순환관계를 형성한다고 보는 게 옳다.

'쿨'의 다양한 얼굴

2005년 "쿨이 난류暖流를 만났다는 주장이 제기되었다. 《조선일보》 2005년 10월 17일자는 "드라마·영화·음악 등 대중문화는 물론이고, CF, 마케팅과 패션 트렌드까지 사회 전반이 차가운 가슴에서 따뜻한 가슴으로 이동 중이다"고 주장했다. 쿨한 사랑으로 상처받는 젊음을 그린 소설 《너는 마녀야》를 펴낸 작가 오현종은 "쿨이 처음에는 신선하게 느껴졌지만 하나의 강박이 되면서 가볍지 못하기 때문에 가벼운 체 가장해야 하는 모순까지 낳았다"며 "이에 대한 반작용으로 따뜻한 감성을 찾게 되는 것"이라고 분석했다.[6]

그러나, 다시 말하지만, 쿨은 밀물과 썰물처럼 일시적으로 퇴조할 수는 있어도 다시 밀려오게 돼 있다. 위와 같은 분석이 타당하다 하더라도 그로부터 1년 후에 다시 '쿨'의 전성시대를 맞은 게 그걸 잘 말해준다. '쿨'만 찾다간 얼어 죽을 수도 있다며 우리 시대의 '쿨' 중독을 염려하는 전문가의 조언까지 나오고 있는 만큼, '쿨' 중독의 시대라고 해도 좋을 정도다. 건국대병원 신경정신과 교수 하지현은 우리 시대의 중독 현상의 하나로 '쿨' 중독을 지적하면서 다음과 같이 우려했다.

"인간은 순도 100%의 하얗고 아름다운 감정만 주고받을 수는 없습니다. 미운 정 고운 정이 있어야 정이 들 듯, 쿨하게 좋은 정만 주고받는 건 불가능합니다. 쿨할수록 섬과 해안 사이는 멀어집니다. 멀어질수록 안전하지만 외롭고 공허해집니다. 가끔은 다소 '없어 보이더라도' 매달리고, 속마음을 발산해보는 것이 당신이라는 섬에 사람들이 오고 갈 다리를 놓는 길이라면 어떻게 하실래요. 솔직히 다리를 놓는다고 위험해지는 것은 아닙니다. 섬 안에 사람을 들인다고 자존심 상할 일도 별로 없습니다. 많은 현대인들이 지지고 볶고 사느니, 고고하게 '혼자놀기'를 즐깁니다. 추운 겨울에 미니스커트 입는 것도 패션이고 개성입니다. 인간은 원래 외로운 존재라는 자기 최면만 걸 수 있다면 쿨한 인생도 꼭 나쁜 것만은 아니겠지요. 그렇지만 어느 날, 외로움이 뼛속 깊이 스며들며 엄동설한에 얼어 죽을 수도 있다는 것, 그것이 쿨한 삶의 비극입니다."[7]

'쿨'의 인기가 그만큼 높다는 반증이다. 또한 '쿨'을 넓게 해석하면, '쿨'이 꼭 고독이나 고립은 아니다. 사람들과 어울려 지내기를 좋아하면서도 얼마든지 '쿨'할 수 있다.

쿨은 비교적·상대적 개념으로 이해하는 게 좋다. 비단 사람들과의 관계뿐만이 아니다. 비교적 젊은 세대가 '쿨'을 선호한다고 볼 수는 있지만, 세대를 초월하여 '쿨'한 사람과 '쿨'하지 않은 사람이 있다고 보는 게 옳다. 기성세대는 '쿨'과 거리가 먼 것 같지만, 사람에 따라선 오히려 나이가 먹을수록 '쿨'해지기도 한다.

우리 시대에 높은 인기를 누리는 사람들을 보라. 대부분 '쿨' 계열의 사람들이다. 이영애, 이효리, 전지현, 배용준, 강금실, 손석희 등이 대표적 인물이다. 각자 '쿨'의 성격이 다르다. '쿨'을 배경으로 깔면서 '쿨'의 파괴로 매력을 발산하는 이들도 있고, 그 반대의 경우도 있다.

쿨의 스펙트럼을 놓고 보면 한쪽 끝엔 냉소주의·허무주의가 자리 잡고 있는 반면 그 반대편 끝엔 건강하고 활력 넘치는 개인주의가 자리 잡고 있다. 위에 언급한 인물들의 쿨은 냉소주의·허무주의와는 거리가 멀다.

쿨은 자본주의 발전단계와 밀접한 관련이 있다. 일본이 한국보다는 비교적 '쿨'한 사회다. 일본 아줌마들이 배용준 등 한국 스타들에 열광한 건 '쿨'을 넘어선 온기·정열·눈물 때문이었다고 하지만, 배용준만 하더라도 바탕에 '쿨'을 깔고 있으면서 '쿨'과는 다른 모습을 보여줬기 때문에 어필했다.

연예인의 경우 맡은 역할에 따라 '쿨'할 수도 있고 그렇지 않을 수도 있다. 이동연은 드라마 '사랑을 그대 품안에'의 차인표, 영화 '비트'의 정우성, 드라마 '네 멋대로 해라'의 양동근과 이나영, 드라마 '옥탑방 고양이'의 이현우 등을 쿨하다고 보았다.

그는 '쿨'이 '새롭고 신선하고 멋지다'라는 말로도 통하기 때문에 "스타들은 늘 새롭고 혁신적인 스타일을 선보이며 대중들에게 '쿨'한 존재로 남으려한다. 스타의 흥망성쇠는 곧 쿨 스타일의 변천사인 셈이다"고 주장했다.[8]

'쿨'은 '콜드cold'가 아니다. 김진애가 잘 지적했듯이, '청춘의 덫'에서의 심은하는 '쿨'이 아니라 '콜드'다.[9] 정치인 이해찬이 쿨하다는 주장도 있지만,[10] 이해찬도 '콜드'에 가깝다. 전 한나라당 대통령 후보 이회창도 '콜드' 계열로 보는 게 옳으리라.

당신의 쿨 지수는?

아직도 '쿨'이 무엇인지 감이 오지 않는 독자가 있다면, 자신의 '쿨 지수'를 점검해보는 것도 좋겠다. 지난 2003년 《한겨레 21》은 '쿨 특집'을 게재하면서 독자들의 '쿨 지수'를 측정하기 위한 20개의 지문을 제시했다. 예시된 지문 중 10개 이상에 동의한다면 쿨한 사람, 16개 이상이면 무척 쿨한 사람이라고 한다. 10~15개에 속하는 이는 쿨하게 살 자질을 갖췄지만 노력을 해야 쿨해질 수 있고, 10개 미만이면 천성적으로 쿨하기 어렵다고 한다.

– 최근 1주일 사이 '쿨'이라는 단어를 사용한 적이 있다. □

– 멋있거나 세련된 것을 봤을 때 "쿨하다"는 말이 자연스럽게 나온다. □

– 쿨한 사람을 연인으로 사귀어보고 싶다. □

– 애인과 헤어지면 휴대전화 기억번지에서 전화번호를 지워버린다. □

– 회색이나 청색을 좋아한다. □

– 흔한 제품보다는 내 스타일에 맞는 제품을 사야 직성이 풀린다. □

– 다른 사람 앞에서 우는 것은 감정 관리를 제대로 못하는 것이다. □

– 쉽사리 휩쓸리거나 흥분하지 않는 편이다. □

– 술자리에서 술을 더 마시고 싶어 하지 않는 사람에게 술을 권하는 것은 무례한 일이다. □

– 마음에 내키지 않는 일을 의무 때문에 하는 사람은 '구시대 인간형'이다. □

- 회사에서 싫은 사람 안 보려고 전자결재나 메신저를 이용하는 편이다. □

- '주지도 말고 받지도 말자' 는 인생 좌우명은 꽤 괜찮은 것 같다. □

- 동거하다가 헤어진 경험이 있는 사람과도 결혼할 수 있다. □

- 패션의 흐름을 빨리 알아차리고 남보다 앞서 즐기는 편이다. □

- 스타 팬클럽 회원이 되는 것은 바보짓이다. □

- 끈끈한 인간관계를 만드는 데 드는 정력을 능력과 전문성을 기르는 데 쓰고 싶다. □

- 회식 자리에서 당당하게 '안 마셔요' 라고 외칠 수 있다. □

- 상대방이 내 얘기를 듣고 싶어 하지 않는다는 사실을 무척 빨리 알아차리는 편이다. □

- 어떤 의미로든 '촌스럽다' 는 말을 듣는 것은 모욕적이다. □

- 개성이 뚜렷하다는 말을 자주 듣는 편이다.[11] □

이 '쿨 지수' 지문이 '쿨' 을 너무 좁게 보고 있다는 점에서 아쉬움이 있긴 하지만, 일반적인 용법으로 보자면 무리는 없을 것 같다. 10개 미만의 점수를 받은 독자는 이 책을 천천히 읽는 게 좋다. 독자들이 이해했으리라 믿고 '진도' 나가는 걸 따라잡지 못할 가능성이 높기 때문이다.(웃자고 해본 말이긴 하지만, 전혀 근거가 없는 건 아니다.)

이 책은 '쿨의 다원주의' 를 주창하면서 10인 10색의 '쿨' 을 탐구하고자 했다. 도도한 기품이 서린 이영애, 대한민국의 욕망을 대표하는 전지현, 신新페미니즘의 화신으로서 '유혹의 파워'를 가진 강금실, 초연한 모습으로 언제나 빛나는 손석희, 어벙해 보이지만 온 국민이 빠져버린 매력의 유재석, 지독한 프로근성이 뭔지 말해주는 박진영, 조용하고 신중하게 타오르는 열정의 반기문, 냉소와 고독을 벗 삼는 이 시대의 진정한 허무주의자 김훈, 헝그리정신에서 발로한 '코리안 드림'의 전형인 장준혁, 정열적인 노무현 옹호자이면서 마니아 기질로서 쿨의 면모를 보여주는 김갑수 등에 대해서다.

'쿨'에 대해 못 다한 이야기는 각 사례에 맞춰 본문에서 하도록 하겠다. 나름대론 '쿨'하게 써보겠다고 애를 썼는데, 모쪼록 모든 글이 '쿨'하게 읽혀지기를 바란다.

2007년 7월 강준만

이영애가 말한다

“너나 잘 하세요”

이영애

쿨한 그녀에겐 도도한 기품이 서려있다

이영애의 광고 헤게모니

우리 시대의 광고는 구질구질한 느낌을 제거하고 산뜻하게 보이는 걸 최우선으로 삼는다. 쿨해야 한다. 한국형 쿨의 선두 주자라 할 이영애가 우리나라 관객들이 가장 좋아하는 여자배우인 동시에[12] 광고모델 중 소비자들이 가장 선호하는 인물이라는 건 당연한 일인지도 모른다.

1992년 21세의 나이에 CF '산소 같은 여자'로 데뷔한 이영애는 인기를 얻은 뒤 10년 가까운 세월 동안 한국 광고계를 정상에서 평정해버린 마력을 과시해왔다. 텔레비전 시청자들은 아침에 일어나면서부터 잠들기까지 모든 일상을 이영애와 함께 했다. 2001년에 나온 한 광고비평은 '이영애의 하루'를 이렇게 묘사했다.

"아침에 일어나 웅진코웨이 정수기에서 나온 물을 마신다. 오전에 라벤다 풀밭에서 출장 간 남편과 001로 전화통화하고, 낮에는 엘지카드를 들고 쇼핑센터·헬스클럽으로 뛰어다닌다. 저녁엔 삼성 지펠 냉장고 앞에서 (귀국한) 남편으로부터 선물을 받고, 밤에는 드라마폰을 들고 파티에 참석한다. 집에 돌아와 한국통신 인터넷망으로 영어공부를 하고, 세이 비누와 엘라스틴 샴푸로 목욕한다.”[13]

광고계에서의 이영애 헤게모니는 2006년까지 지속되었다. 한국방송광고공사의 '2006년도 소비자행태조사[MCR]' 결과에 따르면, 소비자들이 선호하는 여자 광고모델로 이영애(10.1%)가 1위를 차지했다.[14]

이영애의 장수 비결은 무엇일까? 아니 이렇게 물어볼 수도 있겠다. 광고는 물론 드라마와 영화에서 이영애가 표현하거나 던진 이미지의 핵심은 과연 무엇일까? 여성학자 정희진은 광고와 드라마에서 '이영애'가 재현하는 건 성역할 고정관념과 이에 기초한 계급제도를 강화하는 전형적 이미지라고 분석했다.

“가부장제 사회에서 '보통' 남자들이 좋아하는 여성은 세상 물정에 무지한 순진무구한[innocent] 여성이다. 무식함과는 다르다. 적당히 지적이지만 남성의 언어에 도전하지 않고, 거칠고 험악한 노동시장에 진출할 필요·의지가 없으며, 남자에게 부담주지 않을 만큼만 의존적인, 깨끗한 손톱과 하얀 피부를 가진 여자. 한강이 내려다보이는 아파트에서 최고급 가전제품을 사용하면서 '여자라서 행복해요'라고 말할 수 있는 여성은, (모든 남자가 '가질 수 없기에') 남성의 계급을 증명한다.”[15]

같은 여성에겐 어떤 메시지를 던지는가? 《한겨레》 경제부 기자 권태호에 따르면, “잔주름과 칙칙함이라곤 현미경으로 봐도 찾기 힘든 이영애가 화장품 광고에서 '30대 여성 65%가 잔주름과 칙칙한 피부를 동시에 고민한다' 고 약을 올리듯 말한다. 안 살 수가 없다."[16]

남자를 주눅 들게 하는 여자

원래 남성은 미녀 앞에서 주눅 들기 마련이지만, 이영애 앞에선 더욱 그럴 것이다. 이영애가 아무리 겸손을 떨어도 그녀는 도도하게 보일 수밖에 없다. 그녀가 첫 출연한 드라마 '댁의 남편은 어떠십니까' (1993년)에서의 극중 이름도 '도도한 여자' (도도희)였다.

실제로 도도하다는 주장도 있다. 지난 2004년 5월 정치인 김근태는 《딴지일보》 총수 출신 김어준이 진행하는 '저공비행' CBS에 출연해 '가장 좋아하는 여배우' 로 이영애를 지목했는데, "과연 이영애 씨가 김 의원을 맘에 들어 할까?" 라는 질문에 다음과 같이 답했다.

"효자동 이발사 시사회에서 잠깐 봤는데 악수를 청하니까 앉아서 악수를 하더라. 약간 꼬왔지만(웃음) 여배우니까 도도하게 그럴 수 있다고 받아들였다."[17]

이영애가 경황이 없어 김근태를 몰라봤을 가능성도 있으니, '꼽게' 생각할 일은 아닌 것 같다. 그렇지 않다 하더라도 김근태가 인정한 '여배우의 특권' 으로 받아들여도 무방할 게다. 사실 '특권'

이라는 말로는 부족하다. '카리스마' 다. 최근 MBC '무한도전' 에 이영애가 출연했다는 걸 알린 어느 기사를 보자.

"제작진에 따르면 과거 고정 멤버들보다 나이가 어렸던 게스트 김태희에 비해 나이와 연륜에서 한 수 위인 '여신' 의 풍모를 지닌 이영애에게 멤버들이 온순한 양처럼 제대로 애드리브도 못쳤다고. 유재석이 과거 보여준 쑥스러움과 흡사한 모습을 보인 여섯 멤버들은 그동안 시끄럽게 떠들던 모습과 달리 온순하고 내성적인 캐릭터로 변했다고 제작진은 귀띔했다."[18]

'여신' 의 풍모라는 표현이 재미있다. 기자가 '오버' 한 걸까? 그런 것 같지는 않다. 이영애를 둘러싼 여러 에피소드들은 연예 저널리즘의 속성을 십분 감안한다 하더라도 이영애가 뭇 남성을 주눅들게 만든다는 사실을 일관되게 전하고 있다. '도도한 기품' 으로서의 '쿨 카리스마' 가 있다는 걸 말해준다.

일간지 기자인 L이 이영애 인터뷰 기사에서 그녀의 미모를 칭찬했다가 독자들로부터 너무 개인적인 호감을 드러낸 것 아니냐고 항의를 받았다. 이에 대해 또 다른 기자 신용호가 L 기자를 위한 옹호에 나섰다. 신용호는 "기자가 다소 과하지 않았나라고 생각할 수도 있겠지만 전 그렇지 않다고 생각합니다"라면서 "취재를 통해 느낀 점이지만 배우들끼리 서 있어도 돋보이는 건 이영애였고 그녀와 이곳저곳을 다녀보면 동료 연예인이든 일반인이든 주변에서 '너무 예쁘다' 라는 소리가 정말 끊이지 않습니다"라고 주장했다.[19]

하기야 같은 여성인 심재명조차 이영애에 대해 "그녀의 주변까지 비현실적으로 느껴지게 할 만큼 '창백하게 아름다운' 외모의 소유자"라고 하지 않았던가.[20] 심재명의 표현력이 대단하다. 심재명이 말한 건 이영애의 아우라다.

이영애의 '쿨' 아우라

아우라[Aura]는 원래 그리스어, 라틴어에서 나온 말로 미풍이나 꽃향기 발산과 같은 작용을 뜻했다.[21] 아우라는 전통적 예술의 신학적 기초를 이루며, 종교의식에 사용된다는 점에서 '영기靈氣'로 부르기도 한다.[22] 오늘날 아우라는 예술작품이 향유하는 역사적 유일성과 진품에서 느껴지는 분위기나 후광 같은 것을 말하지만,[23] 일반적 용법으로는 '고유한 분위기'를 말하는 의미로 쓰이고 있다.

뭇 남성을 주눅 들게 만드는 주범이 바로 이영애의 쿨 아우라다. 이영애는 보통사람들이 감히 넘보기 어려운 높은 곳에 거주하고 있다. 아무리 높은 곳에 있다고 해도 '사랑의 마법'이라는 가능성이 있다는 신화가 끊임없이 대중문화를 통해 생산되지만, 이영애의 '쿨'은 그 가능성마저 차단한다. '쿨'하기 때문에 그런 마법에 걸려들지 않는다. '설정'과 '실제'가 반복되면서 그렇게 굳어져버렸다.

그러나 가부장제 순응 이미지만으론 이영애의 인기를 다 설명할 수 없다. 거의 모든 여성 스타 모델이 가부장제 순응 이미지를 구현해왔기 때문이다. '쿨'에 그 답이 있을 것 같다. '쿨'하면 질리지 않는다. 늘 새롭다. 언젠가 그녀가 읊조린 광고 멘트는 "최고라는 건 앞서가는 거죠. 늘 새롭잖아요"라고 주장했지만, 중요한 건 '최고'의 지속성이다. '쿨'하면 늘 새롭게 보이기 때문에 '최고'의 수명이 길어질 가능성이 높다.

이영애의 쿨은 상당 부분 타고난 것이기도 하겠지만 또 상당 부분 자연스럽게 자신의 일상적 삶을 통해 훈련된 것이기도 하다. 역할의 특성을 감안한다 하더라도 1993년 도도희를 연기하던 당시의 이영애는 '쿨'과는 좀 거리가 있었다는 점에서 그렇다.

우리는 연기자가 주어진 역할에 따라 자신을 새롭게 창조한다고 생각하지만, 캐스팅 과정을 보면 꼭 그렇지만도 않다. 작가와 PD(또는 영화감독)는 캐스팅을 결정할 때 연기자의 평소 이미지의 영향을 받기 마련이다. 물론 그 이미지가 연기자의 진짜 캐릭터와는 다른 것일 수도 있지만, 그런 차이는 보통사람들의 경우에도 발생하는 것이다. 요컨대, 이영애의 '쿨' 이미지는 상당 부분 그녀의 실체일 수도 있다는 것이다.

하루키와 브레히트를 껴안은 이영애

이영애는 어떤 훈련을 하는 걸까? 그녀는 마음이 울적할 때나 답답할 때마다 '쿨'의 대명사라 할 무라카미 하루키의 《상실의 시대》를 읽는다. 특히 그녀는 자신의 정체성에 대한 믿음이 흔들릴 때마다 항상 《상실의 시대》에 나오는 다음 구절을 떠올리곤 한다.

"모든 사물을 너무 심각하게 생각하지 말 것. 그리고 모든 사물과 자신 사이에는 적당한 거리를 둘 것."[24]

이영애의 석사학위 논문 제목이 〈스타니슬라브스키와 브레히트의 연기론에 관한 비교연구〉(중앙대 신문방송대학원, 2001년)라는 것도 흥미롭다. 서사극[Epic Theatre] 이론을 주창한 독일의 극작가 베르톨트 브레히트(1898~1956)야말로 '낯설게 하기'를 내세우며 지식인적 '쿨'의 원형을 대변한 인물이 아니던가.[25]

브레히트의 삶도 '쿨' 자체였다. 그는 "어떤 특정한 세계관을 신봉한 적이 없었고 그와는 반대로 통상적인 견해나 의견을 최대한 조롱"하는 데 그의 재능을 쏟아 부었다.[26]

브레히트는 〈의심을 찬양함〉이라는 시에서 "절대로 의심할 줄 모르는 생각 없는 사람들도 있다. 그런 사람들의 소화 능력은 놀라웁고, 그들의 판단은 틀릴 수도 있다는 것을 모른다. 그들은 사실을 믿지 않고 오직 자신만을 믿는다. 필요한 경우에는 사실이 그들을 믿어야 한다. 자기 자신에 대한 그들의 참을성은 한계가 없다. 논쟁을 할 때 그들은 첩자의 귀로 듣는다"고 주장했다.[27]

의심을 찬양하는 브레히트의 '쿨' 기질은 서사극 이론으로 집약되었다. 아리스토텔레스의 연극이론은 감정이입과 카타르시스가 기본이었지만, 브레히트의 서사극 이론은 이런 환상 연극에 서사성을 가미해 연극에 빠져드는 것을 차단시키는 기법을 활용한다. 서사극은 감정이입을 시키는 것이 아니라 의식을 깨우는 연극을 말하며 그런 의미에서 반(反)아리스토텔레스 연극이론이라고 할 수 있다.[28]

브레히트는 '극적 연극'과 '서사적 연극'의 차이를 직접 도표로 정리했는데, 그 핵심을 대비시켜보면 다음과 같다.

극적 연극	서사적 연극
관객을 사건 속으로 몰아넣음	관객을 관찰자로 만듦
관객의 능동성을 소모시킴	관객의 능동성을 일깨움
관객의 감정을 일으킴	관객에게 결단을 강요
관객에게 체험을 전달	관객에게 지식을 전달
관객은 줄거리 속에 감정이입 됨	관객은 줄거리를 마주 대함
암시가 주요 도구	논증이 주요 도구
감정의 축적	인식의 단계까지 몰고 감
이미 알려진 존재로서의 인간	인간은 연구의 대상이 됨
인간은 변화 불가능한 존재	인간은 가변적이고 변화할 수 있는 존재
다음 장면을 위한 장면	장면마다 독립
직선적인 사건 진행	곡선적인 사건 진행
진화적인 사건 진행의 필연성	사건 진행의 도약성
현존하는 세계	변화되어야 할 세계
인간 행위의 필연성	인간이 해야 할 일
사유가 존재를 규정	사회적 존재가 의식 규정[29]

브레히트는 감정이입을 완전히 봉쇄해버릴 필요는 없지만, 연극 예술은 관객의 비판적인 태도를 가능하게 해야 하며, 또 그것은 예술의 성격을 상실하지 않고 가능하다고 주장했다.[30] 이를 위해 동원되는 '낯설게 하기'는 의도적으로 관객의 '감정이입'을 막고, 관객이 '쿨'한 태도를 유지할 수 있도록 하는 기법이다.

배우의 경우, 어떻게 하는 게 '낯설게 하기' 연기인가? 브레히트는 "배우는 자기 배역의 대사에 대해 이상히 여기며 반대 의견을 표하는 자세로 읽어야 한다"며 "연기로 보여주는 것이 유일무이한 해결 방법은 아니라는 점을, 여기서 제시되는 것 이외에도 다른 가능성이 있을 수 있다는 것을 관객이 느낄 수 있게 지적해 주어야 한다"고 했다.[31]

물론 대중문화 스타가 손님 내쫓기에 알맞을 그런 기법을 전면적으로 구사할 수는 없지만, 이영애가 자신의 '쿨'에 대한 자의식을 갖고 있을 가능성은 매우 높다고 볼 수 있겠다. 브레히트는 배우들에게 거울 앞에서 연기 훈련을 할 걸 주문했는데,[32] 이영애가 거울을 자주 봐 '거울 공주'라는 별명을 갖게 된 것이 그것과 관련이 있을 수도 있다.[33]

이영애와 박찬욱은 '천생연분'

'쿨'한 사람들이 그렇듯이, 이영애에게 정열이 없는 게 아니다.

그녀는 "인류는 사랑이 부족해서 멸종될지도 모른다는 집념인지 강박관념인지 모를 망상을 나는 잠재의식 속에서 떨쳐버릴 수가 없다"며 "아픈 사람, 배고픈 사람, 슬픈 사람 없이 모두가 행복한…세상을 만드는 데 내가 작은 힘이나마 보탬이 될 수 있었으면 정말 좋겠다"고 말한다.[34] 괜한 말 같진 않다. 그녀의 인터뷰 기사마다 자주 등장하는 이야기다.

이영애는 내면에 그런 강한 정열을 품고 있기 때문에 반드시 '쿨' 해야만 한다. 그렇지 않으면 폭발해버리기 때문이다. 우리 시대에 '쿨'이 인기를 누리는 이유와도 비슷하다. 많은 사람들이 '쿨'하지 않으면 안 되는 상황으로 내몰리고 있다고 볼 수 있다. 일부 사람들이 말하는 것처럼 '소비자본주의 농간'이라거나 '제국주의의 음모'에 의해 '쿨'이 전 세계적으로 확산되고 있는 건 아니라는 말이다. 아니 그런 점도 없진 않겠지만, 그게 전부는 아니라는 뜻이다.

이영애가 '친절한 금자씨'에서 "너나 잘 하세요"라고 말할 때 그녀는 더 이상 '쿨'하지 않았다. 그건 시베리아 벌판을 연상시키는 '콜드'였다. 의미심장하다. '쿨'은 안락이 보장되는 걸 전제로 한다. 누구건 인생의 밑바닥에 떨어졌을 때 쿨할 수는 없는 법이다.

쿨의 생명은 대비 효과다. 예쁘지도 않고, 똑똑하지도 않고, 가진 것도 없는 사람이 아무리 쿨해봤자 별 소용없다. 쿨은 가진 자의 여유다. 이영애는 모든 걸 다 가졌다. 예쁜 여배우에게 결여되

기 쉬운 총명도 가졌다. 그래서 쿨의 효과가 극대화된다. 그녀는 평소 확보한 '도도한 기품'의 카리스마에 기대어 "너나 잘 하세요"라는 멘트를 날림으로써 "너 그럴 자격 있니?"라는 원초적 의문을 제기한 셈이다.

광고와 드라마에서 '이영애'가 재현하는 건 성역할 고정관념과 이에 기초한 계급제도를 강화하는 전형적 이미지였을망정, 그녀의 '쿨' 이미지의 축적은 새로운 반전의 파괴력을 높여주었다. "너나 잘 하세요"는 텍스트의 맥락을 떠나 열정 과잉과 그로 인해 피곤함을 양산했던 노무현 시대의 급소를 관통하는 금언이 되었다.

대비 효과는 이영애의 이미지 세계에서도 의도되었다. '친절한 금자씨'의 감독 박찬욱(1963년생)은 이영애를 캐스팅한 이유로 무엇보다 미모의 여자가 잔혹한 복수의 화신이 되어야 한다는 극단적 대비 효과를 들었다.[35] 아니다. 맞는 말이지만, 그건 묻는 말에 하는 대답일 뿐이고, 박찬욱의 작품세계를 지배하는 키워드가 '낯설게 하기'임을 감안컨대, 이영애와 박찬욱의 결합은 그런 구체적인 이유가 필요 없는 '천생연분'이다.

박찬욱은 '낯설게 하기'를 위해 높은 곳에서 아래를 내려다보는 부감俯瞰 앵글을 사랑한다. 정신과 전문의 정혜신은 박찬욱을 '부감식 사고'가 몸에 배인 사람으로 규정하면서, 그의 글조차 자신과 자신의 상황을 비틀고 타자화他者化·객관화한다는 점에 주목했다.[36] 이영애화된 박찬욱은 "너나 잘 하세요"를 통해 노무현 시대의 부감도를 제시한 셈이다.

박찬욱의 '부감식 사고'

'부감식 사고'는 박찬욱 자신의 말을 빌리자면, 전형적인 '불평분자'의 시각이다. 그는 "제가 늘 투덜거리는 불평분자로 살아왔기 때문에 어떤 사안을 봐도 건전한 시각으로는 잘 안 보는 버릇이 있는 것도 같아요"라고 말하지만,[37] 그의 의도된 '겸손 전략'을 이제 모를 사람은 없다. 그가 당원인 민주노동당을 '불평분자들의 정당'이라고 말할 수 없다면, 박찬욱도 이젠 그런 '오버'를 삼가도 좋은 지위에 올랐다고 봐야 하지 않을까?

그러나 그건 지위의 문제가 아니라 '쿨'하지 않으면 안 되는 기질 때문일 수도 있다. 그의 영화에 자주 드러나는 기질이다. 2000년 9월에 개봉된 영화 '공동경비구역 JSA'도 휴머니즘을 바탕에 깔고 있지만, 박찬욱은 휴머니즘과 잘 맞지 않을 것으로 여겨지던 '쿨'을 결합시켰다. 그는 "주인공 네 사람의 휴머니스트들이 비극의 주인공이 된 결말은 무얼 암시하는 걸까요"라는 기자의 질문에 이렇게 답했다.

"현실은 이렇게 험난하고 위험하니 우리들 마음속의 순진한 휴머니즘에 의해 겁 없이 군사분계선을 넘으면 이 영화에서처럼 인생이 박살난다는 걸 보여주는 겁니다. 만나서 닭싸움을 한다고 통일이 되는 것도 아니고, 그걸 권장하는 것도 아닙니다. 권장은커녕 이렇게 하다간 망한다는 걸 보여준 거죠. 영화에서는 처음에 순진하게 진행되다가 결말에 가서는 순진하지 않게 끝나는 겁니다.”[38]

박찬욱의 겸손마저도 ‘쿨’에서 비롯된다. 그는 자신을 아주 심각한 사람으로 생각하지만 기질상으로 마냥 심각해지는 걸 못 견뎌 한다며, 이렇게 말하지 않는가.

“말하자면 집회나 시위현장에서 비분강개하고 그런 부분이 있기도 한데, 그것이 계속되면 그런 스스로의 모습이 객관화되면서 그냥 우스꽝스럽게 느껴질 때가 있다.”[39]

그게 바로 ‘쿨’의 정신이기도 하다. ‘쿨’의 본질은 자기객관화다. 박찬욱이 “인터뷰는 영혼을 갉아먹는다”고 주장하는 이유도 바로 그것 때문이다. 그는 뻔한 질문에 뻔한 답을 수없이 반복하면서 속으로 “이 얼마나 낯간지럽고 구차스럽고 구질구질하고 파렴치한 말이란 말인가”라고 생각한다.[40]

박찬욱은 홍보를 해야 할 영화감독이기에 앞서 심각한 지식인이다. 그가 철학과(서강대) 출신이라서 하는 말이 아니다. 그는 “문법에 맞지 않거나 맞춤법이 틀린 글에 대한 혐오가 병적으로 심하다”며 “후배들에게도 거의 유일하게 화를 내는 부분이 문법에 맞지 않은 글을 쓸 때이다”고 했다.[41] 그의 강한 지식인 성향은 그의 인터뷰 텍스트만 살펴봐도 쉽게 알 수 있다. 2002 월드컵 경기를 단 1초도 보지 않았다고 ‘고해성사’ 할 정도로 너무 심각해서 탈이다. 자주 시도되는 그의 미니멀리즘(최소주의) 전략도 실은 맥시멀리즘(최대주의)을 위한 전략이듯이, "너나 잘 하세요"는 노무현 시대의 의미심장한 화두가 될 운명을 타고 났다.

한류 열풍에 빠져든 북한에서도 "너나 잘 하세요"라는 대사를 변형한 "너나 걱정하세요"라는 말이 평양을 중심으로 유행하고 있다고 한다.[42] 우연이 아닐 것 같다는 생각이 든다. 늘 열정을 과잉되게 표현할 걸 요구당하는 북한 주민들이 이영애의 '콜드' 한 태도가 가슴에 와 닿았다는 이야기로 볼 수도 있지 않을까?

박찬욱은 별 생각 없이 이영애로 하여금 "너나 잘 하세요"라고 말하게 했는데, 너무 '오버' 하는 것 아니냐는 반론이 있을 수 있겠다. 물론이다. 나 지금 '오버' 한다. 나의 변명은 원래 문화비평이라는 것 자체가 '오버' 라는 것이다. '오버' 자체를 문제 삼을 게 아니라 오버의 '그럴듯함' 여부를 평가하는 게 옳은 자세다.

'노무현 패러독스'

'노무현 패러독스' 라는 게 있다. 내가 만든 말이다. 그건 노무현은 많은 장점을 갖고 있지만, 그 장점은 자기객관화 능력의 결여에서 비롯된다는 걸 표현하기 위한 용어다. 그의 사법고시 도전에서부터 대통령 도전에 이르기까지, 그는 '자기객관화의 원칙' 을 유린함으로써 성공을 거둔 독특한 인물이다.

노무현의 최대 약점, 아니 비극이 그에게 '쿨'의 요소가 전혀 없다는 점이라는 건 당연한 귀결이다. 물론 과거엔 그게 그의 무기이기도 했지만, 대통령은 다르다. 우고 차베스처럼 '쿨'하지 않으면서도 잘 나가는 지도자도 있긴 하지만, 한국에선 대통령이 그렇게 할 수 있을 만한 '소재'가 많지 않은데다 한국사회의 발전단계가 베네수엘라보다는 앞선 면이 있어 '핏대'로 오래 버티기는 힘들다.(차베스도 과연 성공을 거둘지는 더 두고 봐야 할 것이다.)

그렇다면 '쿨'과는 거리가 먼 사람일수록 비교적 노무현을 이해하거나 지지할 가능성이 높은 걸까? 그렇진 않다. 오히려 극단주의는 같은 특성을 가진 사람들 사이에서 더 큰 반감을 불러일으킬 수도 있다. 즉, '핫'한 사람은 '핫'의 특성을 극단으로 밀고가 '핫'을 우스꽝스럽거나 추하게 보이도록 만드는 사람에게 더 큰 거부감을 가질 수 있다는 뜻이다. 그러니 행여 노무현이 비교적 '쿨'한 젊은 세대로부터 비교적 높은 지지를 누리는 현상을 어떻게 설명할 거냐는 의문은 갖지 않는 게 좋겠다.

노무현은 끊임없이 핏대를 올리며 국민 계몽을 시도했다. 이게 노무현의 지지율을 떨어뜨린 큰 이유가 되었다. 늘 '사돈 남말하기' 식으로 일관하는 그의 '자기객관화 능력·감수성 부재' 때문이었다. 왜 그랬을까? 머리가 비상하게 좋은 걸로 유명한 노무현이 왜 그랬을까? '쿨'하지 못했기 때문이다. 그는 모든 종류의 '거리두기'에 다 실패했다.

다시 말하지만, 이게 과거엔 성공의 이유이기도 했다. 이른바 "콤플렉스는 나의 힘" 법칙이라고나 할까. 노무현의 전 비서관은 "콤플렉스 덩어리야, 그래서 대통령이 됐지만…"이라고 말했다.[43] 그렇다. 노무현은 '콤플렉스 덩어리'다. '쿨' 할 수 없게끔 돼 있다. 그런데 그게 그의 정치적 자산이자 최대의 무기가 된 것이다. 대통령의 리더십을 연구하고 있는 고려대 연구교수 최진(대통령리더십연구소 소장)의 분석도 비슷하다.[44]

노무현은 정통 운동권 출신이 아니다. 뒤늦게 밝혀진 사실이지만, 그는 진보적이지도 않다. 콤플렉스는 그 속성상 진보적이기 마련인데, 노무현은 그런 의미에서 가끔 기질적인 진보 성향을 보일 뿐이다. 그런데 밖에서 보는 피상적인 분류법에선 노무현을 진보로 보기도 한다. 진짜 진보주의자들은 기가 막혀 죽을 지경이겠지만, 그 몹쓸 다수결원리가 그런 걸 어찌겠는가.

박찬욱의 '쿨'한 진보성

박찬욱은 진보진영 일각에도 그런 문제가 있다는 걸 체감하고 있다. 그러나 그걸 감히 직설적으로 표현하진 못한다. 겸손해서 그런 점도 있지만 과거에 대한 채무의식이 워낙 강하기 때문이다. 그는 언젠가 진보진영에 대한 쓴 소리를 주문하는 기자에게 긴 시간 침묵을 지키더니 다음과 같은 이야기를 조심스럽게 꺼내 놨다.

"가치관이나 세계관이 혼란스럽기는 예전이나 지금이나 마찬가지다. 그 혼란이 점점 더한 건 과거 사악한 집단으로 여겼던 자본가나 기득권층이 직접 만나 보면 상당히 젠틀하고 착한 사람들이라는 것을 느낄 때다. 화가 나서 미치겠다. 문제는 지금 그들이 창업자나 자수성가한 사람들이 아니라 2세들이라는 점이다. 그들은 꼬인 게 없는 자들이다. 그래서 착하다. 그러니까 더 화가 나는 거다. 예전엔 못 가지고 무식한 사람들이 착하다고 생각했는데 이젠 그렇지도 않다는 것. 빈부의 격차가 인격이나 인성마저도 그렇게 비틀고 있다. 어떻게 이 세상을 바라봐야 할지 참 답답하다. 《말》지를 보면 운동권 내부에도 참 비리와 문제가 많은 것 같고…참으로 진실이 뭔지 혼란스럽다."[45]

많은 경우 일부 운동권의 '꼬임'은 도덕적 우월감과 독선에서 비롯된다. 그런 기질은 발생론적으론 백번 타당한데, 현실은 늘 발생론적 기원을 배반한다. 과거는 아무리 감안된다 해도 제값을 다 못 받기 때문이다. '현재'의 압도적 우위 앞에서 과거에 대해 '쿨'해질 필요가 바로 여기에 있다.

박찬욱의 '쿨'은 생래적으로 독선을 거부한다. 독선을 거부하는 진보가 그가 추구하는 목표다. 그는 〈개구쟁이〉라는 멋진 에세이에서 "사람을 섣불리 재판하지 말라"는 어머님의 가르침을 소개했다. 이 가르침이 나오게 된 에피소드의 주인공은 공공장소에서 못되게 구는 개구쟁이를 그냥 내버려둔 채 화장을 고치는 일에만 몰두하는 개구쟁이 엄마다. 바로 옆에서 개구쟁이를 부드럽게 나무라는 어른의 목소리를 들었을 텐데도 계속 미친 척하고 있으니 얼마나 괘씸했으랴. 그래서 박찬욱 어머니가 쓴 소리를 하려고 벼르고 있었는데, 알고 봤더니 개구쟁이 엄마가 청각장애자였다는 이야기다.[46]

박찬욱은 이 에피소드를 가벼운 마음으로 소개한 게 아니다. 일부 운동권은 재판에 능하다. 물론 그럴 만한 도덕적 자본을 갖고 있다. 그러나 그 자본 획득의 배경이 우연적일 수 있다는 건 크게 고려되지 않는다. 왕후장상의 씨가 따로 없듯이, 이념의 씨가 따로 있는 게 아니다. 박찬욱의 '쿨'은 세상에 대해 분노하면서도 그 분노의 대상을 사람으로 삼지 않겠다는 자각과 자성의 산물이다.

'시대정서'와 '시대정신'

노무현 지지자들은 노무현의 낮은 지지율을 매우 억울하게 생각한다. 겨우 그까짓 스타일 가지고 물고 늘어진다고 분통을 터뜨린다. 일면 정당한 분통이다. 그런데 한 가지 놓친 게 있다. 노무현의 대통령 당선은 스타일이 아닌 알맹이로 가능했던 것이냐는 물음에 답해야 한다. 이젠 지지자들마저 '자기객관화 능력·감수성 부재' 현상에 감염되었다.

이영애는 광고모델 선호도에서만 1위를 한 게 아니다. 그녀는 노무현 시대의 반어적 아이콘이다. 노무현은 이영애의 메시지를 경청했어야 했다. "너나 잘 하세요"는 늘 명분을 휘두르며 핏대를 올리는 사람들에게 이젠 '콤플렉스 방패'를 걷어치우고 자기 성찰부터 먼저 하라는 주문이었다. '명분 마케팅'에 대한 준엄한 경고였다.

물론 마음먹는다고 '쿨'할 수 있는 건 아니다. 타고 나거나 오랜 기간 훈련을 필요로 한다. 그러나 그 훈련이란 건 주어진 환경에 따라 부지불식간에 형성되는 것이지 처음부터 의도적으로 할 수 있는 성격의 것이 아니다. 연예인들이야 의도적으로 집중적인 '쿨' 훈련을 할 수도 있겠지만 말이다.

사실 이게 바로 노무현의 딜레마였다. 하루키는 '쿨'한 남자의 조건이자 자신의 생활신조로 '일일이 변명하지 않을 것'을 들었는데,[47] 노무현에게 이건 불가능한 일이었다. 그는 늘 시시콜콜한 것까지 변명하려고 들었다. 그 과정에서 자주 '오버'가 발생했다.

우리는 '논쟁'이 민주주의에 필수불가결하다고 말하지만, 사실 논쟁을 좋게 보진 않는다. 논쟁을 하다보면 꼭 따라붙는 게 자기방어이기 때문이다. 자기방어를 아무리 우아하게 한다 해도 일부는 변명처럼 들리고, 포용력이 결여된 것처럼 보이기도 하고, 좀 구질구질하게 보이는 느낌을 지우기 어렵다.

일을 저지를 순 있다. 박찬욱이 학교 숙제라며 '가훈家訓'을 내놓으라고 조르는 초등학생 딸에게 내놓은 가훈 '아니면 말고'의 해

실처럼, "뭐든지 멋대로 한번 서질러 보는 거"다. 그런데노 "분위기가 썰렁해지면" 그의 말마따나 '아니면 말고'를 "중얼거려주면" 그만이다.

다음 날 박찬욱의 딸은 선생님께서 "세상에 뭐 이딴 가훈이 다 있냐?"며 새 것을 받아오든가 아니면 뭔가 납득할 만한 설명을 들어오랬다고 전했다. 이에 그는 한번 정한 가훈을 무를 수는 없다면서, 즉 이 일에서만큼은 '아니고 말고'를 적용할 수 없다면서, 딸에게 다음과 같은 '납득할 만한 설명'을 들려주었다.

"현대인들은 자기 의지로 무엇이든 이룰 수 있다고 생각하지만 이는 매우 오만한 태도다. 세상에는 의지만 가지고 이룰 수 없는 일이 많기 때문이다. 그때마다 닥쳐오는 좌절감을 어찌할 것이냐. 최선을 다해 노력해보고 그래도 이루어지지 않았을 땐 툭툭 털어 버릴 줄도 알아야 한다. 이 경쟁만능의 사회에서 참으로 필요한 건 포기의 철학, 체념의 사상이 아니겠느냐. 이 아빠도 '복수는 나의 것'으로 네 친구의 아빠(곽경택 감독)가 만든 영화를 능가하는 흥행 신기록을 세우고 싶었으나 끝내 그 20분의 1밖에 안 되는 성적으로 끝마쳐야 했을 때 바로 그렇게 뇌까렸던 것이다. 아니면 말고…."[48]

'아니면 말고'의 뜻은 의외로 심오하지만, 우리의 노무현에겐 '포기의 철학, 체념의 사상'이 없는 걸 어이하랴. 노무현은 분위기가 썰렁해지면 썰렁해선 안 되는 이유를 열심히 변명한다. 그것도 매우 전투적으로. 그의 열성 지지자들은 한술 더 떠 썰렁하게 생각하는 사람들을 골라내 노무현이 일을 저지르기까지 얼마나 많은 피와 땀을 흘렸는가 하는 신파극을 연출하다가 급기야 매까지 때린다.

'쿨'이 지배하는 시대에도 선거 공간은 '핫'한 공간으로 바뀌기 마련이다. 노무현의 성공은 단지 그 예외적 시공간에서만 가능한 것이었을까? 노무현은 달라진 상황을 이해하지 못한 채 자신의 '성공신화'에 함몰돼 자해를 일삼아 왔던 것일까?

노무현은 자주 '시대정신'을 말하지만, 그걸 압도하는 게 '시대정서'라는 건 생각하지 않았다. 아니 '시대정서'의 파도를 타고 정상에 오른 사람이 그게 '시대정신'이었다고 우기는 떼를 써온 것인지도 모르겠다. 어설픈 사회과학의 과잉으로 세상을 향해 설교하려는 사람들에게 들려줄 말은 딱 하나, "너나 잘 하세요"다.

노무현이 한미 FTA로 황당한 역전을 시도한 건 "너나 잘 하세요"라는 메시지의 설득력을 증폭시켰을 뿐이다. 이젠 그 뒤를 이어 '같기도'가 나왔다. 노무현은 보수 같기도 하고 진보 같기도 하다. 헷갈린다. 그렇게 해서 지지율 좀 올랐다고 "된 고비는 넘긴 것 같다. 앞으로 자신 있다. 분위기 참 좋다. 입이 째지려 한다"고 희희낙락하더니,[49] 대선 후보들을 향해 수시로 정치를 그렇게 하면 안 된다는 등 비판과 훈계 멘트를 날려댄다. 이럴 때도 할 수 있는 말은 역시 "너나 잘 하세요"다.

일빈 남성은 이영애 같은 여성을 만나게 되면 "너나 잘 하세요"라는 말을 듣게 될 것 같은 공포감에 휩싸일 수 있다. 공포감은 아니더라도 압도감은 느낄 게 틀림없다. '도도한 기품'으로서의 '쿨'은 '계급'이 사적 공간으로 잠적했으면서도 무서운 지배력을 행사하는 시대에 계급을 문화 코드로 대체시키는 헤게모니 기능을 수행하지만, 남성은 '쿨'의 원조였던 노예들의 심리적 방어기제 '쿨'로 대응할 수도 있다. 욕심 안 내고 무시하면 그만이다. 그것 역시 '쿨'이다.

아, 전지현의 춤

그녀 몸짓 따라 마음속에 욕망이 깃든다

전지현

전지현은 대한민국의 욕망이다

'욕망 공화국'의 아이콘

한국은 '욕망 공화국'이다. 어느 나라는 아닌가? 물론 인간이 모여 사는 곳이라면 어디건 욕망의 파도가 넘실대겠지만, 한국은 욕망을 향한 질주에서 가장 앞서가는 나라다. 세계에서 가장 빠른 압축성장의 역사가 그걸 웅변해준다. 서구에서 최소 150년에서 200년은 걸렸을 변화를 한국은 불과 30~40년 만에 해치웠다.[50] 한국은 60년대 이래 30년 동안에 서구의 300년을 압축해 따라갔다는 주장도 있다.[51]

한국인들이 단지 밥만 배불리 먹자는 기본적인 욕구 해결을 위해 죽도록 일해 온 건 아니다. 이젠 욕망이다. 욕구^{need}는 생존에 절대적으로 필요한 것을 원하는 것인 반면, 욕망^{desire}은 생존에 절대적으로 필요한 것이 아닌 것을 원하는 것을 가리킨다.[52] 한국사회는 '욕구'에서 '욕망'으로 이동했다. 이젠 상징을 소비하는 욕망 해소를 위해 전투적 삶을 살고 있다.

나라 형편이 꽤 먹고살 정도가 되었는데도, 한국인들만큼 눈빛이 강하게(또는 살벌하게) 살아있는 나라는 드물더라는 게 세계 여행을 많이 한 사람들의 한결같은 증언이다. 욕망엔 정해진 목표가 없다. "만족은 욕망의 불행이며, 욕망은 만족을 욕망하는 것이 아니라 욕망을 욕망한다"는 말이 시사하는 것처럼[53] 욕망은 무한 번식한다.

욕망에 두 얼굴이 있듯, '욕망 공화국'이라는 말은 좋은 의미도 나쁜 의미도 아니다. 나쁜 건 이중잣대다. 보통사람들의 욕망은 '평등주의'라고 꾸짖으면서도 자신의 욕망은 무한대를 추구하는 엘리트들의 이중잣대 말이다.[54]

'욕망 공화국'을 '전지현 공화국'으로 바꿔 불러도 무방하다. 전지현은 욕망의 대표적 아이콘이기 때문이다. 중년층과 노인에게도 욕망은 있겠지만, 가장 높은 온도의 욕망은 20대의 욕망이다. 이영애가 성별에 관계없이 30대 이상의 압도적 지지를 받는 반면, 전지현의 가장 강력한 지지층은 20대 남성이다.[55] 남성만 욕망하는가? 아니다. '전지현 같은 날씬한 몸매'와 '전지현 같은 멋진 머릿결'은 모든 젊은 여성의 욕망이 되었다.[56]

전지현의 전성기는 새천년부터 시작되었다. 고등학교를 갓 졸업한 19세 소녀 전지현은 디지털시대를 견인하겠다는 듯, '사이버 전사'니 '테크노 요정'이니 하는 별명을 달고 다녔다. 당시 그녀가 출연한 CF가 띄운 '윙고'나 '마이젯'은 욕구가 아닌 욕망의 영역이었다. 그녀가 온몸으로 방사한 몸의 메시지도 욕구라기보다는 욕망의 영역이었다.

'소비자본주의 음모론'을 넘어서

때는 바야흐로 '몸'의 시대다. 과거 남녀노소를 불문하고 목욕탕에 가서 이태리타올로 때를 박박 밀던 것도 몸을 소중히 해서 그런 것이겠지만, 오늘날 몸은 과거 그 어느 때보다 더 남들에게 보여주기 위한 '전시가치'의 지배를 받고 있다.

김은실은 "20세기 말 이후 사회 내 경계, 사회 간 경계가 무너지며 몸에 대한 인류학적 상상력 또한 변하기 시작했다"며 "몸은 의식의 지배를 받거나 사회적 규범이 각인되는 수동적인 매개체일 뿐 아니라, 새로운 인간 주체성이나 현실을 만들어내는 적극적 매개체라는 시각이 나타났다"고 했다.[57] 그런 인류학적 상상력은 먼저 소비주의 문화를 통해 구현되었다. 전지현은 몸을 통해 몸을 말하는 게 아니라, 실은 정신과 이성을 말하고 있는 것이다.

여성의 몸에 대한 관심과 욕망을 소비자본주의의 농간으로 보는 페미니즘 진영 일각의 시선은 대체적으로 타당할망정 완벽하진 않다. 자본에 압도당할망정 '자율성'과 '저항'의 여지가 전혀 없는 건 아니기 때문이다. 성형과 화장에 대해 그런 여지를 강조한 두 개의 주장을 음미해보자.

미국 일리노이대 의학교수 샌더 길먼은 "근대 미용성형외과 문화의 초석을 제공한 것은 누구든 행복을 얻기 위해 자신을 개조할 수 있다는 계몽주의 이념이었다"며 "자율성은 미용성형외과가 기틀을 잡는 데 중심 원칙으로 자리했다. 칸트(1724~1804)는 '알려고 하라!' '당신의 이성을 사용하려는 용기를 가지라! 바로 이것이 계몽주의의 모토다'라고 말했다. 스스로를 개조할 수 있느냐가 문제의 핵심이다"고 주장했다.[58]

이어 길먼은 "최근의 미용성형 연구는 '여성적 아름다움'이 사회적으로 구성되는 데 대한 비판 일색이다. 이 연구들의 이데올로기적 입장은 가부장적인 의학 제도가 여성에게 미치는 불쾌한 효과를 강조한다. 그 결과, 여성은 자신의 신체에 대해 불만을 갖게 되며 수술을 통해 '불행'을 '치료'하고자 한다. 사회는 여성으로 하여금 신체에 대해 '불만'을 느끼도록 유도한 뒤 의사의 손을 통해 그것을 '치료'한다"며 "이처럼 단순한 희생자/가해자 모델은 젠더라는 측면에서 미용성형 수술의 역사에 반영되어 있는 복잡성에는 가까이 근접하지 못한다"고 주장했다.[59]

미용·성형의 오랜 역사에 대한 고찰과 미용·성형에 대한 남성의 급증하는 관심·욕망·실천은 소비자본주의의 농간에 절대적 의미를 부여해온 그간의 분석에 제한을 가할 걸 요구하고 있다. 소비자본주의의 농간이 없다는 게 아니라 그것만으론 설명할 수 없는 복잡성이 남녀를 불문하고 자신의 '신체 자본'을 강화하려는 시도에 자리 잡고 있다는 뜻이다.

조르주-클로드 길베르는 "여자가 화장을 하는 셋은 마초 사회에 굴복한다는 의미가 될 수 있다. 따라서 많은 여성주의자들이 화장을 비난한다. 대부분의 화장품 광고는 최악의 가부장적 분위기 속에서 주류 문화를 안심시킨다. 이들 광고의 목적은 틀에 박힌 이미지, 즉 남자들이 만든 틀에 순응하도록 여자들을 부추기고, 자신이 남자의 욕망과 시선의 대상임을 받아들이게 만드는 것이다"며 "그러나 마초 사회의 멍에로부터 상당히 자유로운 철학 속에 화장이 통합된다면, 그리고 그것이 철저하게 장난처럼 이루어진다면 화장은 완전히 다른 것으로 변한다"고 주장했다.[60]

물론 그 '장난' 마저 자본의 품 안에서 이루어지는 것이라면 그 효용엔 한계가 있겠지만, 그렇다 하더라도 모든 게 누수漏水없는 '자본 놀이'로만 귀결될 수 없다는 건 분명하다. 전지현의 '욕망 게임'은 어떤가? 자본은 그녀의 온몸을 통해 철저히 구현되고 있는 것인가? 우리는 대중의 욕망을 외부의 자극에 의해 생성되는 것으로만 보는 건 아닌가? '생물학'에서 '사회학'으로의 이동은 옳았지만, 이젠 길을 잃을 정도로 너무 멀리 나간 건 아닌가? 전지현은 우리에게 이런 질문들을 던지고 있는 셈이다.

'디지털 민주주의'의 아이콘

전지현의 직업은 무엇인가? CF 모델이다. 영화배우이기도 하지만, 이 방면으론 큰 재미를 보지 못했다. 전지현은 모든 스타들이 그러하듯이 영화배우로 인정받고 싶어 하지만, 부화뇌동할 필요 없다. CF는 영화나 드라마보다 훨씬 더 진지하고 위력적인 대중 예술이다. 다만 사람들이 아닌 척할 뿐이다. 《조선일보》 2007년 1월 3일자 기사 〈광고 베끼는 지상파 TV〉는 "요즘 지상파 방송은 'CF 베끼기' 에 여념이 없다. 장르 구분도 없다"며 "90년대까지만 해도 지상파 방송의 철저한 '하인' 에 불과했던 CF. CF는 늘 인기 드라마를 흉내 내거나 그 주인공을 섭외하려 안달이었다. 그러나 이제 '주종主從' 관계가 바뀐 듯하다"고 했다.[61]

마셜 맥루한이 광고가 "20세기의 가장 위대한 예술 형식"이 되었다고 주장한 건 결코 냉소가 아니다.[62] 맥루한의 보수성을 들어 그 진술의 설득력을 훼손하고 싶겠지만, 이건 보수 · 진보의 문제가 아니라 이념과 생활의 일관성 문제다.

전지현은 새천년이 시작되고 나서 2년간 영화 · 드라마에 출연하지 않았지만, 연간 50억 원의 수입을 올리고 일반 대중을 상대로 한 거의 모든 연예인 인기도 조사에서 1위를 차지했다.[63] 이는 대중문화계의 그런 '권력이동' 을 입증해주는 게 아니고 무엇이겠는가. 때마침 맹위를 떨치기 시작한 인터넷이 바로 그런 새역사 창조의 동력이기도 했다는 건 그녀가 '디지털 민주주의' 의 아이콘이기도 하다는 걸 말해준다.

인터넷이 아니었다면, CF를 영화 · 드라마보다 낮게 평가하는 진문 문화평론가들은 전지현을 주목하는 데 주저했을지도 모른다. 그러나 네티즌들은 그런 고리타분한 구분에 매달리지 않았다. 전지현 그 자체를 바라봐 주었다. 그 매력의 화신이 보여주는 이미지 향연의 출처는 전혀 중요하지 않았다. 이게 바로 인터넷 민주주의의 진보성이다.

새천년 초, 중3 남학생이 운영한다는 '작은 나무(sysop2.superboard.com)'는 전지현 광고 포스터는 물론, 신문 사진, 라디오 토크쇼 음성자료에서 CF비디오 동영상까지 수많은 멀티미디어 전지현을 누구나 가져갈 수 있게 내놓았다.

이와 관련, 어수웅은 "춤추는 전지현은 6편의 CF가 동시에 방송되면서 인기 꼭대기로 치닫고 있다. N세대 소비자가 만들어낸 이미지 여신의 수명은 아무도 예측 못한다. 하지만 2000년 1월 현재의 전지현 신드롬은 N세대를 매혹하는 복제된 섹슈얼리티, 인터넷을 통한 속도 빠른 전파력의 가공할 힘이 증명된 경우다"고 했다.[64]

인터넷의 무한 복제 파워는 과거 큰 힘을 쓰던 문화평론 저널리즘을 왜소하게 만들었다. 아니 문화평론 저널리즘이 그 복제 파워를 추종하지 않을 수 없게 되었다.

전지현은 바로 이 점에 긍지를 느끼는 게 좋다. "뭐, CF의 이미지가 강해도 상관없어요"라고 스스로 말했던 '쿨'의 정신을 지속시켜 나가라는 뜻이다.[65]

전지현의 '모순적 이미지'

청춘 계열의 시민들은 전지현의 '도발적인 춤, 터질 듯한 생명력'[66]에 열광했다. 그 열광의 정체와 원인은 무엇일까? 전지현의 '얼굴'은 무관한 것인가? 내로라하는 문화평론가들이 이른바 '전지현 신드롬'의 원인 분석에 뛰어들었다.

2003년 이상용은 "아기의 얼굴과 소녀의 팔다리 그리고 여인의 목선을 가진, 성숙함과 미숙함이 뒤엉켜 있는 신체다. 그런데 이 조합이 다양한 마력을 발산한다"고 했다.[67] 2004년 배장수는 "전지현이 대중문화의 한 상징적 여성으로 자리 잡은 것은 남성을 휘어잡으면서 휘어잡힐 듯한 여성성의 두 성징을 함유한 데 기인한다"며 "전지현의 섹시함이 가수 이효리의 그것과 구분되는 것도 바로 이 중층적인 매력에 있다"고 했다.[68]

배장수는 여기서 한 걸음 더 나아가, 전지현의 현란한 테크노댄스는 동년배들 사이에선 '전지현 따라하기'를, 중장년층에는 '로리타 콤플렉스'를 불러일으켰다고 했다.[69] 과감하다. 로리타 콤플렉스는 "미성숙한 소녀에 대한 정서적 동경이나 성적 집착"을 의미하는 것으로 오랫동안 논의 자체가 금기시돼 온 용어이기 때문이다. 일본에서는 1980년대 중반에 불었던 바람이다.[70] 좀 순화해서 받아들이자면, '팔팔 뛰는 생선 같은 생명력 에너지 넘치는 이미지'[71]나 '청춘의 생동력'이 전지현 지지층을 넓혀주었다고 볼 수 있겠다.

두 문화평론가의 분석에서 중요한 건 전지현의 ‘두 얼굴’ 또는 ‘모순적 이미지’ 다. 이는 다른 전문가들의 분석에서도 공통적으로 등장하는 것이다. 이 묘한 조합에서 전지현 특유의 ‘쿨’ 이 생산되는 건 아닌지 생각해볼 필요가 있다.

‘아기의 얼굴’ 이란 표현은 과하지만, 그런 평가가 나온 지 4년이 지난 지금에도 전지현의 얼굴은 나이에 비해서 동안童顔인 것이 분명하다.

동안은 그렇지 않은 얼굴에 비해 비교적 ‘쿨’ 한 느낌을 준다. 전지현이 CF 덕분에 캐스팅된 영화 ‘엽기적인 그녀’ 에서도 엽기성은 동안의 ‘쿨’ 에 의해 순화돼 사랑스러운 느낌의 엽기성으로 전화되었다.

게다가 남녀男女를 불문하고 “동안이 가볍고 권위 없는 약한 이미지에서 적극적이고 역동적인 삶을 개척하는 생기발랄한 이미지로 변신하고 있는” 시대가 아닌가.[72]

권태호가 말했듯이, “인터넷 ‘동안 카페’ 에는 회원 수가 폭발한다. 말만한 처녀가 미키마우스 아동복 티셔츠를 입고, 2 : 8 유시민 머리가 어울릴 아저씨가 엉덩이 착 달라붙는 청바지란다. ‘동안이세요’ 라는 말은 이 시대 최고의 찬사다.”[73] 이게 다 전지현을 위한 시대 상황이 아니고 무엇이겠는가.

전지현을 위한 시대 상황

'두 얼굴' 분석이 타당하다면, 이른바 '신비주의 전략'과 결합된 전지현의 '쿨'은 일반 대중이 어렴풋하게나마 느끼기 마련인 욕망의 모순을 깔끔하고 상쾌하게 털어내거나 포장해주는 이미지 파워 메커니즘으로 기능한다고 볼 수 있다. 뜨거운 욕망을 '동안'이 딴전피우는 거리두기로 중화시키는 효과를 내고 있다고나 할까.

한국의 모든 미녀들이 총출동하다시피 한 아파트 광고를 보라.[74] 아파트는 고착돼 있는 것으로 정적인 느낌을 준다. 생동감 그 자체라 할 전지현은 아파트 광고엔 어울리지 않는다. 물론 전혀 다른 콘셉트로 시도할 수도 있겠지만, 기존 이미지상으론 왠지 '전지현답지 않다'는 느낌을 줄 게 틀림없다.

전지현의 '쿨' 파워는 비교광고에서 잘 나타났다. 2004년 봄 네이버는 네이버 카페를 열면서 다음 카페를 겨냥한 비교광고로 큰 재미를 보았다. 전지현이 "다음에 잘 하겠다는 말 믿지 말랬잖아"라고 말하는 광고에서 '다음'은 인터넷 카페 1위인 다음 카페를 뜻하는 말로 들렸다. 네이버는 "광고를 전후해 네이버 카페 가입자 수가 20만 명에서 400만 명으로 늘어 다음과 양강 체제를 구축하는 데 성공했다"고 주장했다.[75]

감정이 복잡하게 얽혀들 수 있는 일일수록 '쿨'은 힘을 발휘한다고 볼 수 있다. 토론·논쟁 프로그램에서 왜 카메라는 뜨거움이 발산될 때 토론자들의 얼굴을 클로즈업하는가? 그건 '쿨'하지 않은 모습을 보여주기 위해서다. 시청자가 재미를 느끼는 원천이다. 토론은 말로만 하는 건가? 아니다. 얼굴로도 말한다. 토론에선 '쿨'한 사람이 유리하다. 남을 비판·비난하더라도 '쿨'한 표정으로 말하면 왠지 공정한 것 같다는 느낌을 준다. 적어도 감정이 연루돼 있지 않다는 걸 보여주는 효과는 있다. 비교광고도 마찬가지다.

전지현은 '냉정', 이효리는 '열정'

연예인에게 이름은 매우 중요하다. 그렇지 않다면 대부분의 연예인들이 본명을 놔두고 예명을 따로 만들 리 없다. 전지현은 이름부터 '쿨'하다. 그녀의 본명은 왕지현이다. '왕'은 '쿨'한 느낌을 주는 성은 아니다. 전체 인구의 64%를 차지하는 김金·이李·박朴·최崔·정鄭·강姜·조趙·윤尹·장張·임林 등의 10대 성씨보다는 그 다음 그룹의 성씨들에서 '지현'과 조합돼 '쿨'한 느낌을 주는 성을 골랐을 법하다. 결과론이긴 하지만, 권지현 문지현 안지현 전지현 한지현 등 중에서 아무래도 어감상 전지현이 제일 나은 것 같다.

이름부터 '쿨'하게 만들었다고 해서 전지현의 '쿨'이 만들어진 이미지라고만 생각하는 건 오해다. '쿨'은 그녀의 실체이기도 하다. 그녀의 매니저 정준모는 전지현의 성격에 대해 "한 마디로 쿨하다"고 했는데,[76] 이런 말만으론 부족하다.

조승희 사건 이후 '외톨이'를 우려하는 목소리가 하늘을 찔렀는데, 참으로 갑갑하고 민망했다. 그건 일종의 교묘한 '인권탄압'이었다. 그만큼 한국사회가 '쿨'과 거리가 멀다는 증거이기도 하다. 바로 그런 분위기가 외톨이를 더 고통스럽게 만든다는 걸 왜 모르는가? 국가와 시민사회가 개입해 '외톨이 친구 만들어주기' 캠페인이라도 벌일 생각인가? 그게 효과가 있을 거라고 생각하는가?

'왕따' 현상의 본질이 무언가? 외톨이가 문제가 아니라 자폐적·배타적 패거리를 만들거나 그것에 끼지 못하면 죽는다는 강박을 고무·찬양하는 풍토가 문제라는 생각을 왜 해보지 못하는건가?

바로 그런 '후진' 풍토에서 전지현은 더욱 빛난다. 무엇보다도 전지현은 건강하고 의연하게 혼자 지내는 법을 안다. 친구가 있어야 한다는 강박도 없다.

"요즘은 친구가 필요하다는 생각이 별로 들지 않아요. 아마도 처음부터 친구가 거의 없었기 때문일 거예요. 그러다 보니 저 스스로 그 부분을 마음속에서 도려낸 것 같아요. 지금은 그게 익숙해졌어요."[77]

이런 자세와 생각이 바로 쿨의 본질이다. 전지현의 '신비주의 전략'을 지적하는 건 일면 타당하되, 과장된 것이다. '신비주의'는 대중의 관점에서 말하는 것일 뿐이고, 전지현 스스로 연예계 친구들과 웃고 떠드는 노출 자체를 원치 않는 걸 어쩌란 말인가? 오히

려 전지현이 각고의 노력으로 그런 노출을 한다면 그게 더 '전략'
에 가까운 것으로 보아야 하지 않겠는가? 이런 문제 제기가 그렇
게 실감이 나지 않는다면 소설가 김훈의 다음과 같은 말은 어떤가.

"대부분 집에 홀로 있습니다. 토굴을 지키는 스님같이 '혼자 있
음Being alone'의 존엄을 즐기고 삽니다. 우리 사회 병리현상의 상당
부분이 혼자 있는 것을 즐기지 못해 생기는 것 같아요. 외롭다는
핑계로 파당을 만들고 추저분한 짓을 하는 것이죠."[78]

'혼자 있음'의 존엄을 즐기고 사는 김훈의 행태를 '신비주의 전
략'이라고 말할 수 있겠는가? 김훈은 멋있고 전지현은 안됐다고
생각한다면, 그게 바로 추저분한 속물근성이다. 김훈과 전지현의
차이는 없다. 김훈의 그런 '쿨'이 멋있으면, 전지현의 '쿨'도 멋있
는 것이다.

전지현은 도대체 어느 정도로 쿨한가? 꽤 '쿨'한 편인 이효리를
'핫'하게 보일 만큼 '쿨'하다. 이 차이를 이용해 극대화시킨 게 바
로 삼성전자의 애니콜 광고다. 2006년 8월 애니콜은 초슬림 위성
DMB폰 2종을 출시하면서 전지현과 이효리를 통해 각각의 슬림
스타일을 비교하는 두 편의 광고를 제작했다.

전지현은 '냉정', 이효리는 '열정'을 대변했다.[79] '쿨'한 이효리
마저 전지현 앞에선 '열정'을 대변하는 게 어울리는 것이다.

‘쿨’한 욕망을 위해

2007년 3월 브랜드 컨설팅 전문기관인 ‘브랜드38연구소’(소장 박문기)가 서울·경기지역에 사는 1,465명을 상대로 실시한 일대일 면접조사에선 2003년부터 늘 1~2위 자리를 고수해온 전지현이 5위로 밀려났다고 한다. 박문기는 “전지현은 여전히 여성 광고 모델로서는 최고의 가치를 갖고 있지만 수년간 지속돼온 ‘섹시 콘셉트’와 광고 이외 일반 TV프로그램 등에는 전혀 나오지 않는 ‘신비주의’ 콘셉트가 소비자들에게 이제 식상함으로 받아들여지는 것으로 보인다”고 분석했다. 《조선일보》는 이를 보도하면서 “‘여왕님’ 전지현 지고 ‘이웃남’ 장동건 떴다”는 기사 제목을 달았다.[80]

과연 그럴까? 혹 너무 성급한 판단은 아닌가? ‘쿨’은 그렇게 사라질 수 있는 성격의 매력이 아니다. 앞서 지적했듯이, ‘쿨’과 ‘핫’ ‘웜’은 어느 하나가 다른 걸 완전히 밀어내고 득세하는 게 아니라 상호 공존하는 가운데 우열을 다투는 것이다. 위 주장처럼 정말 친근감이 먹혀든다면, 얼마 후 사람들은 다시 ‘쿨’을 선호하게 돼 있다. 전지현의 경우, ‘신비주의’ 콘셉트가 소비자들에게 식상함으로 받아들여지는 것이라기보다는 오히려 정반대로 ‘쿨’ 파워를 믿고 CF에 너무 많이 노출된 게 아닌지 뒤집어 생각해볼 필요도 있겠다.

혹 전지현의 나이 때문인가? ‘누나’가 되면 안 되나? 전지현은 이미 "너 어제 여자랑 가더라. 누구야?"라고 자상하게 추궁하는 멘트를 날리지 않았던가? 전지현이 식상하다니, 동의하기 어렵다. 좀 더 두고 보기로 하자. 어떤 결과가 나오건 전지현의 대중문화적 의미와 가치가 훼손되는 건 아니다.

과거의 대중문화에서 욕망은 끈적끈적한 것으로 묘사돼 왔다. 욕망은 '쿨'할 수 없었다는 뜻이다. 그러나 전지현에 이르러 욕망은 '쿨'하게 껴안고 추구할 수 있는 것으로 바뀌었다. 전지현은 '팔팔 뛰는 생선 같은 생명력 넘치는 이미지'와 더불어 건강미·청결미를 대변했기 때문이다. '쿨'과 건강미·청결미의 결합은 모순은 아니지만, 썩 잘 어울리는 것으로 여겨지진 않았다. 전지현에 이르러 비로소 그 결합이 완성되었다고 볼 수 있다.

전지현은 실제로 스포츠에 능한 건강녀인데다 '결벽이랄 정도로 깔끔'하다. 집에 손톱깎이가 책상 왼쪽 조그만 3단 서랍장 맨 위 서랍에 있다는 것까지 줄줄 꿴다.[81] 이미지와 실체의 합일이라고나 할까. 우리 시대의 '건강 신드롬'[82]과 '청결 신드롬'[83]을 생각할 때, '건강하고 청결한 욕망'의 아이콘을 거부하긴 어려운 일이다.

전지현의 CF 멘트·카피는 철저하게 그 공식을 따랐다. 간결하고 도도하게, 도발적으로 툭 던지는 멘트·카피가 전지현의 유혹적인 이미지와 뒤섞이면, 욕망은 선善과 정의正義 비슷한 것으로 격상되었다. '청결한 욕망'은 순수와 순진이 되었다.

이제 '착하다'는 의미는 '욕망에 충실하다'는 의미로 바뀌었다. 성격민 칙힌 깃으론 모자라다. 아니 싱격은 착하지 않아도 좋지만, 얼굴과 몸매는 착해야 한다. 다른 사람의 눈을 즐겁게 해주는 것이 착한 것이다. 모두 다 착해지기 위해 애쓰는 세상에선 이기적인 게 '구별짓기'의 새로운 메뉴로 등장한다. 의미의 전복에 또 한 차례 가해지는 전복인 셈이다. '착한 몸매'에 관한 한 172cm의 키에 48kg의 몸무게를 갖고 있으면서 S라인의 지존으로 군림하는 전지현은 '이기적인 몸매'를 가진 '욕심 많은 나쁜 여자'가 된다.[84]

그러나 전지현은 당당하게 성실을 선언한다. 그녀가 남자와의 댄스 배틀도 불사하면서 스칼렛레드, 펄화이트, 인디고블루, 블루진, 스윗핑크, 그램골드, 레몬그린 등 7가지 색상의 옷을 벗어 제끼며 남자를 누르는 건 단지 삼성전자의 컬러재킷폰을 위해서만은 아니다. "내 몸을 위한 욕심은 끝이 없어야 한다"는 대원칙하에 "내 몸매도 노력으로 이루어진 것"임을 역설하면서 '슬림은 냉정'이라는 걸 만천하에 공포하기 위해서다.

이제 욕망은 성실이다. 성실은 쿨이다. '전지현 공화국'의 시민이 반드시 지켜야할 헌법이다. 상쾌하고 '쿨'한 욕망을 위해.

새롭다, 정치인 같지가 않다

“코미디야 코미디, 호호호”

강금실

유혹의 힘을 가진 그녀, 신(新)페미니즘의 화신이다

이미지의 독재

'강금실·오세훈 효과' 덕분에 '이미지 정치' 논쟁이 뜨겁다. 그간 일방적 비판만 받았던 '이미지 정치'가 논쟁의 대상이 되었다는 게 흥미롭다. 총정리를 해보자. '이미지 정치'는 7가지 관점에서 생각해볼 수 있겠다.

첫째, 현실론이다. 이미 500년 전 마키아벨리가 군주에게 '이미지 정치'를 권고했듯이, '이미지 정치'는 승리를 위한 필수다. 늘 그래 왔다. 대중이 어리석기 때문인가? 그렇진 않다. 먹고살기 바쁜 대중의 입장에선 최소 노력에 의한 의사결정을 내리기 위해 취할 수밖에 없는 합리적 선택이다. 선거전문가와 정치인들은 늘 그 점을 잘 알고 있었지만, 그걸 드러내놓고 밝히진 않았다. 지역감정 부추기는 게 현실적으로 유리해도 그걸 '비법'이라고 주장하지 않는 것과 같다.

둘째, 기능 평준화론이다. 전자제품의 기능이 평준화되면서 디자인 경쟁으로 나아가고 있는 것처럼, 정치도 그 경지에 접어들었다는 주장이다. 이제 먹고사는 욕구의 문제를 넘어서 품위·감성·미학 등과 같은 잉여적인 욕망의 문제를 다룰 때가 되었다는 것이다. 그러나 '양극화'가 대두되면서 계층 간 이해관계가 엇갈리게 되었다.

셋째, 엔터테인먼트 재평가론이다. 이제 엔터테인먼트는 계층을 초월해 삶의 필수 요소가 되었기 때문에, 대중은 '이미지 정치'에 놀아난다기보다는 그걸 '고급 엔터테인먼트'로 즐긴다는 주장이다. 이 시각에서 보자면 정치인은 공공문제를 다루는 엔터테이너가 된다.

넷째, 정치혐오 반작용론이다. 정치가 혐오를 넘어 저주의 대상이 된 상황에서 대중은 정치에 의한 실질적 변화를 기대하지 않는 '체념의 지혜'를 갖게 되었으며, '이미지 정치'는 그 지혜에 근거하거나 영합하고 있다는 주장이다. 따라서 '이미지 정치'의 성행 정도는 기존 정치의 건강성을 측정하는 리트머스시험지가 된다.

다섯째, 이미지·알맹이 분리 불가론이다. 이미지는 알맹이의 반영이며, 알맹이는 이미지의 원천이라는 주장이다. 여기서 더 나아가면, 알맹이를 이미지의 하위 개념으로 볼 수도 있다. 유권자는 어차피 이미지 위주의 투표를 하게 돼 있는 바, 지식인들이 높게 평가하는 정책·이슈라는 것도 실은 후보의 이미지 메이킹을 위한 도구로 활용되는 게 현실이라는 것이다. 예컨대, 쟁점이 된 이슈에 대해 후보가 어떤 자세를 취했을 때, 유권자들은 이슈의 내용보다는 후보가 취하는 자세와 그 과정에 더 큰 의미를 부여하더라는 연구 결과도 나와 있다.

여섯째, 이미지 도구론이다. 알맹이의 효과적인 추진을 위한 도구로서 이미지 메이킹이 긍정적인 기여를 할 수 있다는 주장이다. 문제는 무슨 알맹이인가 하는 점이 중요하다. 늘 좋은 목적으로만 쓰일 수는 없는 법이다. '이미지 정치'는 파시즘이나 포퓰리즘을 위해 봉사할 수도 있다는 게 문제다.

일곱째, 미디어 책임론이다. 미디어가 선거를 정책·이슈 중심으로 보도하면 '이미지 정치'는 오히려 역효과를 불러올 수도 있다. 이미지 메이킹을 앞세우면 후보들 간 콘텐츠 비교·평가에서 뒤처질 것이 분명하기 때문이다. 그러나 미디어는 그렇게 하지 않는다. 이미지 중심의 보도가 상품성이 뛰어난데다 인터넷이 주도하는 '이미지 홍수'를 피해갈 수 없다고 보기 때문이다.

'이데아'와 '이데올로기'를 '이미지'와 '이마골로기'가 대체한 걸까? 지금과 같은 디지털 시대엔 '이미지 정치'를 긍정하는 게 시대를 앞서가는 것처럼 보이며, '이미지 정치'를 비판하면 마치 활자매체 시대의 구 문법에 사로잡혀 있는 사람처럼 보이기도 한다. 우리는 '이미지의 독재' 시대에 살고 있다고 해도 과언이 아니다. 그러나 어느 시대를 막론하고 독재에 저항하는 건 의미 있는 일이기에, 모든 사람이 '이미지 정치'의 옹호자가 될 필요는 없을 것이다.

'강금실 현상'의 정체

위 글은 내가 《한국일보》 2006년 4월 19일자에 쓴 칼럼이다. 모든 사람이 '이미지 정치'의 옹호자가 될 필요는 없지만, 전 법무부 장관 강금실을 '이미지 정치'의 틀로만 보는 건 그녀에게 부당한 일일 수 있다. 이제부터 말하고자 하는 강금실의 '쿨'은 이미지 이상의 것이기 때문이다.

2007년 2월 22일 강금실은 "강 전 장관이 뛰어들어야 (여권의) 대선 경쟁 분위기가 반전되지 않겠느냐"는 기자들의 질문에 "내가 분위기를 살리는 치어리더냐"며 "그때(서울시장 선거 때) 내 지지율은 40%대였지만 지금은 2%"라고 답했다.[85]

그래서 강금실은 대중적 정치인으로선 사망선고를 받은 것인가? 아니다. 그렇진 않다. 워낙 거대한 '안티 노무현' 해일에 휩쓸린 것일 뿐, 대중이 보는 강금실의 매력은 예전같진 않을망정 여전히 잠재된 채로 살아있다.

강금실의 인기가 하늘 높은 줄 모르고 치솟던 2004년 1~2월경, 그리고 다시 2006년 1~2월경 그 매력의 정체에 대해 수많은 분석이 쏟아져 나왔다. 이 분석들을 음미해보자.

강금실의 인기에 대해 열린우리당 의원 김현미는 "그는 신비감이 있다"고 했고, 같은 당 의원 민병두는 그동안의 행동과 어투가 기성 정치권에 식상한 국민들의 탄성을 자아냈다고 분석했다. 가령 대통령과 검사의 대화에서 다리를 꼬고 앉아 검찰권력을 비웃는 듯한 태도, "(정치는) 코미디야 코미디, 호호호" 하던 국회 상임위 도중 발언, 2004년 7월 장관직을 떠나면서 "너무 즐거워서 죄송합니다"라고 한 말 등이 그렇다는 것이다.[86]

여당의 한 중진의원은 강금실의 인기에 대해 "정치권력에 도취하지 않는 신선함과 할 말을 하는 당당함, 이혼한 남편의 빚까지 떠안아 해결하는 희생적 모습이 그의 매력의 원천"이라고 말했다. 한 정치평론가는 "강 전 장관의 리더십은 굳이 말하면 애인愛人 리더십"이라고 주장했다.[87]

연세대 심리학과 교수 황상민은 강금실의 이미지를 '쿨한 선지자' '인턴 정치지도자' '한국형 힐러리' 등 세 가지로 구분하면서 "가장 튀는 장관으로, 가장 인기 있는 정치인이 될 수 있었던 그의 비법은 역설적이게도 대중이 보기에 전혀 정치인답지 않았기 때문이다. 이런 사람이 인기를 끄는 것이 한국 정치 현실의 역설이다"고 분석했다.[88]

'유혹' 파워를 포용한 신新페미니즘 리더십

이 분석들의 바탕에 깔려있는 강금실 매력의 원천은 '쿨' 이다. 신선감·신비감도 '쿨' 의 일부일 뿐이다. 여성, 특히 사회생활을 하는 여성이 쿨하기는 정말 쉽지 않다. 온갖 차별 장벽을 넘어서면서 감정을 통제한다는 게 어디 쉬운 일인가. 그간 성공한 여성들도 꼭 중요한 국면에서 전혀 '쿨'하지 않은 모습을 보여주어 "여성은 쿨할 수 없다"는 편견을 고착시키는 데 일조했다.

반면 강금실은 쿨하다. 강금실은 "사람들로부터 첫인상이 차갑다는 말을 많이 듣곤 하였다"고 했고,[89] 강금실의 절친한 친구인 고종석은 강금실이 "차가우면서 뜨겁다"고 했는데,[90] 겉만 놓고 보자면 그녀는 '콜드' 계열인가? 그렇진 않다. 차가우면서도 온화한 생김새의 중화 효과 덕분에 쿨에 가깝다고 보는 게 옳다.

전여옥은 2004년 초 "그녀에게 관심 있는, 그러나 평소 무심하기 그지없는 뭇 남성들은 똑같은 귀고리와 반지를 하고 나온 것을 단 한 번도 본 적이 없다며 그녀의 '패션 감각'을 찬미한다"고 말하며 "'유혹적 이미지'를 가진 여자가 아니라 '강인한 리더십'을 가진 여성상을 보여줘라"고 주장했다.[91]

물론 칭찬은 아니다. 그러나 '강인한 리더십'을 가진 여성상을 보여야 한다는 주문은 전여옥 자신이 추구하는 목표인 것 같다. '쿨'이 전여옥표 '강인한 리더십'보다 강하지 않다고 말할 수는 없다. '핫'이나 '콜드'는 강해도 부러질 수 있지만, '쿨'은 휘어질 망정 부러지진 않는다. 썩 아름다운 장면은 아니지만, 다음과 같은 그림은 어떤가?

"참여정부 출범 직후 사법개혁 문제로 검찰과 청와대가 대립각을 세웠을 당시 강 장관은 전국의 검사 1,400명 전원에게 '다정다

감한' 이메일을 보냈다. 검찰총장과 보신탕집에서 폭탄주를 마시고 팔짱을 끼고 나와 '우리 사이에 오해는 없어요' 라고 애교 있게 얘기했다. 강 장관이 취임했을 때 '법조계의 서열주의 벽에 막혀 만신창이가 돼서 물러날 것' 이라는 기대(?)들은 이 두 '사건' 을 통해서 어긋났다.”[92]

이 기사는 강금실을 '페미니즘 리더십의 새 표상' 이라고 했는데, 이는 '유혹' 의 힘을 반(反)페미니즘으로만 간주했던 기존 정통파 시각에 유연성을 부여한 것으로 볼 수 있겠다. 대(對)남성 전투성이 강할수록 페미니즘의 대의에 충실한 것으로 여기던 초기 페미니즘의 한계와 굴레에서 조금이나마 벗어났다고나 할까.

일찍이 장 보드리야르는 여성이 남성권력에 도전해서 이길 수는 없다며 “여성의 힘은 유혹의 힘”이라고 단언했다. 여성은 전투적인 자세를 버리고 남성을 유혹해야 한다는 것이다. 그는 “다른 모든 힘에 대등하거나 그보다 탁월한 이 유일한 힘을 부인하는 것은 있을 수 없는 무분별한 행위”라고 질타했다.[93]

물론 이 주장은 페미니스트들로부터 욕을 잔뜩 먹었다. 또 강금실의 유연성은 보드리야르식 페미니즘과는 거리가 있다. 그럼에도 페미니즘 진영이 강금실표 유혹 파워를 긍정 평가하거나 적어도 비판하지 않은 건 의미심장한 변화라 할 수 있다.

'쿨' 의 강점은 남성보다는 여성이 더 잘 알아챌 수 있다. 여성 지지자들이 강금실 지지 이유를 “다른 여성 정치인들처럼 흥분하거나 질질 짜는 모습을 보이지 않는다. 능청스럽지 않다"라거나 "언행에 자신감이 있어 보인다. 쿨하다"고 밝힌 건 바로 그 점을 말해준다.[94]

유혹은 '쿨'하다. 아니 '쿨'해야만 한다. '쿨'하지 않고선 유혹할 수 없다. 유혹[seduction]이란 단어가 '분리하다'를 뜻하는 라틴어 [seducere]에서 파생되었다는 건 우리가 흔히 알고 있는 끈적끈적한 유혹은 유혹의 진정한 의미와는 거리가 멀다는 걸 시사한다. 필립 튀르셰에 따르면, 유혹은 마법이다.

"유혹은 다른 사람을 조정하는 기술은 아니다. 유혹하는 사람도 자신에게 그런 힘이 있는지 전혀 의식하지 못하기 때문이다. 매력적인 사람들은 자신도 모르는 사이에 상대를 유혹한다. 그들은 상대의 마음을 사로잡으려고 특별한 노력을 하지 않는다. 그런데도 상대는 그들에게 사로잡혀버린다. 요컨대 유혹은 테크닉도 아니고 조작도 아니다. 유혹이란 힘은 거의 '마법'이라 할 수 있다."[95]

선거와 '쿨'의 충돌

그러나 '마법'은 모든 상황에서 늘 작동할 수 있는 건 아니다. 강금실표 '쿨'의 주요 요소인 신선감·신비감은 곧 기가 막힌 역설에 빠져들고 말았다. 강금실은 전혀 정치인답지 않았기에 높은 인기를 누리다가 막상 선거판에 뛰어들자 지지율이 급속히 떨어지기 시작했다. 달리 말하자면, 강금실의 최대 자산이라 할 정치에 대한 '쿨'한 이미지는 선거판에 발을 들이미는 순간 부서지기 시작한 것이다.

강금실은 평소 '카르페 디엠carpe diem(삶을 즐기라는 뜻의 라틴어)'을 외쳐왔다.[96] 또 그녀는 "사회적 삶에 대한 집착이 없다"는 말도 해왔다.[97] 속물적인 출세·권력 욕망이 없다는 뜻이다. 실제로 그런 태도를 보여 왔다. 그러나 그 말을 곧이곧대로 들으면 안 된다. 믿어선 안 된다는 뜻이 아니라, 잠재된 의미까지 캐 읽어야 한다는 뜻이다.

강금실의 서평으로 인해 더욱 유명해진 김훈의 《칼의 노래》에서 그녀가 가장 좋아하는 대목 중의 하나는 "살려고 하는 자는 죽을 것이고, 죽으려고 하는 자는 살 것"이라는 말이다. 강금실은 이것을 자신의 욕심에 매달리면 삶을 그르친다는 교훈으로 받아들이는 동시에 삶을 바로 살기 위해서는 자신의 모든 존재를 내던지는 실존적 결단이 필요하다는 뜻으로 받아들인다고 했다.[98]

이는 "정치를 사즉생死即生 전법으로 해왔다"는 노무현의 진술과 통하는 말이다. 그렇기 때문에 강금실은 늘 자유로울 수 있었고 '쿨'할 수 있었던 반면, 노무현은 자유로울 순 있었을망정 '핫' 했다. 물론 이는 두 사람이 자란 환경과 기질 차이 등으로 볼 수 있는 문제지만, 남녀男女 차이와 더불어 하늘과 땅 차이라 해도 좋을 두 사람의 학벌 격차에 연유된 것이기도 하다.

그 결과의 차이는 매우 컸다. 노무현은 자신의 모든 걸 거는 '치킨 게임'을 해온 반면, 강금실은 '쿨' 파워의 무한한 잠재력을 알아채고 그걸 자신의 무기로 삼는 길을 택했다고 볼 수 있다.

그런데 선거는 원초적으로 '집착의 게임'이다. 집착을 하지 않으면 오히려 불성실하다고 욕을 먹는다.

어쩌란 말인가? 선거란 '쿨' 할 수 없는 게임인데.

공중 높이 띄우는 헹가래를 친 사람들이 뒤늦게 주인공에 대해 너무 무거워 '쿨' 하지 않다며 손을 털고 뒤돌아서서 내빼면 어쩌자는 건가? 공중에 뜬 사람은 땅바닥에 털썩 떨어질 수밖에 없잖은가.

정치판에서 나타날 수밖에 없는 '쿨' 의 비극적 운명인가? 혹 강금실이 '쿨' 의 법칙을 배반한 적이 있었던 건 아닌가? 잘 생각해보자. '노무현 탓' 만 할 일은 아닌 것 같다.

서울시장 선거 결과, 한나라당 후보 오세훈은 240만 9,760표를 얻은 반면 강금실은 107만 7,890표를 얻어 133만여 표 차로 낙선했다. 너무 큰 차이였다. 이는 여당 후보라는 원죄를 넘어 강금실 자신에게도 문제가 있었다는 걸 시사한다.

검증할 수 없는 결과론적 해석이긴 하지만, 다음과 같은 5가지 이유가 강금실의 '쿨' 자산에 타격을 주지 않았나 싶다.

'쿨'에 타격을 준 5가지 이유

첫째, 열린우리당의 호들갑 판촉이었다. 열린우리당이 전면에 나서면 나설수록 안 되는 일이었는데도, 여당 인사들이 '강금실과 끼워 팔리기'에 유혹을 느껴 치열한 경쟁을 벌인 나머지, '강금실'이 죽고 열린우리당이 부각되는 사태가 일어났다. 오죽하면 '강금실배盃 쟁탈전'이라는 말까지 나왔을까?[99]

고종석은 열린우리당의 강금실 구애를 비판적으로 지적하면서 "지금 여권이 유권자들에게 환멸을 준 큰 이유 하나는 도무지 거짓말이라고는 할 수 없을 것 같은 순박한 표정으로 서툰 정치공학을 일삼아 온 데 있다"고 했다.[100]

맞다. 바로 이게 강금실에게까지 타격을 입힌 것이다. 사실 대중의 일상적 대인관계와 관련해 말하자면 노무현과 그 일행의 가장 큰 죄악은 '순박한 표정'을 모욕하고 불신케 만든 것이다. 여기에 더하여 여권이 보여준, 짜증을 유발할 수준의 가벼움은 강금실의 '쿨'마저 너무 가볍게 만들고 말았다.

둘째, 청담동 고급 의상실 옷 사건이었다. 강금실이 청담동의 한 의상실에서 서울시장 출마를 위해 옷을 주문했다는 언론보도가 나간 것이다. 다른 정당들이 가만있을 리 만무했다. "강 전 장관은 서울시장이 되면 '강남의 시장' '청담동의 시장'이 되려 하는가" "강 전 장관의 '시민후보' 전략은 일종의 위장출마로, 위장취업은 들어봤어도 위장출마는 처음 들어본다”는 등의 비난이 쏟아졌다.[101] 강금실은 청담동의 의상실에 옷을 주문했다는 보도는 오보라고 밝혔지만, 강금실 쪽의 잘못도 있었다.

강금실은 “강남 의상실에서 옷을 해 입고 선거용 포스터를 찍은 것은 맞나?”라는 기자의 질문에 “곰곰이 생각해보니 결국은 내 잘못이었다”며 다음과 같이 답했다.

“그날 여러 시험용 사진을 찍자면서 전문가들이 ‘부띠끄 옷이 잘 나온다’며 가지고 온 옷을 아무 생각 없이 입었던 것이 문제였다. 사진을 찍는다고 하면 어디에 낼 사진이며 어떤 의미의 사진을 찍는지 내 생각이 있어야 했다. 물론 사 입지는 않았는데, 평소에 하지 않던 행동을 해서 망한 것이다.”[102]

셋째, ‘보라 캠페인’의 역효과였다. 한신대 교수 윤평중은 “강전 장관의 하늘을 찌르는 인기가 명백한 ‘시네마 폴리티카(극장정치)’의 시대로 우리 사회가 진입했음을 웅변한다”며 “보랏빛으로 치장하고 서민의 발인 지하철역에서 내린 뒤 덕수궁 돌담길을 걸어 정동극장 무대 위에서 일인극 배우처럼 출마 선언을 하는 극적인 연출이 이를 너무도 생생하게 입증한다”고 했다.[103]

‘시네마 폴리티카’도 논란의 소지가 있지만, 더욱 큰 문제는 ‘보라 캠페인’의 추상성이었다. 고급스러운 연극보다는 서민의 언어로 된 마당극을 연출할 수는 없었을까? 강금실은 ‘정치의 패러다임 쉬프트’를 강조하고 싶어 ‘보라 캠페인’을 구상했다지만,[104]

이 메시지는 평론가 집단 사이에서나 먹힐 수 있는 발상은 아니었을까? 강금실이 서울시장 출마 선언을 하면서 옷부터 스카프, 구두, 립스틱 화장까지 보라 일색으로 한 것까지는 좋았다 해도, 전 선거캠프와 여당까지 그 캠페인에 공격적으로 동참한 건 일종의 티저teaser광고(브랜드는 숨긴 채 호기심을 유발하는 광고) 캠페인을 연상케 했다. 강금실도 그걸 뒤늦게 느꼈던 것인지 최근에 낸 《서른의 당신에게》에서 다음과 같이 털어놓았다.

"색깔을 좋아하여 둘러 입고 다니는 것이 나의 취향이기는 했으나 물론 선거에서도 색깔을 둘러쓰고 다닐 심사는 아니었는데, 어쩌다 보니 출마 선언 후에 보라색만 출마한 것처럼 시끄러워졌으니 평생 좋아하던 보라색에게도 미안하고, 나의 뜻을 살려 도와주신 분들께도 미안하였다."[105]

넷째, 강남 부촌화 발언이었다. 강금실은 "강북을 발전시키고, 강남을 아름다운 부촌으로 보존하겠다"고 했는데, 이게 영 사람들의 가슴에 와 닿질 않았다. 이에 대해 《한국일보》 논설위원 강병태는 "아무리 화합을 강조하기 위한 표현이라도 '아름다운 부촌'은 지나친 아부로 들린다"며 "그의 정치 기반인 집권세력이 지금껏 취한 자세에서 멀리 벗어난 것이 오히려 진정성을 의심하게 한다"고 했다.[106] 이런 평가에 공감하는 사람들이 많았다고 보아야 하지 않을까?

그러면서 동시에 강금실은 어떤 경우엔 유관순 같은 자세를 취

함으로써 자신의 진정성을 더욱 위협했다. 예컨대, 강금실은 자신의 인터넷 홈페이지에 올린 '4·19 마흔여섯 돌을 맞아' 란 논평에서 "대통령이 초당적 이해와 협조를 구하기 위해 긴급히 만든 자리에 제1야당의 대표들이 한 사람도 참석하지 않은 것은 대단히 유감"이라며 "반민족적 한나라당"이라고 비판했다.

"지극히 반민족적인 한나라당의 모습을 보며 허구에 가득 찬 일제 식민사관에 다시 한 번 심한 모욕을 당한 것 같은 기분이었다"는 말도 했다.[107] 정당들 간 정략 게임에 대해 '반민족적' 이니 '식민사관' 이니 하는 말까지 동원하는 건 영 '강금실답지' 않았다.

다섯째, 선거 막판에 등장한 열린우리당과의 '거리두기' 전략이었다. 물론 '거리두기' 는 꼭 필요했지만, 그게 너무 작위적이었다. 열린우리당의 당직자가 "강 전 장관이 당을 비판할 테니 잘 보이게 써 달라"고 부탁을 하고 다닐 정도로 너무도 얄팍해 속이 훤히 드러나는 식으로 이루어져 강금실의 진정성에 타격을 입혔다.[108]

《동아일보》 논설위원 김순덕이 강금실의 노 정권 비판에 대해 다음과 같이 주장한 건 부당하거니와 과도한 비난이었지만, 강금실의 부자연스러운 '거리두기' 가 과거 노무현이 저지른 수법과 연계되는 효과를 냈으리라는 걸 시사한다.

"장관 재직 때는 왜 침묵했는지 묻고 싶다. 반면 '선거용 내 편 때리기' 일 뿐이면 그는 거짓말쟁이다. 또는 정치적 야심 때문에 소속 당과 대통령까지 헐뜯는 인격상실자거나. 득표를 위한 전술적 발언이라고 해도 의문은 남는다. 오죽했으면 노 정부의 전직 장관이 노 대통령의 핵심 코드를 문제 삼겠나. 언론의 비판에는 '위폐 제조'라며 펄펄 뛰던 정부가 강 전 장관의 발언에는 조용한 것도 기이하다. 아무튼 노 대통령은 2003년 민주당을 깨고 열린우리당을 창당했다. 강 전 장관은 이런 점에서까지 사부師父를 닮을 생각으로 서울시장에 도전하고 있을까."[109]

'저, 강금실 다시 태어났습니다'

강금실은 5월 24일 서울시 선거방송토론위원회 주최로 열린 '서울시장 후보 TV토론회'에서 "유세 기간 느꼈다. 정치에 정말 속은 것 같다"고 말해 다양한 해석을 낳게 했다. 강금실은 진정성 회복을 위해 5월 28일 자정부터 선거 전날인 30일 밤 12시까지 3일간 밤샘 선거운동을 통해 서울 전역을 누비며 '바닥표'를 훑겠다는 마지막 반전카드를 던졌지만, 너무 늦었다. 그러나 선거 전날 "저, 강금실 다시 태어났습니다"라고 밝혔던 강금실은 패배에 의연하게 대처하면서 "시민 여러분 곁에서 같이 호흡하면서 제가 할 수 있는 역할을 찾겠습니다"라고 말했다.[110]

위에 지적한 다섯 가지가 강금실에게 얼마나 큰 타격을 입혔는지는 알 수 없지만, 강금실의 평소 자산이었던 '쿨'이 망가졌다는 것만큼은 분명한 사실이었다. 선거라고 하는 비상국면에서 '쿨'은 유보될 수도 있고 반전될 수도 있는 것이지만, 그렇다고 이렇게까지 과거에 보인 '쿨'의 진정성까지 의심하게 만드는 쪽으로 사태가 진전된 건 강금실에게 큰 마이너스였다. 본의는 아니었을망정 결과적으로 강금실을 '치어리더화'한 선거 전략에 문제가 있었다고 볼 수 있다.

강금실은 선거기간 중 참모들에게 비공개 회의에서 "참여정부가 잘못한 게 하나 있다. 의제 설정을 잘못했다"고 말했다.[111] 이는 서민들의 팍팍한 삶의 현실과 경제적인 의제를 미루고 소홀히 해왔다는 지적이었지만, 그것만이 전부는 아니었다.

사실 강금실에겐 노 정권의 고질병을 바로 본 안목이 있었다. 강금실은 여권 일각이 "사람의 소중함을 잊어버리고 있다"고 질타했으며, "지금 우리 정치의 가장 큰 문제점은 감성이, 정서가 상실됐다는 거예요. 그러다 보니 자신들의 이해관계에 따라 사람을 함부로 대하는 언행이 난무하고 있죠"라고 개탄하기도 했다.[112]

이는 정치 전반에 대한 이야기 같지만, 사실은 강금실이 노 정권에 대해 느끼고 있던 가장 큰 문제의식이었다. 바로 '도구적 인간관'이다. 노무현과 그의 참모들은 자기들을 제외하곤 같은 길을 걷는 동지들이라도 도구적으로 대했다.

이용 가치가 떨어지면(또는 생각이 다르면) 자기들이 독단적으로 내린 결정에 따를 것이냐 말 것이냐는 양자택일을 강요하고 따르지 않으면 순식간에 안면몰수하고 공격을 퍼붓는 행태를 그간 수 없이 반복해왔다. 그래서 노무현을 대통령으로 만든 여러 '1등 공신'들이 이젠 다 그의 적이 되었다. 이게 바로 노무현의 도구적 인간관을 말해주는 생생한 증거가 아니고 무엇이랴.

강금실은 노무현의 또 다른 근본적인 문제점도 심각하게 인식하고 있었을 가능성이 높다. 그 문제점을 여기서 일일이 설명할 순 없지만, 정태인이 한미 FTA 추진과 관련해 지적한 '한건주의' 마인드로 보아도 큰 무리는 없겠다. 물론 그런 마인드도 '시대정신'을 읽는 능력으로 포장하면 노무현의 장점으로 볼 수도 있겠지만, 그것이 일관된 패턴으로 나타나는 문제점을 강금실 특유의 '느낌의 지성'[113]이 그냥 지나쳤을 리는 만무하다.

그러나 그녀는 이걸 적극적으로 의제화하진 않았다. 자신이 노무현에 의해 파격적으로 발탁되었다는 것에 대한 부담감과 더불어 그녀 특유의 '쿨'한 태도 때문이었을 것이다. 바로 여기서 그녀의 '쿨'의 한계가 드러난다.

앞으로 강금실은 정직하고 우아하게 노무현을 넘어서는 법을 배워야 한다. 지금 정동영 · 김근태 · 천정배 등이 고전을 면치 못하고 있는 것은 바로 그걸 잘 못하고 있기 때문이다. 내가 왜 노무현을 잘못 판단했으며, 왜 오랫동안 침묵할 수밖에 없었으며, 나의 과오는 무엇이며, 나는 앞으로 어떻게 해나가겠다는 '성찰의 언어'와 더불어 진정성을 보여줘야 한다.

'쿨'의 전천후 성숙을 위하여

강금실이 '쿨'을 배반하게 된 데는 열성 지지자들의 과도한 '강금실 띄우기'도 한몫했다는 걸 짚고 넘어갈 필요가 있겠다. 문학평론가 박철화가 "내가 노무현 정권을 싫어하면서도 강금실 장관에게 호감을 갖는 것은 적어도 그 자신 스스로 도덕과 선을 내세우는 장면을 보지 못하였기 때문이다"고 말한 건 의미심장하다.[114]

조선희는 "노무현 정부가 강금실을 발탁한 게 아니라, 강금실이 노무현 정부를 발탁한 것"이라고 주장했지만,[115] 아무리 그 선의에 공감해도 이런 시각엔 함정이 있다. 그 어떤 천재 엔터테이너도 브라운관이라는 무대가 주어지지 않으면 대중을 만날 길이 없다는 점에서 '최초의 여성 법무장관'이 아니었다면 누가 강금실이라는 이름을 알 것이냐는 반문을 제기할 수 있겠다. 또, 그것보다 더욱 중요한 건 강금실은 '쿨'의 상극이라 할 노 정권을 배경으로 해서 돋보였던 '쿨'의 지존이었다는 사실이다.

그런데 강금실의 열성 지지자들은 박철화와 같은 '쿨'한 지지자들과는 달리 자꾸 강금실의 '도덕과 선'을 부각시키면서 그걸 예찬했다. 이는 강금실로 하여금 자신의 인기 또는 지지 기반의 모순적 상태, 또는 취약성을 과소평가하게 만들어 전략 입안에 차질을 빚게 하는 결과를 초래했다.

시간을 두고 '쿨'의 전천후 성숙을 기하는 것이 이제 강금실에게 남겨진 숙제라 할 수 있겠다. 영국의 토니 블레어가 강금실이 추구할 수 있는 하나의 모델일 수 있다. 아니 이는 비단 강금실뿐만 아니라 한국의 모든 정치 지도자들이 한 번쯤 심각하게 고민해볼 만한 문제다. 한국 정치의 한 대안으로서의 가치가 있다는 뜻이다. 이미 한물간 '제3의 길'을 그대로 따르자는 게 아니라 그 문화전략에 주목해보자는 것이다.

블레어의 '제3의 길'의 정신적 · 정서적 기초는 '쿨'이었다.[116] 그가 보수당의 18년 장기집권에 종지부를 찍게 하면서 1997년 집권에 성공했을 때 내건 구호 중의 하나도 바로 '쿨'이었다. 그는 '쿨 브리타니아Cool Britannia' 즉, '멋진 영국' 건설을 내걸면서 '아이디어와 감수성이 반짝이는 사회, 독창성과 개성이 어우러진 활기찬 사회, 그것을 원동력으로 경제가 발전하는 사회'를 만들겠다고 공약했다.

블레어는 미국의 부시와 발을 맞춘 이후 '부시의 푸들'로까지 불리면서 크게 망가진 모습으로 사임하게 되었지만(2007년 6월 27일 사임), 그렇다고 해서 배울 게 없는 건 아니다. 역설적이게도 그의 문화 캠페인 전략은 이미 '쿨'의 탈정치성에 빠진 유권자들을 정치에 끌어들일 수 있는 길은 다시 '쿨'이라는 걸 시사해준다. '쿨'은 느슨한 수준의 참여와 연대를 가능하게 해줄 수 있기 때문이다.

한국에선 참여정부가 '참여'라는 말을 워낙 버려놓았으므로 다른 길을 찾기도 어렵다. 탄탄한 개혁 정책과 아울러 사람·감성·정서의 소중함을 살리는 '쿨 코리아나' 야말로 새로운 비전일 수 있다. 소통·참여 없는 개혁·선진화는 가능하지 않기 때문이다.

최근 강금실은 엘리아스 카네티의 《군중과 권력》에 대한 짧은 서평에서 "세상을 다 받아들여 느끼고 해답을 찾는 정신의 지성적 작업을 지치지 않고 실행하다 보면, 내 안의 세계가 계속하여 넓어지고 심화되며 영원한 갈망의 상태로 항상 새롭다"고 했다.[117] 강금실 자신의 이야기처럼 들린다. 그녀에게 정치는 '세상을 다 받아들여 느끼고 해답을 찾는 정신의 지성적 작업'인지도 모른다. 그렇게 함으로써 그녀 안의 세계가 계속하여 넓어지고 심화되며 영원한 갈망의 상태로 항상 새롭다면 무엇 때문에 정치를 두려워하랴. 강금실의 '쿨'이 다시 빛을 발하게 될 것이다.

하얗고 냉(冷)해 보이는 얼굴, 어딘지 반항적이다

초연히 사람을 압도한다

손석희

언론인 손석희, 왜 그렇게 빛나는가

'초연함'의 매력

1950년대 원조 쿨의 이미지를 대변한 할리우드 스타들은 제임스 딘, 프랭크 시나트라, 말론 브랜도, 몽고메리 클리프 등으로, 이들은 "전통적 남성 이미지를 새롭게 여성화하여 정통 남성적 스타일과 단절된 면을 보여주었다." 특히 1955년 자동차 사고로 숨진 제임스 딘은 쿨의 첫 순교자이자 성인의 반열에 올랐다.[118]

물론 1950년대 이후 쿨의 개념도 변했지만, 그리고 오늘날에도 수많은 쿨의 정의가 존재하지만, 쿨의 한 가지 핵심 요소는 '초연함'이다. 굳이 쿨을 들먹이지 않더라도 우리는 일상적 삶에서 무언가 초연한 듯한 느낌이나 이미지를 풍기는 사람에게서 그것이 작위적이거나 그 밖의 다른 혐오할 만한 점만 없다면, 매력을 느끼게 된다.

파운틴·로빈스는 "과거에 쿨은 사회적 일탈과 반항의 표현으로 나타났지만, 지금은 그 반항적 지위가 힘을 잃으면서 후기 소비자본주의의 지배적 윤리가 되었다"고 했는데,[119] 그런 전환이 완전히 이루어진 건 아니다. 사회발전단계에 따라 국가별 차이도 있을 수 있겠다. 내면에 감춰진 일탈과 반항의 심리에서 비롯된 '쿨'이 여전히 있을 수 있다는 뜻이다. 그런 유형으로 손석희를 분석해보자.

손석희는 2006년 2월 16일 MBC를 그만두고 방송 프리랜서이자 성신여대 문화정보학부 교수로 변신했지만, 여전히 그는 아나운서로 분류된다. 2007년 2월 KBS가 방송 80주년을 맞아 만 15세 이상 전국 시청자 1,000명을 대상으로 실시한 설문조사에서 아나운서 부문 1위는 손석희에게 돌아갔다.[120]

아나운서도 넓은 의미의 언론인으로 볼 수 있지만, 손석희는 좁은 의미의 언론인으로도 간주되고 있다. 그간 여러 조사에서 손석희는 '가장 좋아하는 언론인 1위'와 '가장 영향력 있는 언론인 1위'로 뽑히곤 했다. 도대체 이런 놀라운 인기, 아니 괴력의 비결은 무엇인가?

손석희의 '쿨' 아우라

정신과 전문의 정혜신은 "손석희는 자신의 색깔을 적극적으로 드러내지 않으면서 자신만의 독특한 아우라를 만들어내는 스타일"이라고 했는데,[121] 나는 그 아우라의 정체를 '쿨'로 설명하고 싶다. 아우라^{Aura}는 '고유한 분위기'를 말하는, 다소 뜬구름 잡는 개념이기 때문에 딱 꼬집어 말할 수 없다는 데 그 묘미가 있다. 아마도 바로 이런 이유 때문에 손석희는 자신에게서 '쿨'이라는 아우라를 찾으려는 시도에 동의하지 않는 건 물론이고 오히려 짜증을 낼지도 모른다.

실제로 손석희는 자신에 대한 세간의 평 가운데 도무지 동의할 수 없는 게 '차분하다' '냉정하다' '절제력 있다'는 류의 것들이라며 "절 아는 사람들은 그래요. 방송 듣다보면 네 성격 나올까봐 조마조마하다고, 저도 사람이니 인터뷰 도중 성질나는 일이 아주 없을 순 없죠. 지난번엔 너무 화가 나 볼펜을 집어던지기도 했어요"라고 말했다.[122]

겨우 볼펜? 마이크를 집어던졌다면 모를까 볼펜을 집어던진 걸로는 부족하다. 그리고 손석희의 이미지를 평가함에 있어서 누가 손석희의 모든 걸 알겠다고 그랬나? 미디어에 나타난 모습만 갖고 이야기하겠다는데, 왜 그렇게 '오리발'을 내밀면서 과민 반응을 보이는지 모르겠다. 하긴 이게 바로 일탈·반항성 쿨의 특징이기도 하다.

볼펜을 집어던진 사건보다는 최근 '손석희의 시선 집중'에서 주미대사 이태식과 설전을 한 것에 대해 손석희가 사과를 한 게 더 큰 사건이겠다. 손석희는 4월 20일 '조승희 사건'과 관련해 이태식과 전화 인터뷰를 하면서 "인터뷰는 늘 이렇게 하십니까" "인터뷰를 계속해야 될지 잘 모르겠네요"라는 등의 공격적인 발언으로 물의를 빚었다는데, 그는 프로그램 홈페이지에 올린 글에서 "진행자로서 아직 수양이 덜 된 것 같다"며 "불편하게 생각했던 여러분께 사과드리고 좀 더 정진하겠다"고 말했다.

손석희는 "인터뷰의 시작은 조승희 씨 부모님의 자살설까지 돈 상황에서 우선적으로 우리 정부가 어떻게 상황을 파악하고 있는가로 시작했다"며 "사건의 성격을 떠나 주권을 가진 국가로선 기본적이고 원칙적인 문제였다고 판단했다"고 설명했다. 이어 그는 "그런데 대사께서 처음부터 좀 격앙되신 것 같아 사실은 저도 좀 당황했다"며 "그것이 저의 평소 인터뷰 방식에 대한 인식에서 비롯된 것이라면 상대에게 탓을 돌릴 일이 아니다. 제가 좀 더 유연해지도록 노력을 해야겠다"고 자기 탓을 했다. 그러면서도 그는 이태식이 조승희 사건에 대해 "'사죄'라는 표현을 쓰지 않았다"라고 주장한 것은 사실과 다른 것으로 확인됐다며 해명을 요구했다.[123](이태식의 사과문은 25일 방송되었다.)[124]

이 방송을 듣지 않고 신문기사로만 전하는 것이긴 하지만, 무슨 일이 일어났을지 짐작이 간다. 문제의 원인은 손석희의 '수양 부족'이 아니라 청취자들을 위해 최선을 다하려는 '성실'이었던 것 같다. 이와 관련, 인제대 언론정치학부 교수 김창룡은 "일부 네티즌들은 손 교수의 '공격적인 질문'에 대해 과도한 댓글 공격을 퍼부었다. 그러나 《미디어오늘》이 입수하여 지난 23일 인터넷판에 소개한 이태식 대사의 영문 발언 전문은 누가 거짓말을 했고 누가 그 거짓말을 숨기기 위해 목소리를 높이며 과민 반응한 것인지 보여준다"며 다음과 같이 말했다.

"이 대사는 사죄 발언과 관련하여 'We feel very sorry' 라고 했으며 이것이 번역 과정에서 오역됐다는 식으로 해명했다. 손 교수는 좀 더 분명한 답변을 주미대사의 입으로 밝혀주기를 기대하며 되물었지만 뜻을 이루지 못했다. 이 과정에서 거꾸로 진행자가 지나쳤다는 식으로 일부 시청자들은 불편하게 생각한 것 같다.…그는 '한국과 한국민을 대표하는 대사로서 한국민과 한국의 유감과 사죄를 표한다' 는 뜻을 분명히 표현했다. 오역도 없었고 오해도 없었다.… '몰아붙이는 듯한' 어법상 작은 문제에는 인터넷으로 갖은 공격을 하면서 본질적인 잘못은 제대로 추궁하지 못한다면 고위공직자들의 거짓말은 앞으로도 계속 될 것이다."[125]

손석희는 'here & now' 형 인간?

'쿨' 한 사람은 어떤 경우를 막론하고 '쿨' 해야 하는가? 그래야 한다면 그건 인간이 아닐 게다. 이태식 사건은 그렇게 이해하면 되겠다. 손석희는 거의 모든 경우에 '쿨' 하다. 손석희를 가까이서 오랫동안 지켜봐 온 MBC 정찬형 PD의 다음과 같은 평가가 핵심을 찌르고 있다.

"그는 제가 아는 한 가장 절제력이 뛰어난 방송인입니다. 흔히 언론운동 경력을 들어 그가 편협되거나 투쟁적일 것으로 오해하는 시각이 있지만 실제로 그를 아는 사람들은 때때로 차갑게 느껴질 정도로 냉철한 그의 판단력에 놀랄 때가 많습니다.”[126]

어느 기자는 손석희의 ‘쿨’을 ‘손석희답다’고 표현했다. 인터뷰를 하면서 사회적으로 첨예한 이슈들에 대해 질문을 던지자 손석희가 답을 하지 않은 것과 관련해 한 말이다. 손석희는 무슨 핑계를 대면서 답변을 거부했는가? 다음과 같다.

“그러한 문제에 대해 개인적인 생각은 있습니다. 하지만 자기 자신의 가치관에 따라 공적 영역인 방송을 진행해서는 안 된다고 생각합니다. 진행자의 의견이 투영된다면 프로그램의 생명력을 잃는 것이죠. 진행자는 균형을 잡고 가능하면 많은 의견들을 다양하게 담아내야 한다고 봅니다. 그래서 말하지 않겠습니다.”[127]

이미 손석희 전문가가 된 정혜신의 평가를 더 들어보자.

“손석희는 군더더기가 없는 사람이다. 그의 멘트는 목표물을 향해 공중에서 일직선으로 내리 꽂히는 매를 연상시킨다. 그만큼 간략하고 정확하다. ‘말하는 일’을 직업으로 가진 사람 중 손석희처럼 언어의 절제미를 보여주는 사람도 그리 흔치는 않을 것이다.”[128]

손석희의 절제미는 간결미이기도 하다. 손석희 자신은 간결미에 대해 “말을 잘 못하기 때문에 실수를 피하려 훈련한” 것이라고 하지만,[129] 그대로 믿을 건 못된다. 간결미는 손석희의 정체성 요소이기 때문에, 그런 이유가 아니라 하더라도 그는 간결미 쪽으로 나아갔으리라고 보는 게 옳다.

정혜신은 손석희가 누리는 인기의 비결을 손석희가 'here & now'를 중시하는 '지금 여기서의 인간'이라는 점에서 찾았다. 자신의 '지금 그리고 여기'를 있는 그대로 느끼고 깨닫게 하는 것이 정신분석치료의 한 목표일 정도로, 'here & now'는 정신의학에서 매우 중요한 개념이라고 한다. 정혜신은 "손석희는 'here & now'형 인간에 가깝다. 과거를 무시한다는 게 아니라 '바로 지금' 내가 하고 있고, 할 수 있는 일을 누구보다 명확하게 인지한다는 뜻이다"며 "예측 불가능한 상황에서 발휘되는 방송인 손석희의 순발력이나 순간 집중력은 당대 최고라는 평가다"고 했다.[130]

'가장 말을 잘하는 사람'

손석희는 토론이나 인터뷰에서 '형식적 균형'은 잘 지키지만, '내용적 균형'을 위해 자주 개입도 하는데, 사실 바로 여기서 그의 실력이 드러나곤 한다. 자신이 개입하는 것에 대해 반드시 납득할 만한 '변명'을 만들어내는데 그 솜씨가 탁월하다. KBS 아나운서 김은성이 박사논문 〈방송 진행자의 스피치 구성요인과 공신력 평가〉를 위해 KBS 아나운서 66명을 대상으로 '가장 말을 잘하는 사람'에 대한 설문조사를 벌인 결과, 시사 교양 부분에서 압도적으로 손석희가 1위로 뽑힌 것도 바로 그런 이유 때문일 것이다.[131]

손석희의 음성은 따뜻하지만 얼굴은 차갑다.(음성도 비교적 차가

운 편이라고 보는 사람들도 있기는 하다.) 여기서 그의 거부감 주지 않
는 카리스마가 생겨났을 법하다. 라디오 청취자는 손석희의 얼굴
을 볼 수 없지만, 이미 텔레비전을 통해 획득한 손석희의 이미지를
자연스럽게 떠올리리라는 추정이 가능하다.

손석희의 판단력을 단순히 진행 솜씨가 뛰어나다는 측면에서
평가하는 것은 옳지 않다. 세상을 보는 그의 안목이 그만큼 날카롭
다는 걸로 보는 게 옳다. 예컨대, 손석희가 2004년 홍세화와 대담
에서 노무현 정권의 문제점에 대해 조심스럽게나마 다음과 같이
핵심을 찌르는 평가를 내리는 게 어디 쉬운 일이겠는가.

홍세화 흔히 유럽사회를 말할 때 합리적 보수와 건전한 진보 사이
의 경쟁을 말합니다. 그건 서로 인정하는 바탕에서 이뤄진 것이죠.
서로 다른 것에 대해서 인정조차 하지 않으려고 하는 점에 대해
'그런 습속에 빠져 있는 것을 극복해야 한다' 고 진보 쪽 사람들과
도 얘기하는데, 노무현 정부에 대해 아쉽다는 것은 그런 것이 없다
는 것입니다.

손석희 얘기가 더 들어가면 제가 곤란해지는데…. 그런 성향이 있
다면 그것은 길러져온 것입니다. 오랫동안 그런 것이 연마돼 왔기
때문에 정치적으로 성공했을 수도 있고요. 또 잘 아시듯 대결적 논
리를 굉장히 선호하는 사람들이 있어요. 이런 사람들이 자신의 지
지세력이라고 생각할 수도 있는 거죠. 노무현 대통령 지지자는 조

직 대중 외에도 많았고, 이들에 의해 정권을 잡은 것인데, 갈수록 조직 대중만 남고 그 외에는 다 떨어져 나가고 있는 겁니다. 그러고서도 또 찾아가는 곳이 조직적 대중이니…. 조직 밖의 사람들은 갈등할 수밖에 없죠. 지지해 놓고 잘하길 바라고 있는데…. 이 정도로 하죠. 또 대결적 논리에 의해 오해를 받을 수도 있으니까요.[132]

손석희의 뛰어난 정치 감각

손석희는 2003년 《문화일보》에 정기적으로 칼럼을 기고하기도 했는데, 그의 칼럼을 읽어본 사람이라면 손석희가 '신문 저널리스트'로서도 대단한 역량을 갖고 있다는 걸 감지했을 것이다. 국문학과 출신이라서 그런지 글도 잘 쓰지만, 알맹이가 날카롭다. 예컨대, 그는 노무현과 언론의 갈등에 대해 일단 노무현의 '억울함'을 수긍한 뒤에 다음과 같이 명쾌한 '교통정리'를 했다.

"그러나 이젠 노 대통령도 그 억울함의 말을 줄일 때도 되었다. 그는 언론과의 대결을 '오기傲氣가 아닌 가치충돌의 문제'라고 했지만 그가 말을 하면 할수록 오기 때문이라는 인식은 더욱 확산될 뿐이다. 특히 노 대통령이 근본적인 언론개혁보다는 자신과 측근이 관련된 사안이 불거졌을 때 더욱 언론에 대한 불만을 표시해왔다는 주장이 설득력을 갖는 한 그러한 인식을 피할 길이 없다. 무엇보다도 노 대통령이 전면에 나설수록 언론문제에 있어서 시민사회의 역할은 실종된다. 대통령이 나서는 한 시민사회의 언론개혁 운동은 본의 아니게 '관제운동'이 될 수밖에 없지 않겠는가."[133]

손석희가 뛰어난 정치 감각을 갖고 있으면서도 정치판을 멀리 하는데다 사람들에게 그가 정관계 진출을 하지 않으리라는 생각을 심어준 것도 그가 누리는 인기에 기여했을 게다. 이와 관련, 이봉 수는 "거물 정치인들을 호의적으로 보도하다가 등용되는 사례는 1박 3김 시대 이래 우리 언론계의 전통이 된 듯하다. 정치권에 가서 하는 일 또한 연고를 이용한 대언론 업무가 많다는 점에서 신新삼 권분립에 역행한다"며 "손석희 씨가 정치권의 구애를 뿌리친 것이 희귀하게 느껴지는 게 한국사회다"고 말했다.[134]

그러니 손석희는 보배일 수밖에. 그런데 손석희가 처음부터 정치에 뜻이 없었던 건 아니다. 그는 일회용 소모품으로 이용당하는 것을 거부했을 뿐 오래 전 그 자신이 직접 뜻 맞는 사람들과 더불어 새로운 판을 벌려보려는 시도를 물밑에서 진행하다가 그냥 접은 적도 있었다. 정혜신이 말한 'here & now'형 인간으로서 자신의 인생을 방송처럼 생각하고 순발력과 순간 집중력을 발휘해 뒤끝 없이 간결한 판단을 내린 걸로 볼 수 있겠다.

정혜신은 "손석희의 개인적 성향도 정치와 썩 어울리지는 않는 것처럼 보인다"며 "나는 사람들 속에 있는 손석희를 몇 차례 볼 기회가 있었는데, 나는 그에게서 섬 같은 느낌을 받았다"고 했다.[135] 날카로운 관찰이다. 왜 손석희는 '섬' 같을까? 남의 전공 분야를 넘보는 것 같아 미안하긴 하지만, 손석희가 《풀종다리의 노래》에서 자신의 자전적 이야기를 과감하게 공개했으므로 그의 그런 쿨한 개방성에 기대어 무리 좀 해보자.

손석희의 '똥고집'과 '칼'

손석희의 '쿨'은 상당 부분 타고난 것이기도 하겠지만, 후천적으로 그의 삶을 지배한 환경적 요인도 크게 작용했다. 자존심이 하늘을 찌를 정도로 강한 사람이 어렸을 때 가정형편이 어려우면 고독을 벗 삼는 경우가 많은데, 손석희도 그런 케이스가 아닌가 싶다.

손석희(1956년생)의 아버지는 육사 7기생으로 5·16 쿠데타가 일어나기 몇 달 전 군복을 벗고 사업에 뛰어들었다. 남들에게 속는 일이 잦아 실패의 연속이었다. 손석희가 서른 살이 될 때까지 서른 번이나 이사를 다녔고, 집이 없어서 가족들이 뿔뿔이 흩어진 적도 있었다는 걸로 그가 겪었을 시련에 대한 이야기를 대신하자. 우리가 주목할 건 그가 세상을 곱지 않은 시선으로 바라보게 되었고, 한때 허무주의적이 되기도 했다는 사실로 족하다.[136] 미국에서의 50년대식 '쿨'의 탄생 조건과 비슷하다.

손석희는 어렸을 때부터 고집이 셌다. 초등학교 2학년 통지표에 "이 학생 고집은 똥고집"이라고 적혀 있을 정도였다. 손석희는 중학교 시절 안암동에서 우이동에 있는 서라벌중학교까지 걸어다녔다. 차비 모으기에 재미 붙인 탓도 있었지만, 걷는 것 자체를 즐겼다고 한다. 걸으면서 혼자 생각하는 재미에 푹 빠진 것이다.[137] 그렇게 생각이 많으니 일탈과 반항은 '주먹'으로 향하긴 어려웠다. '사회정의' 쪽으로 향하게 되었다. 학창 시절 그의 별명은 '칼'이었고, 그의 꿈은 신문기자였다. 이런 일이 있었다고 한다.

"69, 70, 71년이 중학시절이었는데 친구 삼촌인가 형인가가 신문기자인데 기사를 잘못 썼다고 어딘가에 끌려가서 맞고 왔다는 거예요. 기자가 기사를 잘못 썼다고 맞나? 누가 때리나? 불현듯 기자가 되고 싶었어요. 고등학교 1학년, 유신이 났어요. 방송반을 했는데 유신이 나자 곧 방송반이 철폐됐어요. 그때 선배 하나가 방을 붙여서 경찰서에 끌려가 맞았어요. 그때 신문기자가 더 하고 싶었지요. 왜라고 꼬집어 말할 것 없이 그냥 하고 싶었어요."[138]

우여곡절 끝에 1984년 MBC에 입사하면서 손석희의 인생은 대전환을 맞게 된다. 이제 나이도 먹고 조건도 갖춰진데다 원래부터 정의감이 강했으니 그의 '똥고집'은 명분을 갖춘 '소신'으로 바뀔 수 있게 되었다.

그는 훗날 《한겨레》 신문(1999년 7월 7일자)에 쓴 〈젊은 날의 선택〉이라는 제목의 칼럼에서 "정치적 무뇌아로 입사한 뒤, 무임승차로 노조에 참여해 얼굴 팔리고, 마흔 넘어 유학 보따리를 싸기까지 세 번의 선택 가운데 어느 것 하나 쉬운 일은 아니었다"고 했다.[139]

자신의 평소 감춰진 기질이 물을 만난 것이지, '무뇌아' 운운하는 건 지나치다. 하긴 그게 바로 손식희표 ‘쿨’의 특성이기도 하다. 그가 MBC에서 방송민주화와 관련해 보인 소신은 널리 알려진 이야기이므로 생략하자.

손석희가 자신만 너무 부각되는 것 같다며 쑥스럽게 생각하는 것도 그의 ‘쿨’한 기질 때문으로 이해하면 된다. 그의 활동은 제3자가 보기에도 썩 훌륭한 것이었다.

사적 공간에서의 터프함

손석희의 내면지향성은 방송생활 14년을 하고서도 달라지지 않았다. 손석희는 98년 한 잡지와 가진 인터뷰에서 “골프를 못 배워서 사람 사귀는 게 불가능한 사회라면 이미 썩은 사회이므로 혼자 지내는 쪽을 택하겠다”고 했는데,[140] 사실 이건 매우 과격한 발언이다. 아니 그만큼 자신감이 있다는 반증으로도 볼 수 있겠다.

이미 멀리 떠나버린 것 같은 일탈과 반항의 기질마저 완전히 사라진 건 아니었다. 그의 의식 심연의 어느 곳엔가 남아 있었다. 손석희는 “고백하자면 나는 방송 바깥에서는 점잖은 말만 골라 쓰는 사람이 아니다. 당연한 얘기지만 나는 욕도 할 줄 알고, 화가 나면 앞뒤 안 가리고 고래고래 소리를 지르기도 하는 것이다.…남의 사정을 분석하기 좋아하는 사람들은 내 입이 가끔씩 ‘걸진’ 것이, 혹 방송에서 너무 정제된 말만 쓰려다가 생긴 스트레스 때문이 아니냐고도 하지만 그건 아니다”며 다음과 같이 말했다.

“나는 훨씬 전부터 그랬으니까. 아마 그것이 원인이라면 특히나 아나운서실 사람들은 하루 종일 상스러운 소리를 입에 달고 살아야 할 것이다. 그러면 나는 왜 이 모양인가. 한 번 더 고백하건대, 나는 아직 그에 대한 그럴듯한 변명거리를 찾지 못하고 있다. ‘이 험한 세상에 어찌 분노를 감추고만 살 것인가. 세상이 나를 욕하게 만들었다’고 한다면 그건 너무 상투적이고 패배적인 변명일 테고, 나는 다만 ‘절제된 형식주의가 싫어서’라고 답할 수밖에 없겠다.”[141]

나는 손석희 자신이 제시한 답에 만족 못하겠다. 성공한 방송인으로서 달라진 자신의 위상에 ‘쿨’하게 대처하고 싶은 욕망이라는 게 내 답이다. 자신의 성공으로 인해 나타날 수밖에 없는 ‘일탈과 반항’에 대한 향수 때문인지는 몰라도 그는 방송을 벗어난 사적 공간에선 대단히 ‘터프’하다.

손석희는 “내가 절대로 클래식 음악회에 가지 않는 것은 거기서 내가 만들어내야 할 가식적 분위기가 싫기 때문이다”고 했다. 그는 호사스럽게 꾸며 놓은 식당이나 카페 같은 곳을 가야 되는 경우 예외 없이 아내로부터 “왜 그렇게 안절부절 못해요? 생전 못 와본 사람처럼”이라는 핀잔을 듣는다고 한다.[142]

제임스 딘의 고민

손석희가 클래식 음악을 잘 알거니와 매우 좋아하면서도 단지 가식적 분위기가 싫어 클래식 음악회에 절대로 가질 않는다? 방송에서 대통령을 만나서도 맞먹는 사람이 호화로운 장소에 가면 안절부절 못한다? 그러고 보니 손석희의 인기비결 중 하나가 방송의 기본 요소라 할 가식적 분위기를 자신의 프로그램에서만큼은 허용하지 않으려 한다는 데 있는 건지도 모르겠다.

그런데 단지 가식적 분위기가 싫다는 말로는 부족하다. 나는 오랜 세월 훈련해온 단독자의 터프함이 자신의 '쿨'한 상태를 방해하는 그 어떤 것도 용납하지 않으려 하는 건 아닌가 하는 생각을 해본다. 손석희는 정상에 서 있는 방송인답지 않게 마당발이 아니다. 아니 오히려 사람들과의 만남을 피한다. 그는 "좁은 인간관계가 오히려 일하는 데 도움이 된다. 인간관계가 쌓이기 시작하면 굴레가 된다. 내 방식의 인터뷰를 하지 못한다"고 설명한다.[143]

그러나 나는 그런 직업적인 이유 이전에 그게 그의 체질이라고 본다. '인맥 만들기'라는 건 원래 선의의 가식적 요소를 필요로 하는 건데, 늘 쿨하고 싶은 손석희는 그게 싫은 것이다. 손석희는 자신을 좀 아는 이들은 "손석희 씨 성격 때문에 부인이 고생 좀 하겠어요"라고 말한다고 했다.[144] 손석희는 그 '성격'을 구체적으로 밝히진 않았지만, 아마도 앞서 지적한 것들을 포함하는 동시에 그의

'쿨' 한 특성과 관련돼 있는 것 같다.

손석희는 결코 위선이라고 볼 수 없는 의례적인 말에도 시치미를 뚝 떼고 반응함으로써 상대편을 당황하게 만들곤 한다. 아니 시치미를 뗀다기보다는 그는 정말 그러는 건지도 모른다. 남들의 선의의 가식조차 인정하고 싶지 않다는 단호한 의지의 표현인 셈이다. 이걸 염두에 두고서 '100분 토론' 을 감상해보시라. 가끔 이런 일이 벌어진다.

손석희의 언어적 터프함은 손석희의 내면에 잠재돼 있는 강한 남성성의 표현 욕구와도 관련이 있을 거라는 추론도 가능하다. 앞서 지적했듯이, 미국에서 1950년대 원조 쿨의 이미지를 대변한 스타들은 전통적 남성 이미지를 새롭게 여성화하였다는 걸 상기할 필요가 있다. 그래서 이들은 더욱더 남성적으로 보여야 할 필요성이 있었던 건지도 모른다. 제임스 딘의 경우처럼 과장되게 말이다.

'아도니스형의 미소년' ?

손석희에게 그런 과장은 없다. 그러나 그의 사적 삶에서 그의 용모가 미쳤을 영향을 그냥 모른 척하고 넘어갈 순 없다. 손석희는 '아도니스형의 미소년' 이라는 타이틀까지 얻은 바 있다.[145] 《풀종다리의 노래》 표지에 실린 손석희의 사진은 30대 중반의 얼굴이다. 이 얼굴에 대해 신동아 기자 이나리가 내린 평가를 들어보자.

"사진 속 그는 예뻤다. 귀엽고 깨끗했다. 여주인공을 설레게 하는 순정만화 속 이웃집 소년 같았다. 이렇게 예쁘던 남자가 쉰 살이 되며 어떤 얼굴을 갖게 되는지 알고 싶었다."

이나리는 손석희를 만나고 나선 "그는 아쉽게도 미중년美中年이 아니었다"고 했지만,[146] 나는 이 말을 못 믿겠다. 기자로서 자신이 손석희를 '쿨'하게 대응했다는 걸 독자들에게 알리고 싶은 직업근성이 아닌가 의심한다. 왜냐하면, 손석희는 "오십줄에 들어섰음에도 여전히 풋풋한 느낌을 주는 미소년의 미소를 간직한 외모"라는 또 다른 증언이 있기 때문이다.[147]

손석희가 자라면서 자신의 얼굴 덕분에 이익을 본 것도 많았겠지만 스트레스도 적잖았을 것이다. 대학시절 수많은 여학생들이 그와 데이트를 해보려고 손석희의 친구들에게 청탁을 넣는 등 몸부림을 쳤지만, 그는 모두 단칼에 내치고 말았다.[148] 그러나 그도 인간일진대 어찌 속마음이야 편했으랴. 심지어 그가 노조에 가입하겠다고 나섰을 때 혹시 프락치가 아니냐며 공공연히 그를 의심하는 선배도 있었는데, 그 의심의 근원도 순전히 그의 얼굴 때문이었다.[149]

게다가 손석희는 의지와 노력으로는 어쩔 수 없는, 타고난 수줍음을 갖고 있다. 어느 인터뷰 기사의 한 대목을 보자.

"여자대학이라서 느끼는 어려움이 있냐는 질문에 '수업시간엔 괜찮은데 여성들만 있는 교정을 걸어 다니기가 솔직히 부담스럽다’ 는 답이 돌아왔다. ‘이제 곧 여성스러워지겠네요’ 라고 농담을 건네자, 손 교수는 ‘그럴 일은 절대 없을 것’ 이라고 되받는다. 쑥스러웠던지 그의 얼굴에 붉은 기운이 스쳤다.”[150]

텔레비전에서 손석희의 얼굴에 붉은 기운이 스치는 걸 보거나 눈치 챈 시청자들이 있을지 모르겠다. 조금만 관심을 기울이면 자주 목격할 수 있다. 요컨대, 미모와 수줍음, 이 두 가지가 손석희의 ‘쿨’ 을 숙성시킨 추가적 요인이었다고 말할 수 있겠다.

‘쿨’ 의 고독

‘쿨’ 엔 내재적 모순이 있다. 쿨은 “인간이 만든 규칙이란 잔인한 경쟁 본능을 숨기려는 얄팍한 속셈에 불과하기 때문”에 “인간이 만든 규칙에 따르는 삶을 무심하고 냉정하게 거부”하지만,[151] 쿨에도 경쟁이 있다. 이는 쿨한 면모를 대결하는 게임이나 포커 같은 도박에서 잘 드러나거니와[152] 일상적 삶에서의 쿨도 경쟁을 피해갈 수는 없다.

쿨을 요구한다는 점에서 방송은 도박 못지않다. 생방송, 그것도 치열한 싸움을 중간에서 교통정리를 해야 하는 생방송 진행자의 긴장은 포커의 긴장 저리 가라 할 정도로 고강도의 것이다. 손석희는 이걸 23년간 버텨온 것이다. 그것도 아주 쿨하게. 담배도 끊고, 술도 거의 안 하고, 사람도 거의 안 만나고, 운동도 안 하면서 프로그램만 잘 마치면 밤 새워도 하나도 안 피곤하다니,[153] 그 비법을 체화된 '쿨' 이외에 달리 무엇으로 설명할 수 있겠는가.

물론 부작용도 없진 않다. 무엇보다도 '고독감' 이다.

"인터뷰이에게 내가 밀리는 순간 프로그램 신뢰에 문제가 생기니까 절대로 기 싸움에 져서는 안 된다. 그러다 보면 외로울 때가 많다. 스튜디오에 혼자 남겨지는 순간, 참 외롭다는 생각이 들기도 한다. 일종의 직업병도 생겼는데 방송 때 무진장 집중하고 나면 일상에서는 도대체 집중이 안 된다. 치매에 걸린 것처럼 깜빡 잊어버리는 일이 많고, 그래서 주변사람들은 무심하다고 무척 서운해한다. 또 자꾸 친한 사람들을 많이 만들면 안 되다보니, 어쩐지 고립되는 느낌도 들고, 그러나 어쩌겠는가. 이게 방송인의 숙명인 걸."[154]

그런 고독감은 다시 쿨을 숙성시키지만, 그렇다고 해서 손석희가 자신의 인생설계까지 쿨하게 대처한 건 아니다. 40을 넘긴 나이에(1997~1999) 가족을 모두 데리고 훌쩍 미국 유학을 떠나 미네소타대학에서 저널리즘 석사 학위를 따고 돌아온 것은 손석희 그 자신의 처지에서 볼 때 '무모' 할 정도의 결단이었다. 그래서 대학교수를 하게 된 것이긴 하지만, 대학교수직은 손석희가 그간 방송에서 해온 역할을 계속할 수 있게 해주는 데 필요한 것으로도 볼 수 있다.

한국사회는 '늙음' 을 경륜으로 보는 게 아니라 추함으로 보는 '청춘예찬 공화국' 이다. 아니 '청춘광란 공화국' 이라고 하는 게 옳겠다. 그 정도가 너무 심하니까 말이다. 그래서 우리는 백발이 성성한 방송 저널리스트를 구경하기가 매우 힘들다. 방송사 조직 내부에 몸담고 있으면서 그 못된 문화를 전복하기는 어렵다. 교수직이 좋은 지렛대가 될 수 있다. 손석희 집안 대대로 흰머리가 거의 나지 않는다니, 백발 구경은 하기 힘들지라도 말이다.

손석희에게 그런 전략적 계산이 있었을 가능성이 높다. 그는 92년 구속 당시 영등포 구치소에서 하루 15분씩 주던 운동 시간에 하늘을 나는 비행기를 보면서 "나도 언젠가는 훌훌 떠나야지"라고 생각했던 걸 실행에 옮긴 '무작정 떠나기'였다고 주장하고 있긴 하지만 말이다.[155]

아니 전략적 계산이라는 말은 부적절하거니와 그 걸로는 부족할 수 있다. 하늘을 찌를 정도의 강한 자부심이 그의 고독을 지켜주는 동력일 수 있다. 사실 내가 손석희에 대해 가장 놀란 건 '과대포장'에 대한 손석희의 강한 부정이었다.

손석희를 비난하는 네티즌들이 가장 자주 사용하는 말이 바로 "과대포장됐다"는 것이라고 한다. 이나리는 이에 대해 어떻게 생각하느냐고 물었다. 손석희는 "미디어가 인물을 담기 시작하는 그 순간부터 포장은 시작되는 것"이라며 다음과 같이 반박했다.

"그런데 전 22년을 미디어에 노출돼 왔어요. 저에 대한 이미지가 어떻게 잡혀 있든, 그것은 제가 노력을 통해 지켜온 것입니다. TV 속 이미지와 '현실의 나' 사이 괴리를 줄이기 위해 애써온 거죠. 쉬운 일은 아니었어요. 그런 노력이 모두 실패로 돌아갔다면 아마 지금의 전 전혀 다른 삶을 살고 있을 겁니다. 또 하나, 과대포장이란 지적 뒤에는 아마 아나운서직에 대한 편견이 숨어있을 거예요. 준비된 원고를 읽기만 하는 사람이라거나…. 하지만 아나운서들과 하루만 같이 생활해보면 그것이 오해임을 알게 될 겁니다. 아나운서는 저널리즘의 굉장히 다양한 분야를 체험하는 사람들입니다. 폭넓은 실전 경험을 통해 내공이 쌓이지요. 물론 자신의 핵심 이미지는 지켜나가려 노력해야겠지만요."[156]

나는 손석희의 이 말에 동의한다. 내가 놀란 건 손석희가 이 답을 할 때만큼은 '쿨' 하지 않았다는 점이다. '과대포장'의 의미는 손석희 개인과 관련된 것이라기보다는 방송 저널리스트만이 누릴 수 있는 '이미지 파워'를 지적한 것에 가깝다고 볼 수 있기 때문에 유머를 섞어가면서 '쿨' 하게 대답해도 될 성격의 질문이었다고 보는 게 옳지 않을까? 그만큼 손석희의 자부심이 강하다는 걸로 볼 수 있다. 앞서 말했듯이, 하늘을 찌를 정도의 강한 자부심이 그의 고독을 지켜주는 동력일 수 있다고 보면 되겠다.

손석희의 장기집권 가능성

방송은 쿨해야 한다. 여기서 삶의 파노라마에 대응하는 태도로서의 '쿨'은 마셜 맥루한의 '쿨' 개념과 만날 수 있다. 맥루한은

미디어를 핫 미디어hot media와 쿨 미디어cool media로 분류했다. ‘핫 미디어’는 고정밀성high definition과 저참여성low participation, 그리고 ‘쿨 미디어’는 저정밀성low definition과 고참여성high participation으로 특징지어진다.

‘정밀성’이란 어떤 메시지의 정보가 분명한 정도 또는 실질적인 밀도를 의미하며, ‘참여성’은 어떤 메시지를 받아들이는 사람이 그 뜻을 재구성하는 데 필요한 노력 투입의 정도를 의미한다. 수용자는 어떤 메시지의 부족한 ‘정밀성’을 자신의 ‘참여성’으로 채우려 들기 때문에 둘 사이의 관계는 반비례한다.

텔레비전은 당연히 쿨 미디어다. 쿨한 사람을 우대한다. 김용옥 같은 ‘핫’한 사람이 높은 인기를 누리는 건 김용옥의 특출함에서 비롯된 예외로 보는 게 옳다. 손석희가 가진 수많은 장점과 더불어 그는 쿨하기 때문에 질리지 않는다. 손석희 자신도 놀랐다.

2006년 9월 8일 새벽, 100분 토론의 300회 진행을 마치고 나서 손석희는 “처음엔 100회 정도하고 그만둘 줄 알았어요. 그런데 제가 맡은 이후 200회나 진행했어요. 지금 드는 느낌은 ‘그동안 잘 견뎌냈다, 잘 생존했다’ 입니다”라고 말했다.[157] 정말 대단하다.

시청자들이 질리는 것도 문제지만, 토론 프로그램은 각종 이해관계 때문에 시비가 많다. 공정하니 안 하니 시비를 걸면서 외부 바람을 탈 수밖에 없다. 그런데 손석희는 그 모든 시비의 가능성을 ‘쿨’이라는 무기로 깔끔하게 털어냈다.

손석희는 자신에 대해 "난 포기가 빠른 사람"이라며 다음과 같이 말했다.

"내가 무엇을 어떻게 하건 모두 '선택'인 거죠. 실수란 선택을 잘못한 것이고요. 그럼 실수하지 않으려면 어떻게 해야 하나. 잘못한 선택이 아니라고 생각해야죠. 전 그래서 제가 간 길에 대해 실수란 표현을 잘 쓰지 않아요. 일종의 자기합리화인데, 제 자신을 평가하는 덴 융통성이 있어야 한다고 보거든요."[158]

아니 포기가 빠른 건 뭐고 '똥고집'이니 '소신'은 뭔가? 클래식 음악회를 가지 않는 고집은 포기하면 안 되는가? 모순 아닌가? 아니다. 공사公私 구분의 문제로 봐야 한다. 손석희가 자신이 포기가 빠르다고 말한 건 사실상 "나는 진짜 프로"라고 말하는 것과 다를 바 없는 것이다.

반면 손석희가 클래식 음악회에 가지 않는 건 그의 커리어에 아무런 영향을 미치지 못한다. 손석희의 성공 이면엔 사적 영역에서의 '똥고집'과는 전혀 다른 유연성이 있다는 것이다.

손석희는 이미지도 쿨한 동시에 일하는 자세 역시 쿨하다. 손석희는 '가장 좋아하는 언론인 1위' '가장 영향력 있는 언론인 1위'라는 타이틀에 쿨하게 대처하겠지만, 바로 그런 쿨 덕분에 그의 장기집권을 예감하지 않을 수 없다. 그러나 요즘 워낙 '몰래 녹음' '몰래 카메라'가 극성이니, 사적 영역에서 언어적 터프함을 보일 땐 주변을 잘 둘러보는 게 좋겠다.

어벙해 보여서일까?

마음 푹 놓인다, 훈훈한 웃음이 입가에 묻어난다

유재석

온 국민이 빠져버린 그 매력의 정체

개그의 전성시대

때는 바야흐로 '개그의 전성시대'다. 개그야 애들이 좋아하는 것 아닌가? 그렇지도 않다. 개그 프로그램을 가장 많이 시청하는 연령층은 30대인데다 남녀노소를 불문하고 고르게 시청하고 있다는 걸 시청률 조사는 보여주고 있다.[159]

《한겨레 21》 2006년 10월 10일자는 "매주 수요일 서울 여의도 한국방송 공개홀 앞은 새벽부터 복작복작댄다. 새벽 3~4시 방송사를 지키는 이들은 입장 번호표를 받으려고 기다리는 '개그콘서트' 방청권 당첨자들이다. 등촌동 SBS 공개홀에 긴 줄이 서는 날은 매주 금요일이다. 이곳은 '웃찾사' 방청권에 당첨돼 한 자릿수 번호표를 고대하는 이들로 가득하다. 역사가 짧은 문화방송 '개그야' 녹화가 있는 화요일 여의도에 아직 이런 새벽 풍경은 없지만 인기가 더해질수록 아침잠을 포기하는 방청권 당첨자들이 늘고 있다"며 다음과 같이 말했다.

"몇 시간에 걸친 힘든 입장 과정을 거치고 이제 편안하게 즐기는 방청만이 남았다고 생각한다면 오산이다. 입장을 마치면 이제 본격적인 박수 신공과 분위기 업 내공 훈련에 돌입한다. 훈련을 책임지는 이들은 '개그콘서트'의 변기수와 '웃찾사'의 조우용 등 각 개그 프로그램 개그맨 중 입담이 좋은 신인 개그맨들. 이들은 마이크를 잡고 무대 위에 올라와 30여 분간 적막을 깨부수는 수다와 계속되는 말 걸기를 앞세워 방청객 마음의 문을 열어놓는다. 간단한 장기자랑 코너도 있다. 선물을 걸고 펼치는 이 장기자랑은 종종 본 녹화를 압도하기도 한다. 대체 누가 개그맨이고 누가 방청객인지 모를 만큼 완벽하게 성대모사와 개그를 소화해내는 방청객들은 개그쟁이 중 제법 웃길 줄 아는 개그쟁이다."[160]

방청객만 개그맨이 되는 게 아니라 다른 방송프로그램의 출연자들도 개그맨이 된다. 소설가 김이연은 "요즘 TV 지상파 방송을 보면, TV에 나오기를 바라는 모든 사람을 '어설픈 개그맨'으로 만들어버린다"며 "방송들이 저질 평준화되고 있다"고 비판했다.

김이연은 "가수나 탤런트, 세계적인 스포츠맨과 의사, 나아가 정치인 등 직업을 막론하고 말의 내용과는 상관없이 우습게 망가져야 한다"며 "시청자에게 재미있고 편하게 다가서는 방법이 꼭 뽕망치로 매 맞고 물벼락 맞고, 공중에서 떨어지고, 무지를 부끄러워하지 않는 배짱을 보여야 하는 것인가"라고 개탄했다.[161]

그럼에도 바로 그런 '개그 모드'가 다른 오락 프로그램까지 침투하고 있다는 건 무슨 이유에서건 개그의 인기가 높다는 걸 방증

한다. 개그의 이런 인기에 대해 KBS방송문화연구위원 오태수는 "그저 앞만 바라보며 정신없이 살아가는 변화 없고 건조한 일상을 TV 앞에서나마 훌훌 털어내버리고 싶다는 의미도 있을 것이고 웃는 표정이 억지로 만들어지는 게 아니고 마음이 편안하고 평온할 때 나타나는 반응이고 보면 이제는 삶의 질을 생각하는 사람들이 많아졌고 행복지수도 그만큼 높아져 가고 있는 것으로 해석해도 되지 않을까 싶다"고 했다.[162]

그러나 개그맨들은 피가 마른다. 《한국일보》 2006년 11월 11일자는 "개그콘서트, 웃음을 찾는 사람들, 개그야 등 지상파 3사 공개 코미디가 인기가도를 달리고 있지만 마냥 웃을 수는 없다. 5분을 웃기기 위해 23시간 55분을 고군분투해야 하고, 장고^{長考} 끝에 엮어낸 코미디가 무용지물로 사라지는 일도 다반사다. 무대에서 내려서는 순간 언제 다시 무대에 오를 지도 알 수 없다"며 다음과 같이 말했다.

"1년 365일, 휴일 없이 뛰어도 형편은 넉넉하지 않다. 신인들이 받는 TV 출연료는 몇 개 코너를 뛰든 회당 30만 원 안팎. '특급' 코미디언들도 160만 원 수준이다. 과거보다는 나아졌다지만, 회당 1,000만 원을 호가하는 개그맨 출신 MC나 다른 연예인들에 비하면 턱없이 낮다.…그러다 보니 코미디는 뒷전이고 오락·교양 프로그램의 리포터나 패널이 주업이 된 코미디언들이 적지 않다. 시작은 '생계형 외도'지만, 운이 좋아 MC로 성장하면 다시 코미디

무대로 돌아오기 어렵다. 코미디언이 '단명' 할 수밖에 없는 또 하나의 이유다."[163]

유재석의 '배려형 개그'

이 글에서 다룰 유재석은 위에서 언급한 개그 프로그램에 출연하는 개그맨은 아니다. 그는 성공한 '개그맨 출신 MC' 라고 보는 게 옳다. 그러나 전 오락 프로그램의 개그화 추세에 따라 그의 개그는 형식을 달리한 채로 계속되고 있으니 개그맨이라 불러도 무방할 것이다.

아니 그런데 개그맨이 '쿨' 할 수 있나? 늘 웃고 떠들어야 하는 개그맨이 '쿨' 하다는 건 도무지 말이 안 되는 것 같다. 그러나 개그계 내부의 상대적 관점에서 보면 '쿨'을 무기로 삼는 개그맨이 얼마든지 있을 수 있다. 그 대표적 인물이 바로 유재석이다.

유재석의 개그를 가리켜 이른바 '배려형 개그' 라고 한다. 과연 이 '배려'의 정체는 무엇인가? 유재석의 주업이 MC라는 사실에 주목할 필요가 있다. 중간자나 조정자 역할이 필요하다. 요즘 유행하는 개그 싸움에서의 악역은 다른 개그맨들에게 맡기고 유재석은 그걸 조정해야 한다.

아무나 조정 역할을 맡을 수 있는 건 아니다. 말을 잘해야 한다. 그런데 유재석은 말을 잘한다. 대단히 잘한다. 동료 개그맨들은 프로그램 내에서 공공연히 유재석의 '여성 아나운서에 대한 집착'을 거론하는데, 그게 사실이라면 유재석의 말솜씨는 '솜씨' 이상의 것으로 그의 정신세계를 지배하는 그 어떤 본질이 아닌가 하는 생각마저 든다. 비교적 돌출된 구강 구조와 그 어떤 관련이 있는 것인가?

KBS 아나운서 김은성이 박사 논문 〈방송 진행자의 스피치 구성요인과 공신력 평가〉를 위해 KBS 아나운서 66명을 대상으로 '가장 말을 잘하는 사람'에 대한 설문조사를 벌인 결과, 쇼·오락 분야에선 유재석이 1위를 차지했다.

이에 대해 김은성은 "스피치 속에 말 이외의 다양한 구성요소가 존재함을 나타내는 결과"라며 "김제동, 신동엽 등을 제치고 유재석이 1위를 한 것은 상대에 대한 배려와 열정적인 모습이 그의 스피치에 감동을 싣기 때문"이라고 분석했다.[164]

사실 말솜씨로 갈등을 조정하기 위해선 배려가 필요하다. 남을 생각하는 배려는 유재석의 사적 생활에서도 자주 드러난다는 게 많은 사람들의 한결같은 증언이다.

그런 '배려'가 곧 '쿨'이다. 짧게 보지 않고 멀리 내다보고, 부분보다는 전체를 보는 기술이다. 그런 기술은 '쿨'을 필요로 한다. 유재석에 대한 세상 사람들의 칭찬은 한 꺼풀 벗겨보면 사실 그의 '쿨'에 대한 칭찬임을 알 수 있다.

'반듯한 이미지'의 감옥?

2007년 2월 28일 전 한나라당 대표 박근혜는 차기 대통령의 리더십과 관련, "선진화를 위해서는 국가 지도자가 지배하고 군림하는 리더십이 아니라 섬기고 봉사하는 '서번트servant 리더십'을 가져야 한다"고 말했다. 그녀는 개그맨이자 MC인 유재석을 예로 들면서 "그의 인기비결은 무엇보다 가식 없고, 진실되고, 사생활이 깨끗하기 때문"이라며 "지도자가 진실되게 국민을 대하고 도덕적으로 깨끗하고 국민의 신뢰를 받는다면 강력한 리더십을 가질 수 있고 선진화도 앞당길 수 있다"고 주장했다.[165] 박근혜의 발언이 실린 신문기사를 읽으면서 내심 "유재석이 꽤 스트레스 받겠군"이라는 생각을 했다.

《동아일보》 2007년 3월 17일자엔 영화사 '아침' 대표 정승혜가 개그맨 유재석에 대해 쓴 글이 실려 있다. '내 마음속의 스타'라는 시리즈인데, 기사제목은 〈이 훈소남! 인간에 대한 예의로 꽉 찼다〉였다.(훈소남, 훈훈하게 웃기는 남자) 정승혜는 이 글에서 "자신보다는 상대방을 배려하는 개그, 상대방의 처지에 서는 코미디를 하는 사람은 극히 드문데 난 그것이 유재석만의 장점이며 매력이라 말하고 싶다. 서로 함께 빛나는 방법을 아는 그의 코미디 방식은 아마도 선천적으로 타고난 그의 성격 덕분일 것이다"고 했다.

이 글을 재미있게 읽으면서도 내심 "유재석이 큰일났군"이라는 생삭을 했다. 물론 정승혜의 믿음대로 유재석의 '배려형 개그'는 만든 이미지가 아니라 본디 그의 성품일 것이다. 나 역시 그렇게 믿는다. 그러나 그렇다고 해서 유재석의 스트레스가 사라지는 건 아니다.

언젠가 방송작가 신여진은 '해피투게더 프렌즈'의 녹화를 끝낸 유재석에게 "당신 요즘 행복하십니까?"라고 물었다고 한다. 유재석은 다 쉰 목소리로 "그럼 행복하지"라고 답했다나. 그러나 신여진은 "그의 행복을 가로막는 몇 가지 요소가 있다"며 "대중들의 곱디고운 시선과 그의 '선천성 배려 증후군'"을 지적했다.

"유재석하면 늘…안티 없는 청정 연예인이라는 기사가 따라다니는데 그 결정타가 바로 몇 년 전 미니홈피를 떠들썩하게 만든 선배 개그맨 표영호의 극찬의 글이다. 최고의 인기를 누리고 있음에도 불구하고, 외제차를 타지 않는다는 글과 자유로에서 주인 잃은 강아지를 태워 동물병원에 실어다주었다는 선행 기사가 났다. 당시 대기실에서 만난 유재석은 이제 외제차 사고 싶어도 영호형 때문에 살 수 없게 생겼다며, 이러니 내가 나쁜 짓하고 싶어도 못한다고 한숨을 내쉬었다.…언제부턴가 그는 녹화만 끝나면 목이 쉬어있다. 녹화시간이 길어서도, 대본의 양이 많아서도 아니다. 편집이 될 걸 알면서도 현장에 나온 동료와 후배를 배려하느라 인터뷰하랴, 스태프들에게 일일이 안부 물으랴, 방청객과 인사 나누랴, 그러다 보니 녹화가 끝나면 늘 목이 쉬어 가수도 아닌데 성대

결절까지 생기고 만 것이다. 한때 그런 성격 때문에 카리스마 없는 연예인, 무대 장악력이 떨어지는 MC라는 평가를 받기도 했지만 이제는 배려형 MC라는 새로운 영역을 구축하고 국민적인 사랑을 받고 있다.”[166]

그러나 신여진은 “남에게 행복 바이러스를 뿌려주는 것도 좋지만 이제는 ‘선천성 중증 배려 증후군’에서 벗어나”면 좋겠다고 했다. 《경향신문》 기자 장은교도 “유재석은 화려하고 동떨어져 보이는 스타들 속에서 대중이 찾아낸 ‘가장 인간적인 스타’일지 모른다”며 다음과 같이 말했다.

“그러나 많은 스타들이 그랬듯 대중이 원하는 하나의 이미지 속에 갇혀 그도 빠르게 소모될 수 있다. 안티 없기로 소문난 ‘국민여동생’ 문근영은 ‘대중이 너무 좋게만 봐줘 힘들다’고 털어놓기도 했다. 기대가 높아질수록 실망도 커지는 법. 굳어가는 ‘반듯한 이미지’가 오히려 그를 가둬두는 건 아닐까. 어쩌면 유재석은 속으로 외치고 있을지도 모른다. 이제 그만 칭찬해주길 바래!”[167]

메뚜기와 벼멸구의 공생관계

유재석의 장르로 불리는 ‘배려형 개그’의 성공은 배려의 씨가 말라가고 있는 신자유주의 시대의 ‘시대정신’이라 할 약육강식弱肉强食 · 우승열패優勝劣敗 · 적자생존適者生存 풍토를 배경으로 한다. 대중의 일상적 삶에 배려가 넘친다면 굳이 재미를 목적으로 하는 텔레비전 오락 프로그램에서까지 배려의 미덕을 찾으려 들진 않았을 것이다.

물론 개그는 동시에 시대정서를 그대로 반영하기도 한다. 시청자들은 '마빡이'의 경우처럼 땀을 흘리고 괴로워하는 개그맨들을 보고 즐거워한다. 그런 심리에 대해 소설가 김종광은 "마빡이의 화려한 손놀림은 자기 자신에게 휘두르는 폭력이지 않은가. 그 모습을 보고 웃음이 나온다면 그건 비애의 웃음일 테다"고 했다.[168] 문화연대 문화사회연구소 소장 이동연은 "치열한 경쟁사회의 탈출구로 이런 개그 프로를 보는 것 아니겠느냐"며 "때리고 싶은 상사가 있고, 친구가 있듯이 감춰진 증오심을 대리만족으로 해소하려고 하는 것"이라고 분석했다.[169]

그러나 그와 동시에 이와는 전혀 다른 모습을 보고 싶어 하는 심리도 공존하므로, 바로 여기에 유재석의 '배려형 개그'가 설 땅이 있는 것이다. 또한 '배려형 개그'의 성공은 방송사적放送史的 관점에서 볼 때 개그의 폭발적 인기와 더불어 그에 따른 'MC의 개그맨화' 그리고 앞서 지적한 사회적 상황을 반영해 브라운관에서 날이 갈수록 치열해지는 '배틀battle 모드'의 산물로 볼 수 있다. 이런 조건이 갖춰져 있지 않은 상황에선 '배려형 개그'가 설 땅이 없었다는 뜻이기도 하다.

시청자들은 '배틀 모드'의 변형이라 할 '비난 토크'나 '호통 개그'를 즐기는 동시에 그것을 중화시켜줄 수 있는 '배려형 개그'를 동시에 원하는 것이다. 그런 점에서 메뚜기(유재석)와 벼멸구(박명수)는 상호 공생관계인 셈이다.

유재석의 개그맨으로서의 캐릭터는 '어벙함'이다. 야무지게 생긴 사람이 말을 잘하는 건 당연하게 생각되지만, 어벙하게 생긴 사람이 말을 잘한다? 이게 의표를 찌르는 효과를 낸다. 그런데 그 환경이 늘 '배틀'이다. 유재석 홀로 '쿨'의 요소를 독점할 수밖에 없게 돼 있다.

방송사 예능국장보다 더 센 유재석 파워

유재석이 출연한 프로그램들은 한결같이 요즘 대세를 이루고 있는 '리얼리티 쇼'의 성격이 강하다. 왜 시청자들이 리얼리티 쇼에 열광하는지 그 이유를 알아야 유재석의 가치도 좀 더 확연하게 규명될 것이다. 정통 리얼리티 쇼는 아니지만 비슷한 효과를 내 인기를 얻은 SBS 'X맨'을 보자. 이 프로그램에서 최고 인기를 누리는 게임은 '당연하지' 코너였는데, 주로 신체적 특성을 겨냥한 지독한 인신공격으로 일관하는 연예인 말싸움이었다.

이승재는 '당연하지'의 인기비결에 대해 "신세대는 연예인들의 '싸가지 없는' 모습 자체를 아침 햇살처럼 신선하게 받아들입니다. 또 그 '싸가지 없음'을 즐겁게 소비합니다. 과거 연예인은 자랑거리만 늘어놓으며 스스로를 멋있고 예쁜 왕자나 공주 같은 꿈과 환상의 이미지로 가꿔왔죠. 가수 서태지처럼 몇 년 만에 한 번씩 얼굴을 '짠' 하고 보여주는 방식으로 신비주의를 구사하면서 대중 위에 '군림' 하려 했던 스타도 많았습니다. 하지만 이젠 이런 수직적 관계보다는 내 친구 같고 오빠나 누나 같은 친근함에서 오는 일종의 수평적 관계에 신세대는 흥미를 느낍니다"라면서 다음과 같이 주장했다.

"그들은 마치 나와 같은 '민간인' 에 속할 것 같은 '친근함', 나 못지않게 많은 결점을 갖고 있을 것 같은 '결핍성', 남의 흠도 잡고 비난할 줄도 아는 '인간적 면모' 를 보여주는 연예인에게 심정적으로 기운다는 것입니다. '싸가지 없는' 연예인의 모습은 그만큼 솔직담백한 인간의 냄새로 다가옵니다. 신세대는 연예인들이 서로 험담하고 깎아내리면서 '별' 이 공공연하게 가졌던 권위가 산산조각 나는 모습에서 일종의 쾌감을 얻습니다. 또 나이차가 얼마든 상대를 무조건 '너' 라고 불러야 하는 '당연하지' 코너의 규칙은 나이나 선후배 관계를 따지기 귀찮아하고 심지어 이를 고루하게 여기는 그들의 취향을 반영하는 것이죠."[170]

개그맨들은 방송 리얼리티 구현의 선구자로 뛰고 있다. 2007년 4월 28일 MBC 오락 프로그램 '무한도전' (토요일 오후 6시 35분)에서 개그맨 정형돈이 "그동안 '상상플러스' 에서 저를 사랑해주신 시청자 여러분! 감사합니다"라고 고별인사를 한 건 하나의 작은 사건이었다. '상상플러스'는 KBS 2TV에서 화요일 오후 11시에 방송되는 오락 프로그램이기 때문이다. 이건 과거엔 상상하기 어려운 파격이었다. 그런데 이런 파격이 광범위하게 벌어지고 있고. 그 주체는 주로 개그맨들이다.

이와 관련, 이화여대 언론홍보영상학부 교수 주철환은 "예전에는 경쟁 방송사 프로그램에 나가면 안 쓴다는 분위기였으나 다채널 시대 스타들의 영향력이 커지면서 '채널 파괴'를 말릴 수 없는 상황"이라며 "실제로도 MC 유재석의 스타 파워가 방송사 예능국장 파워보다 더 세지 않으냐"고 말했다.[171]

리얼리티는 개그맨들의 사적 생활까지 소재로 삼는 수준으로까지 나아가고 있고, 시청자들은 이를 즐기고 있다. '무한도전'이 누리는 인기비결 중 하나도 '키덜트(kid+adult, 아이 같은 어른)'의 사생활 노출과 상호비방성 고자질이다. "규 라인(이경규 라인)보다 유 라인(유재석 라인)이 나아요" "로비가 있었다니까" "더 크기 전에 눌러줘야 해."[172] 이런 이야기들이 상시 메뉴다.

모든 멤버들이 그런 고자질 게임에 참여하는 가운데 유일하게 애덜트 같은 중재와 배려를 발휘하는 건 유재석이다. 물론 프로그램의 설정이 그렇게 돼 있기 때문에 그러는 것이지만, 바로 그런 역할이 상대적 '쿨'을 돋보이게 만드는 것이다. 아무리 '핫'한 애덜트라도 키드를 다룰 땐 '쿨'할 수밖에 없는 법!

브라운관 뒤의 '배틀 모드'

그런데 브라운관 뒤의 세계에서도 유재석의 높은 인기로 인한 치열한 '배틀 모드'가 작동하고 있다는 게 아이러니라면 아이러니다. 2006년 10월 KBS · 방송문화진흥회(MBC 대주주) 국정감사 자료에 따르면, 유재석은 KBS 2TV '해피투게더—프렌즈'에서 회당 800만 원, MBC '무한도전'에서 회당 900만 원을 받는 등 매주 4,000만 원을 벌어, 이를 1년으로 환산하면 대략 20억 원의 방송 출연료를 받는 것으로 나타났다.[173] 물론 언론에 그렇게 보도되었다는 것이지 유재석이 정말 연간 20억 원의 수입을 올리는 것인지는 알 수 없다.

장은교가 지적한대로 "유재석은 회당 1,000만 원의 출연료를 받는 것으로 알려져 있고 5개의 프로그램에 겹치기 출연하고 있지만 '출연료가 아깝지 않다'는 호평을 받는다."[174] 그런 걸 문제 삼을 만큼 시청자들이 옹졸하진 않다. 문제는 유재석이 아니라 전반적인 방송제작 시스템과 관행이다.

이와 관련, 그 자료를 공개한 열린우리당 노웅래 의원실은 "공영방송 제작 프로그램에서 출연자 간 빈익빈 부익부가 이 정도인데 갈수록 비중이 늘어가는 외주제작 프로그램은 그 정도가 갈수록 심해질 것이 분명하고, 한두 명의 연예인이 독과점하면서 능력있는 연예인들이 공급되지 못하는 상황이다"며 "교육기관 같은 정책적인 지원으로 연예인들의 공급을 확대하고 출연료 부분은 가이드라인이 필요한 시점"이라고 주장했다.[175]

유재석과 노홍철 등의 소속사인 DY엔터테인먼트(공동대표 신동엽·심우택)는 MBC에게 '무한도전'을 외주로 넘겨달라며 공동제작을 강하게 요구하고 있는 것으로 알려졌다. MBC 예능국의 한 PD는 "개인적으로 친분이 있지만, 업무적으로는 그들(DY)이 겁난다"고 고백했다. "하나로 뭉치기 전까지는 각개격파니까 희망이 있었지만, 그들이 뭉쳤기 때문에 이제는 상대할 수 없다"는 것이다. 그는 "신동엽이 그렇게 될 거라고 전혀 예상도 못했다"며 "그래서 대비도 못했다"고 털어났다.[176]

2007년 3월 2일 팬텀엔터테인먼트그룹(팬텀·대표 조수봉)이 자회사인 도너츠미디어(구 팝콘필름)를 통해 DY엔터테인먼트의 지분 55.19%를 202억 원에 인수했다. 이에 《PD저널》은 "엔터테인먼트계 M&A가 '머니게임'의 수단으로 전락하면서 비판의 목소리도 높다"고 보도했다. 문화평론가 김헌식은 "일개 기획사의 문제가 아니라 부실 덩어리인 엔터테인먼트그룹이 공공의 자산인 전파를 통해 유명해진 이들을 데려다가 기획사 몸집을 키워서 팔아먹거나, 불려진 하위 기획사를 사서 주식 가격을 인위적으로 부양한다면 이것은 대국민사기극에 가까워진다"면서 "스타를 사랑하는 이들의 피땀으로 막대한 수익을 챙기는 모델이 계속될 텐데 도대체 검찰의 눈은 어디에 있고 공정거래위원회와 방송위원회는 무얼 하

는지 모르겠다"고 말했다.[177]

팬텀의 DY 인수에 이어 3월 6일 전 문화방송 아나운서 김성주의 팬텀행이 알려짐에 따라 방송계는 '초긴장 상태'라는 보도가 나왔다. 이제 팬텀은 유재석, 신동엽, 강호동, 김용만, 강수정, 김성주, 이혁재, 박경림, 신정환, 윤종신, 노홍철, 윤정수, 유정현, 임백천, 지상렬 등 국내 간판 MC 대부분을 보유하게 됐다. 이들은 현재 문화방송 '무한도전' '유재석 김원희의 놀러와' '일요일 일요일 밤에' '황금어장' SBS '야심만만' '헤이헤이헤이2' '결정! 맛대맛', 한국방송 '경제 비타민' '상상플러스' '스타 골든벨' 등 일일이 열거하기도 힘들 만큼 거의 대부분의 지상파 방송 예능 프로그램의 진행을 맡고 있기에, 방송사들이 '초긴장 상태'에 빠져들었다는 것이다.[178]

유재석 칭찬의 딜레마

왜 이런 일이 벌어지고 있는 걸까? PD들은 "예능 프로그램에서 진행자의 파워는 거의 절반에 가깝다"고 믿고 있다.[179] 그 믿음은 충분한 근거가 있다. 여기에 기술 발전으로 인한 매체환경의 변화가 진행자의 가치를 더욱 높여주고 있다. 팬텀그룹이 스타 연예인 중에서도 'MC'들을 대거 끌어 모으고 있는 이유에 대해, 업계 쪽 관계자는 "DMB, IPTV, 유료 VOD 서비스 등 영상 콘텐츠 시장이 확산되고 있는데 1, 2시간짜리 장편 드라마 콘텐츠는 소비자들한 테 잘 안 통하고, 대신 20, 30분짜리 짧은 오락물을 선호하는 추세가 뚜렷하다"며 "팬텀은 배우 · 가수보다는 스타 MC를 활용해 짧은 영상 콘텐츠를 만들어 공급하는 쪽으로 라인업을 재구축하고 있다"고 말했다.[180]

스타 파워가 갈수록 커지고 있다는 것도 신자유주의식 배틀 모드의 전형이다. 사실 유재석이 스트레스를 받는 이유 중의 하나도 바로 여기에 있을 것이다. 그는 착한 성품의 소유자임엔 틀림없지만, 방송계의 '게임의 법칙'을 모를 만큼 어리숙하진 않다.

행여 연예매니지먼트사들을 탓해선 안 된다. 그들은 방송사들이 만든 기존 게임의 법칙에 충실한 것뿐이다. 민영 상업방송사들에게 다수의 이름 없는 연기자들을 배려하는 정책을 쓸 걸 요구하는 건 무리일 수 있겠지만, 공영방송사들이 할리우드식 승자 독식주의를 따르는 건 스스로 자기 무덤을 파는 것에 다름 아니다. 자신들의 존재 근거를 스스로 훼손함으로써 공영방송의 민영화 논리를 유포시키는 데 앞장서는 게 아니고 무엇이겠는가.

이름 없는 다수 연예인들의 호구지책을 염려하는 직업병이 발동해서 방송사 비판을 했지만, 내가 이 글에서 말하고자 하는 건 유재석이 '선천성 중증 배려 증후군'의 굴레에 갇혀 자유롭지 못하다는 사실이다. 묘한 역설이다. 그게 미디어를 통해 널리 유포됨으로써 유재석은 인기를 얻고 있지만, 그 인기가 유재석에겐 족쇄가 되어 그의 자유로운 삶을 옥죄고 있으니 말이다.

남을 위한 배려의 씨가 말라가고 있는 이 살벌한 시대에 배려의 진면목을 보여주고 있는 유재석은 훈장을 받아 마땅한 영웅이다. 말해 놓고 보니 이 또한 유재석의 자유를 억압할 수 있는 발상 아닌가. 딜레마다. 유재석의 '선천성 중증 배려 증후군'을 더 이상 칭찬해주지 않는 게 그를 자유롭게 해주는 길이겠건만, 배려에 굶주린 우리 시대의 사람들은 유재석에게 열광하면서도 막상 그를 위한 배려만큼은 하지 않으려 드니 말이다. 시청자들도 '쿨'해질 필요가 있는 건 아닌지 모르겠다.

최근 〈'팬텀' 수십억 탈세혐의 검찰수사〉〈"팬텀, PD들에 주식 로비"…연예계 '덜덜덜'〉〈"금품 비리 또 터지나" 떨고 있는 방송 연예계〉 등과 같은 제목의 신문기사를 보면서 유재석을 생각했다.[181] 이제 팬텀은 유재석의 소속사가 아닌가. 행여 유재석이 과도한 성공의 포로가 되어 연예 기업가로 커보려는 생각은 하지 않는 게 좋겠다. '유 라인'이 사실인지 개그인지 그건 잘 모르겠지만, 행여 그런 걸 만들고 키우는 데도 정력을 쏟지 않으면 좋겠다. 물론 유재석 팬으로서의 희망사항일 뿐, 그 누구도 유재석이 그렇게 가는 걸 막을 수는 없는 일이다. '쿨'한 노파심에서 하는 말이다.

사람들은 말한다. 박진영은 참 독특해

아니다. 박진영은 지극히 '박진영스럽다'

박진영

쿨하다는 건 지독한 프로근성이 있다는 거다

박진영 한류 논쟁

"우리 사회엔 민족주의로 먹고사는 사람이 너무 많다. 영화 · 노래 등 문화 상품에 '한류'라는 국가 라벨(상표)을 떼내야 한다."

2007년 2월 세계 무대로 뛰고 있는 가수 '비'를 키워낸 가수 겸 음악 프로듀서 박진영의 도발적 선언은 작은 논란을 불러일으켰다. 지지파도 많았지만, 굳이 그렇게까지 도발적으로 이야기해야 할 필요가 무엇이냐, 상업적 전략 아니냐 하는 의혹의 시선과 더불어 비판도 적잖이 제기되었다.

나는 이 논란을 지켜보면서 '박진영답다'는 생각을 했다. '박진영답다'는 걸 무얼 의미하는가? 여러 가지가 있겠지만, 내가 보는 '박진영다움'의 핵심은 고지식할 정도의 성실성으로 대변되는 '쿨'이다. 그의 도발성도 그의 고지식함에서 비롯된다는 게 나의 생각이다.

물론 박진영은 상업적 전략의 귀재이기도 하다. 사람들은 고지식하다고 하면 상업적 전략과는 담 쌓고 지내야 하는 것처럼 생각하지만, 그건 전혀 그렇지 않다. 아니 '쿨' 개념으로 이해하면 쉽게 풀린다. 기존 풍토·정서로부터 초연한 거리를 유지하면서 자신의 성실성으로 승부를 보겠다는 생각이 바로 '쿨'에서 나온다는 의미다.

박진영의 성실성에 대한 이야기를 하기 전에 '한류'에 대한 공부를 한다는 기분으로 그간 벌어진 '박진영 논쟁'의 일지를 차례대로 살펴보기로 하자. 내 생각을 넣지 않고 신문기사를 요약·정리하는 식으로 소개하겠다.

박진영의 발언이 처음 소개된 건 《중앙일보》 2007년 2월 7일자 지면이었다. 박진영이 미국 하버드대학에서 2월 16일에 열릴 한류 관련 포럼에서 강연하기로 한 것을 계기로 미국 뉴욕에서 박진영과 인터뷰를 한 《중앙일보》 특파원 남정호는 "한류에 민족주의적 성향이 그렇게 짙으냐"는 질문을 던졌다.

박진영 처음엔 별 형태도 없던 한류가 왜 민족주의적인 성향을 띠면서 '한국 만세'가 됐는지 모르겠다. 언론이 한류를 놓고 '일본 정벌' '중국 정복' 식으로 쓰니 외국에서 반▷한류 기류가 형성되는 것이다.

남정호 언론 책임이라는 말인가.

박진영 정치권도 마찬가지다. 이들은 대중예술을 문화적 소통으로 보지 않고 민족주의의 틀 속에 끼워 넣어 자신들의 입지를 강화시키려고 한다. 우리 사회엔 민족주의로 먹고사는 사람이 너무 많다.

남정호 한류가 뜨는 데는 언론이 많은 역할을 하지 않았나.

박진영 처음엔 물론 그랬다. 그러나 지금 정치권과 언론은 우리(대중연예인)에게 도움을 주기는커녕 찬물을 끼얹고 있다.

남정호 외국의 반한류 감정이 심각한 수준인가.

박진영 다른 나라의 방송·공연 관계자들과 같이 작업하는 경우가 많은데 그런 기류가 생각보다 무척 강하다. 아직은 한류 바람이 강하니 우리와 같이 일하지만 조금만 약해지면 바로 심각해질 것 같다는 느낌을 받는다. 우리 같은 사람들은 정치적 이슈엔 관심 없다. 일본이나 중국에서 공연하고 내 노래 많이 팔면 좋은 거다. 여기에 자꾸 대한민국을 강조하면 곤란하다.

남정호 한류에서 민족주의 성향을 털어내려면 어떻게 해야 하나.

박진영 무엇보다 국민 의식이 바뀌어야 한다. 지난해 비의 해외공연 때 이런 일이 있었다. 중국 공연 때 비에게 중국 전통 옷을 입히고 쿵후를 접목시킨 춤을 추게 하려고 했다. 그랬더니 네티즌들이 들고 일어났다. 왜 한국의 자존심을 버리고 중국 것을 따라 하느냐는 것이었다. 이런 좁은 생각은 안 된다.

남정호 한류가 앞으로 어떻게 진화해야 한다고 생각하나.

박진영 우리 사회는 아직도 다양성이 적고 획일성은 강하다. 한국적인 주제에서 벗어나 앞으론 한국적인 성향을 띠지 않은 다양한 주제를 담아야 한다. 그렇지 않으면 살아남기 어렵다.[182]

'나 같은 딴따라의 할 일'

2월 7일 오후 4시, 네이버에 올려진 박진영의 인터뷰 기사엔 1008건의 댓글이 붙었다. 그중 일부를 감상해보자.

"문화는 다른 나라에 자연스럽게 스며들어야지 정치권과 언론에서 '중국 정벌'이니 하면서 떠들면 역효과만 난다. 정치권과 언론은 이제 이들을 지켜보는 것이 도와주는 것이다."(gkrfla2)

"우리는 해외에서의 한국 연예인들 성공을 개인의 영광이나 팬으로서의 기쁨이 아닌 외국 정복쯤으로 여기고 열광한다. 물론 이들을 응원해야겠지만 한류라는 올가미 속에 집어넣을 필요는 없다."(playermini)

"다른 나라에서 한류를 싫어하는 사람들도 있겠지만 한국인이라는 사실을 숨기고 연예인으로 성공할 수 있겠느냐. 예술에는 국적이 없지만 예술가에게는 국적이 필요하다."(lsj2009)

"한류 덕에 동남아에서 한국 제품이 많이 팔리는 등 국익에도 엄청난 도움이 됐다."(hrmaster)

평단의 반응도 엇갈렸다. 영화평론가 오동진은 "한류는 애초에 민족주의적 내용으로 만들어진 것이 아니다. 한류를 국위선양과 민족적 자긍심으로 보는 것 자체가 어폐가 있다"고 말한 반면, 대중음악 평론가 송기철은 "좁은 의미의 민족주의와 문화콘텐츠로서의 민족성은 구분해야 한다. 민족 고유의 색깔 없이는 세계시장

에서 경쟁할 수 없다"고 말했다.[183]

박진영은 2월 7일 자신의 홈페이지에 올린 '하버드 강연을 앞두고'라는 글에서 자신의 소신을 재차 밝혔다. 그는 "우리에게 부국강병식 제국주의를 퍼뜨린 서구 열강들이 벗어던진 배타적 민족주의라는 질병을 동아시아는 지금도 한창 앓고 있다. 개인적으로 한류와 같은 문화적 소통이 정치·경제적 이슈에 좌우되지 않고 꾸준히 계속돼 동아시아가 유럽이 저지른 세계대전이라는 실수를 똑같이 저지르지 않도록 하는 데 도움이 됐으면 한다"며 다음과 같이 주장했다.

"'우리나라 최고' '우리 민족 최고'라는 관념을 벗어던지는 '포스트모던Postmodern' 세상에 가보는 게 내 꿈이다. 어린 시절 내내 국기에 대한 맹세를 외우고, 저녁 국기하강식을 할 때 멈춰 서서 가슴에 손을 얹으며 자란 나로서는 쉬운 일이 아니겠지만 지금부터라도 깨어나고 싶다. 이웃나라 국민과 함께 춤추고 노래하며 문화를 공유하도록 힘쓰는 것, 그래서 서로 싸우기 전에 조금 더 이해하게 만드는 것, 그것이 나 같은 딴따라의 할 일이라고 생각한다."[184]

《중앙일보》 2월 9일자 사설은 "그의 말은 분명 일리가 있으며 우리 사회 일각의 '좁고 넘치는' 민족주의에 대해서는 한 번쯤 곱씹어볼 필요가 있다"고 했다. 이 사설은 "'욘사마'에 열광하는 일본 여성팬들 앞에서 공연히 우쭐하면서 일본 영화나 소설이 국내에 들어올라치면 금세 '왜색문화 범람'의 경보가 울렸다. 외국인들이 한복을 입고 나오면 좋아라 하면서도 가수 비가 중국 공연에서 중국옷을 입었다고 시비를 건다. 요즘 TV 연속극에서 부는 고구려 열풍도 다시 생각해볼 일이다. 방어적 민족주의는 곧잘 이기적 민족주의로 변신하곤 한다. 재일교포의 차별대우에 흥분하면서 국내에서 벌어지는 제3세계 노동자들에 대한 착취에는 눈을 감는다"며 다음과 같이 주장했다.

"이제는 달라져야 한다. 폐쇄 민족주의로는 살아갈 수 없다. 지구촌화, 세계화의 물결 속에서 닫힌 민족주의는 설 땅이 없다. 물론 한국인으로서의 정체성까지 벗어던지자는 게 아니다. 넘치는 민족주의를 덜어내자는 얘기다. 민족주의를 강조하다 보면 다원성을 해치게 된다. 민족이라는 허울 아래 시민적 자유가 침해되는 사례를 또 얼마나 봐왔는가. 삼전도비를 훼손한다 해서 병자호란의 치욕이 씻어지는 게 아니다. 그 같은 이데올로기화한 민족 개념을 떨쳐 버리고 세계 시민으로 당당하게 설 수 있는 실력을 갖추는 게 우선이다. 그것이 세계화 시대에 우리 민족이 번영할 수 있는 생존술이기도 하다."[185]

김종휘 · 남재일 논쟁

문화평론가 김종휘는 《중앙일보》 2월 9일자 기고문에서 "한류에서 민족주의는 없다"며 박진영의 주장에 반론을 제기했다. 그는

"언론과 정부의 한류 예찬은 특정 스타의 유명세나 몇몇 드라마 사례를 남용하는 자화자찬이 대부분이었다"며 "해외 수용자들이 한류를 민족주의로 오인케 하는 대목이 있다면, 정부더러 세련되게 하라거나 네티즌의 일부 애국주의가 과하다고 비판해도 족했다. 그럼에도 '한류 민족주의'를 운운하여 마치 한류가 민족주의였던 것 같은 착각을 일으키게 한다"고 반박했다.

이어 김종휘는 "한류를 통해 국가와 민족을 넘어 문화가 공존하는 세계를 바라는 그의 진심을 믿는다"고 전제하면서도 "'일본 정벌'이니 '중국 정복' 같은 보도가 언론 상업주의의 방편이듯, '한류=민족주의'라 보고 민족주의를 탓하는 주장도 실은 연예산업의 입장에서 느끼는 어떤 불편함을 피력하는 한 방편에 불과해 보인다. 그간 한류를 대표한 몇몇 스타 중심의 연예사업이 그런 민족주의적 이미지에 이끌린 과도한 국내 부양책에 안이하게 편승했다가 뒤늦게 그 부담을 덜어내려는 제스처는 아니길 바란다"고 말했다.[186]

이에 대해 문화평론가 남재일은 《중앙일보》 2월 10일자 기고문에서 "박진영 씨의 발언은 새로운 게 아니다. 혹시 그가 주장하는 내용보다 그 말을 했던 상황이 논란을 촉발한 건 아닐까. 세계 대중문화의 본산인 미국, 그것도 하버드대학 강연을 앞두고 한류를 비판한 게 마치 조국을 배신하는 행위처럼 비쳤기 때문 아닐까. 나는 그렇다고 본다"며 "박씨는 우리 일상 속의 국수주의를 비판하는 것 같다. 그의 주장을 생산적으로 이어가려면 주제 또한 '한류의 성격'이 아니라 '한국 사회의 국수주의적 정서와 세계화'가 돼야 한다"고 주장했다.

이어 남재일은 "박씨의 말은 우리 사회의 민족주의 광풍과 거기 휩쓸려 흘러가는 한류에 대한 성찰을 자극하는 벌침처럼 보인다. 미국 진출을 눈앞에 둔 가수 비를 키운 기획자로서 그의 욕망이 어떤 것이든 간에"라고 말했다.[187]

'내가 애국자라고?'

박진영은 《조선일보》 2월 13일자 기고문에서 자신이 지난 몇 년간 가장 많이 들은 말들은 "한국 문화의 우수성을 널리 알려주셔서 감사합니다" "당신이야말로 진정한 애국자입니다" "가장 한국적인 것이 세계적인 것이니 미국 음악 그만 흉내 내고 우리만의 고유한 뭔가를 만들어라" 등이었다며, 다음과 같이 말했다.

"난 물론 '예, 열심히 하겠습니다' 라고 대답한다. 갑자기 내가 애국자가 된 것 같아 뿌듯할 때도 있었고 또 뭔가 우리의 것을 해야 한다는 부담감에 억지로 내 음악에 사물놀이를 넣어 본 적도 있다. 나 역시 매일 국기에 대한 맹세를 하면서 컸으니까 애국자인 척하고 싶었는지도 모르겠다. 그러나 얼마 전부터 난 마음속에서 커지기 시작한 불편함을 억누를 수가 없었다. 나는 사실 한국 문화라고 할 만한 작품을 만드는 사람이 아니기 때문이다. 나는 흑인음악을 하는 사람이다. 일곱 살 때부터 그게 너무 좋아서 평생 빠져 살다 결국 그게 직업이 됐고 이젠 그 음악의 본고장인 미국에까지 진입하는 데 성공했다.”

이어 박진영은 “엄밀히 따지자면 사실 난 애국자가 아니라 배신자다. 미국에서 작곡가로 활동을 시작할 때 난 내가 한국인임을 철저히 숨겼다. 힙합이라는 것은 흑인들에게 우리나라의 국악 같은 것이기에 다른 민족은 그것을 제대로 할 수 없다는 선입견이 박혀 있기 때문이다. 그러니 내 데모(시범) CD에는 언제나 J. Y. Park이 아닌 JYP가 씌어 있었다. Park이라는 이름이 너무 한국스럽기 때문이었다”며 다음과 같이 말했다.

“아시아 작곡가는 미국에서 성공할 수 없다는 얘기를 너무나 많이 들었다. 심지어 우리 회사의 주주들도 승산이 없는 일에 회사 돈을 쓸 수 없다고 반대해 나는 선배 형 집의 방 한 칸과 차고를 빌려 시작해야 했다. 이들이 걱정한 이유는 내가 미국인이 아니면서, 특히 흑인이 아니면서 흑인음악을 잘할 수 있겠냐는 것이었다. 하지만 결국 난 아시아 작곡가 최초로 미국의 톱가수들에게 곡을 파는 데 성공했고, 그 앨범들이 빌보드 10위권에 세 번이나 올라 작곡가로서 이름을 알리기 시작했다. 마침내 가수를 발표할 수 있는 위치까지 오르게 되어 최고의 프로듀서 릴 존과 손잡고 소녀 가수 민을 미국에 데뷔시키게 됐다.”

박진영은 "이 과정에 한국은 없었다. 내 음악 속에도 없었고, 나를 인정해 준 미국 관계자들의 마음속에도 없었다. 그들은 그냥 내 음악이 좋아서 산 것이다"며 다음과 같은 질문들을 던졌다.

"그럼 이것은 한류인가? 나는 애국자인가? 헷갈리기 시작했다. 가수 비와 미국 가수 오마리온이 함께 부른 노래는 한국 음악인가? 민이 미국에서 성공하면 '한류 이제 미국까지 점령'이라고 할 수 있나? 아니면 '미국 가수 흉내 내는 가수와 미국 음악 흉내 내는 작곡가'라고 또 욕을 먹을까?"

이어 박진영은 "김명곤 문화관광부 장관님께서 한류가 우리 문화를 널리 알리는 것이라고 하셨는데 내가 만드는 흑인음악이 장관님께서 말씀하신 '우리 문화'의 범위에 들어가는 것인지 잘 모르겠다"며 다음과 같이 말했다.

"다른 나라에서 한류라는 말을 사용하는 것은 몰라도 우리가 우리 대중문화에 꼭 한류라는 말로 태극마크를 붙일 필요가 있을까? 그리고 그것을 우리나라의 자랑, 우리 민족의 자긍심 고취용으로 사용하는 것이 과연 적절한 것일까? 내가 한국인이라는 뿌리는 어디 가는 게 아니다. 다만 난 '우리나라 문화 알리기'보다는 '이웃나라와 친해지기'에 더 기여하고 있다고 생각한다. '한류 역군'이라 불릴 때마다 부담스러웠던 이유가 여기에 있었던 것 같다."[188]

박진영의 하버드 강연

2월 16일 미국 하버드대 케네디스쿨 3층의 대형 강의실에서 열린 '아시아의 한류' 세미나 발제자로 나선 박진영은 한류의 국제화를 위해서는 민족주의를 탈색시켜야 한다고 다시 역설했다. 그는 "한류 문화라고 해서 반드시 한국 사람이 만들고 한국 사람이 부를 필요는 없다"며 민족이란 울타리를 뛰어넘는 문화가 바람직하다는 소신을 피력했다. 그는 "곧 발표할 작품 중에는 흑인 가수가 부를 것도 있다"며 "이런 것도 한류라고 부를 수 있겠느냐"고 물으면서 자신의 작품 활동을 한류로 규정하는 데 대해서도 의문을 표했다.

그러면서 박진영은 "그간에는 영화·드라마·음악 등 한국의 콘텐츠를 해외로 내보냈지만, 이제는 시스템을 수출해야 할 단계"라고 주장했다. 이런 차원에서 박진영은 뉴욕 한복판에 가수 육성 및 노래 녹음 등을 할 수 있는 'JYP 맨해튼 센터'를 설립하겠다고 밝혔다. 또 그는 "그간에는 한국에서 문화를 만들어 밖으로 내보는 것으로 족했으나 이제는 외국의 반응과 문화적 수요를 흡수, 이를 반영하는 자세가 필요 하다"며 쌍방향 문화 교류의 중요성도 강조했다.[189]

박진영의 하버드 강연은 그의 뜻과는 반대로 의도하지 않은 팬들을 만들어냈다. 예컨대, 그 강연 동영상을 본 미술평론가 이재언은 "유머가 담긴 유창한 프롤로그에서 이미 반하고 말았다. 논리가 정연하고 박식한 것도 뜻밖이었다. 더욱 인상적인 것은 대중문화에 대한 진지함, 확신, 열정으로 가득한 그의 얼굴이었다. 꽃미남 얼굴들에 식상한 요즘 정말 오래간만에 평범하면서도 매력이 넘치는 남자 한 사람을 본 것이다"며 다음과 같이 말했다.

"이후 난 박진영 씨의 팬을 자처하고 있다. 사실 난 그의 히트곡이 무엇인지도 잘 모른다. 팬으로서의 매너가 아니다. 하지만 그에 대한 신상정보를 검색해 보기도 하고, 중학교 다니는 딸에게 직접 물어보는 수고 정도는 아끼지 않는다. 어떻든 누군가를 우상으로 섬겨본 일이 없는 내게 이건 하나의 사건이다. 정확히 말해 나의 관심은 그의 음악세계에 있는 것이 아니다. 그가 일궈가고 있는 '문화산업의 신화', 바로 그것이다. 가수 비의 성공적인 미국 상륙에서 보듯이 우리의 대중문화를 세계무대에 진출시키려는 큰 그림을 그린 후, 예술적 끼와 역량을 고수익 상품으로 팔고자 하는 야심적인 시도 자체가 얼마나 가슴 뭉클한 일인가. 문화예술을 뜨겁게 사랑하는 열정, 세련된 감각, 예리한 통찰력, 소통이 원활한 외국어 구사능력, 두둑한 배짱, 당당하고 거침없는 언변, 인간관계를 소중하게 여기는 친화력 등등…."[190]

'박진영다움'에 대한 편견

자, 이제 박진영의 '쿨' 이야기로 들어가자. 그의 '쿨'의 정체는 지독한 프로근성이다. 때로 겉으론 불같이 뜨거울 것처럼 보이지만 그는 자신의 목표를 이루기 위한 집념을 관리하는 데 있어서 그야말로 서늘하다.

그간 많은 사람들에게 '박진영답다'라는 말은 '사고 잘 친다'는 의미로 여겨져 왔다. '한류 논쟁'의 와중에서도 《국민일보》논설위원 박현동은 2007년 2월 13일자 칼럼에서 "댄스가수 박진영이 '민족주의' 논쟁에 가세한 것은 의외였다"며 "기괴한 몸동작과 자극적인 노랫말로 10대 청소년을 유혹하는 '딴따라'쯤으로 생각했던 터라 더 그랬다"고 털어놓았다.[191]

박진영이 친 '사고'를 몇 가지 살펴보자.

박진영은 1995년 가을에 2집 '딴따라'를 발표했는데, 타이틀곡 '청혼가'의 후속곡인 '엘리베이터'는 "엘리베이터 안에서 우린 사랑을 나누지" 등의 가사가 문제가 되어 방송이 금지되었다. 또한 박진영은 슈퍼모델 이소라와 함께 이 노래의 뮤직비디오를 찍었는데, 이 뮤직비디오 또한 '선정성'이라는 올가미에 걸려 외설 시비가 오갔다. 또한 그해 연말 골든디스크상 시상식에서 박진영은 정장차림으로 참석한 다른 수상자들과 달리 스킨스쿠버 복장을 하고 나와 또 한번 '박진영답다'라는 비난을 들어야했다.

1995년은 '박진영다움'의 전성기였다. 박진영은 그해 여성잡지 《이브》의 요청으로 누드 사진을 게재했는데, 이게 화제가 돼 그 잡지는 재판까지 매진될 정도로 인기를 끌었다. 어느 TV 방송사 9시 뉴스는 박진영의 누드 사진을 비추면서 '성의 상품화'라고 보도했다. 온 가족이 저녁식사를 하던 중에 그 장면을 본 아버지가 화를 냈고, 박진영은 일단 무조건 죄송하다고 빌 수밖에 없었다.

"나중에 그 기자한테 전화를 걸어서 뭐가 상품화냐고 항의를 했어요. 그랬더니 그 기자는 자기가 서울대 정치학과를 나왔는데 남자 누드 찍은 게 성의 상품화가 아니고 뭐냐고 그러더라구요. 그래서 당신 여성학 강의 들어봤느냐고 물었죠. 물론 하나도 안 들었죠. 그래서 난 연대에서 여성학 강의를 세 과목이나 들었다, 성의 상품화가 뭔지 알고 싶으면 여성학 공부 좀 하고 보도하라고 그랬어요."[192]

박진영은 "왜 벗느냐가 중요하다고 본다"고 주장했다.

"언제나 여자는 벗고 남자는 본다는 사실에 의문을 제기하고 싶었다. 남자가 벗고 여자가 본다면 무엇이 잘못인가 생각해보자는 거였다. 굳이 거창하게 얘기하면 성적 불평등에 대한 실천적 문제 제기라고나 할까. 다른 의도는 없었다. 내 행위가 사회적으로 파문을 일으켰다면 그것만으로도 의의가 있는 것 아닌가."[193]

1996년이라고 해서 다를 건 없었다. 그는 고정 게스트로 출연 중이던 MBC 라디오 '김현철의 FM 디스크쇼'에 출연해 당시 기독교계에서 불고 있던 '순결서약운동'을 비판했다가 설화舌禍를 겪기도 했다. 당시의 상황에 대해 박진영은 이렇게 말했다.

"당시 어떤 남자고등학교 학생들이 단체로 순결서약을 하는 사진이 신문에 실렸어요. 그 사진 보고 화가 나서 이 중에 한 명이라도 혼전순결을 지키면 성을 갈겠다고 하고, 교장선생님이 한국 남성들의 성문화를 잘 알 텐데 왜 이런 현실성 없는 짓을 학생들에게 시키느냐고 말했죠. 그리고 차라리 '사랑하지 않는 사람과 섹스하지 않겠다'는 서약운동을 시키는 것이 효과적이라고 말했어요. 그랬더니 그 운동을 주장하던 쪽에서 항의가 들어와 다음 주부터 출연을 못하게 됐죠. 비공식 출연정지 같은 것이죠."[194]

그러나 일부 페미니스트들은 박진영의 가치를 인정했다. 박진영은 페미니스트 저널 《if》가 1997년 여름 창간 1주년 기념호 특집으로 마련한 '이프 수다방이 뽑은 최고의 남자, 최악의 남자'에서 최고의 남자로 뽑혔다. 그 주요 이유는 "너무 섹시해. 그리고 '너의 노예가 되어도 좋아' 그러잖아. 남자가 그러기가 쉽나" "박진영은 여자의 즐거움을 위해 노력하는 가수야. 여자의 즐거움을 알고 노력하려는 태도가 됐다" 등이었다.[195]

'남성해방주의자'들도 박진영에게 지지를 보냈다. 김지룡은 박진영의 춤은 "욕망을 표출하는 방법이고 자신의 성적 매력을 적나라하게 드러내는 일"인데, "이것은 우리 사회에서 터부시되어 왔던 일"이라며 다음과 같이 말했다.

"박진영을 보면서 나는 커다란 남성해방의 기운을 느꼈다면 여성들이 비웃을까? 아무튼 박진영에겐 터부란 없다. 그는 절대 성을 감추지 않는다.…박진영 같은 남자가 좀 더 많아져야 한다. 그는 어떤 매체를 통해 공개적으로 이런 메시지를 전했다. '여성들도 남성들을 보고 즐길 권리가 있다!' 여성들은 자신의 남자에게 섹스어필하려고만 할 것이 아니라 자신의 남자 친구를 섹스어필한 남자로 만들도록 분위기 조성을 해야 한다. 그리고 신세대 남성이라면 하루 빨리 박진영처럼 새로운 시대의 해법을 터득하도록 애써야 한다."[196]

박진영은 실사구시형 진보파

박진영이 어떤 사람인가를 알기 위해선 그가 1999년 연말에 출간한 《미안해》라는 에세이집을 읽는 게 제일 좋다. 연예인들의 에세이집을 어떻게 믿느냐고? 이 책은 믿어도 된다. 박진영은 1998년 5월 연세대 정치학과 대학원에 입학했는데, 은사인 연세대 정외과 교수 김기정은 이 책에 대해 다음과 같이 말했다.

"박군의 에세이집은 20세기 후반의 우리 사회에 대한 그 나름의 작은 관찰이다. 관찰의 각도와 비판의 역량도 단편적이고 아직 설익은 감이 역력하다. 이 책은 잘 짜여진 이론과 논리의 틀에 의해 시대를 이끌어 갈 수 있는 사상과 철학을 담고 있는 것도 아니다. 그러나 20대 후반까지 그가 일상에서 관찰해 왔던 우리 사회의 시대적 특징과 인간의 인식 세계를 나름의 잣대로써 해부해보려는 그의 독특한 시각과 평론이 살아있음을 본다."[197]

제자의 책이기 때문에 일부러 낮추어 말했을 것이라고 이해는 하지만, 아무 관련 없는 제3자로서 평가하자면 박진영의 책은 우리 사회에 대한 관찰치곤 웬만한 대학교수들의 것보다 훨씬 낫다. 그렇게 평가하는 주요 근거는 이제 곧 독자들이 판단하겠지만, 끝장을 보고야 마는 그의 성실성이다. 어떤 문제에 대해 대충 말하고 넘어가는 게 아니라 정곡을 찔러 깊은 성찰성까지 보여준다는 것이다. 몇 가지만 소개하겠다.

나는 언젠가 90년대 중반의 가요계를 평가하면서 "서태지가 거대담론형 진보파였다면, 박진영은 실사구시형 진보파였다"고 말한 바 있다. 이게 무슨 뜻인가? 당시엔 서태지의 영향을 받아 '메시지' 있는 가요가 유행했는데, 박진영은 '메시지'를 한사코 거부해 기자들은 인터뷰를 할 때마다 그 이유를 묻곤 했다. 박진영의 답은 무엇이었을까?

박진영은 "내가 사회문제에 관심이 없어서 그런 가사를 쓰지 않는 건 아니다. 나 역시 누구보다도 사회의 여러 문제를 개혁하고 좀 더 나은 사회를 만드는 데 일익을 담당하고 싶다. 내가 가수 활동을 하면서도 정치학과 대학원에 진학한 이유도 바로 그 때문이다. 하지만 내 음악에 그런 내용을 담는 것이 나는 너무나도 조심스럽다. 내가 가지고 있는 힘, 영향력이 크다는 것을 깨달으면 깨달을수록 더욱더 조심스러워진다"며 다음과 같이 말했다.

"모든 사회문제에는 그 원인이 있다. 그리고 그 원인은 굉장히 복합적이다. 따라서 그 해결방법 역시 간단하지 않다. 그런데 지금까지의 사회 비판적인 음악들은 각종 사회문제들에 대해 문제를 제기하면서 누군가를 향해 그 책임을 추궁하고 있는 형식이다. 그리고 그 대상은 주로 사회 상류층, 지도층이다. 이 모든 문제가 마치 그들의 잘못으로 말미암은 것처럼 말이다. 물론 우리나라의 지도층, 상류층이 너무나도 신뢰받지 못할 짓들을 많이 한 건 사실이다. 하지만 그 음악들에서 말하는 빈부의 차이, 주입식 교육 등의 문제가 과연 지도층, 아니면 기성세대의 잘못 때문만이라고 할 수 있을까? 내가 생각하기엔 그렇지 않다."[198]

박진영의 책임윤리

"박진영은 보수적이군!"이라고 생각할 사람들도 있을 것이다. 그러나 이건 보수-진보의 문제가 아니라, 책임윤리의 문제다. 개혁·진보 담론을 수구기득권 세력에 대한 공격 위주로 가져갈 경우 필패(必敗)하게 돼 있다. 수구기득권 세력이 '원인'일 경우도 있지만 '증상'일 경우가 더 많기 때문이다. 많은 개혁·진보 지식인들조차 이 점을 놓치고 있는데, 박진영은 바로 그걸 꿰뚫어보고 있는 것이다.

이어 박진영은 "그렇다고 문제제기 자체가 의미 없다는 얘기가 아니다. 내가 하고 싶은 얘기는 문제를 제기하는 건 쉽지만 해결하기는 쉽지가 않다는 얘기다. 나는 해결하는 쪽에 서고 싶다. 그리고 어느 정도 해결방법에 자신이 있을 때, 내 말에 책임을 질 수 있을 때, 그때 말하고 싶다"며 다음과 같이 말했다.

"그렇다고 내가 그동안 아무 말도 안 한 것은 아니다. 남녀평등, 여성의 해방, 사랑, 결혼 등의 문제에 관해서는 자신 있게 말을 했다. 그것은 그 분야에 관해서는 어느 정도 공부도 했고 경험도 쌓았기에 내 말에 책임질 자신이 있기 때문이었다. 그래서 여성차별이나 혼전순결, 가부장제에 대한 비판은 꾸준히 해왔고, 그럴 때마다 팬레터를 통해 나타나는 팬들의 반응은 놀라울 정도로 민감했다."[199]

물론 부모 입장에선 아직 애 같은 딸내미가 "난 이제 더 이상 소녀가 아니에요 그대 더 이상 망설이지 말아요…나 이제 허락할래요"(2000년 박지윤의 '성인식', 박진영 작사·작곡)라고 생각하게끔 선동을 하는 박진영을 곱게 보기는 어려울 것이다. "그대의 남자가 안 온 게 꼭 나쁜 건 아냐 오늘 밤 이 자리에 앉은 남자가 당신 남자야"(2001년 GOD의 '난 남자가 있어', 박진영 작사·작곡)라는 선동도 애가 사고 칠 걸 염려하는 부모로선 영 마땅치 않게 생각했을게 틀림없다. 차라리 상류층·지도층을 공격하라고 선동하는 노래가 훨씬 덜 위험하다고 생각할 가능성이 높다. 거시적 이야기는 듣고 흘리지만, 미시적 이야기는 곧장 실천으로 들어갈 수 있기 때문이다.

어떻게 사는 게 옳은가?

어떻게 사는 게 옳은가? 나는 많은 유명인사들이 어린 학생들을 대상으로 그 질문과 관련된 말씀을 자상하게 하는 걸 볼 때마다 놀라곤 한다. 과연 진실을 이야기해줄 자신이 있는 걸까? 아니면 진실과는 동떨어진 당위만 이야기할 경우, 그게 과연 '윤리적'인 것인가? 가끔 이런 문제와 관련된 원고 청탁을 받을 때마다 나는 단호하게 거절하곤 한다. 어린 학생들에게 추악하게 보일 수도 있는 '진실'을 말해줄 수도 없고, 그렇다고 아무도 지키지 않는 '당위'를 말해줄 수도 없기 때문이다.

나는 박진영의 책에서 이와 관련된 고민을 읽고 반가웠다. 내심 "아, 이 친구는 춤만 잘 추는 게 아니라, 이런 문제까지 고민하고 있구나!" 하는 놀라움과 함께 말이다. 박진영은 법·규칙·윤리를 착실하게 지키는 '바른생활 사나이'에 대해 다음과 같이 말한다.

"그러면 이런 '바른생활 사나이'들이 사회에서라도 성공을 하는가? 그 역시 아니다. 각 분야의 지도자들은 대부분 그런 이미지와는 거리가 멀다. 오히려 의리를 지키기 위해, 아니면 경쟁에서

이기기 위해, 아니면 자신의 신념을 위해, 아니면 일반 사람들이 공감하는 상식의 수준에 맞추기 위해 가끔은 규칙을 위반한다. 그것을 융통성이라고 부른다. 하지만 우리 사회는 그렇게 가르치지 않는다. 따라서 이것은 우리가 살면서 몸소 깨우칠 수밖에 없다. 중요한 것은 얼마만큼의 원칙과 얼마만큼의 융통성을 섞느냐는 것이다. 하지만 한 가지 확실한 건 둘 중에 하나만 있으면 성공하기 어렵다는 것이다. 따라서 성공하려면 법을 지키는 방법 못지않게 언제, 어떻게 법을 어길지도 배워야 할 것이다.”[200]

이런 자세를 ‘성실하다’고 할 수 있겠다. 자신도 잘 지키지 않는 아름다운 말을 잔뜩 늘어놓는 걸 성실하다고 할 수 없다면 말이다. 박진영의 성실성은 ‘박진영 팔기’를 실토하는 수준에까지 이른다. 그는 “인정하자. 우린 이 사회 속에서 분명 하나의 상품이며 우리의 가치는 가격으로 매겨진다. 우리는 자신의 가격을 높이기 위하여 공부를 하고, 학위를 따며, 몸매를 가꾸고, 심지어 성형수술까지도 한다. 나 역시도 줄곧 이 사회 속에서 ‘박진영’이란 상품의 가치를 올리기 위해 끝없이 노력했다”며 하지 않아도 될 말까지 다 털어놓는다.[201]

박진영의 성공에 대한 열망의 구체적 전략은 ‘차별화’다. 웬만한 사람 같으면 감출 게 틀림없을 자신의 차별화 전략을 다 공개한 뒤에, 그는 “대체될 수 없는 존재가 되는 일, 또 무엇이 자신을 행복하게 하는지 깨닫는 일, 두 가지가 병행이 될 때 비로소 자신의 가치를 진정으로 올릴 수 있을 것이고, 또 그 성공이 행복으로 고스란히 이어질 수 있을 것이다”는 ‘성공법칙’을 내놓는다.[202]

박진영과 비는 ‘독종 중의 독종’

박진영표 성실성의 핵심은 ‘피와 땀’이다. 그는 자신이 춤을 너무 잘 춘다는 칭찬을 들을 때마다 기분이 별로 좋지 않단다. 그건 자신의 피와 땀보다는 선천적으로 물려받은 능력인 것 같다는 이유 때문이다.[203] 그는 이른바 ‘독종’ 계열이다. “우리가 정말 포기하는 이유는 불가능해서가 아니라 불가능할 것 같아서”라나.[204]

박진영은 1987년 건대부속중학교를 졸업하고 서울 배명고등학교에 입학할 때만 해도 전교 3등을 할 정도로 우등생이었다. 그러나 그는 춤에 빠지면서 나이트클럽에서 살다시피 했다. 그 바람에 학력고사를 100일 남겨 놓았을 때 그의 성적은 반에서 30등으로 떨어져 있었다. 박진영은 눈썹을 밀고 하루에 4시간만 잠을 자며 미친 듯이 공부해 90년 연세대 지질학과에 입학했다.[205] 눈썹 밀고 공부하는 것도 독하지만, 농구를 좋아했던 그가 왼손 레이업슛을 잘하기 위해 6개월간 흘린 피와 땀은 ‘독종 중의 독종’이라는 평가를 내릴 만하다.

“왼발로 운전을 하다가 몇 번이나 사고가 날 뻔했고, 왼손으로 양치질을 하느라 잇몸이 많이 상했지만 그래도 나는 해냈다. 그리고 여러분께 자신 있게 말할 수 있다. 세월의 흐름도 인간의 정신력을 이길 순 없다고.”[206]

박진영의 미국 성공기도 한편의 ‘독종 드라마’ 다. 영화로 만들어도 좋을 정도로 기가 막힌 독종 에피소드들이 많다. 그의 ‘친구’ 인 비도 만만찮은 독종인지라, 두 사람의 성공은 ‘독종의 승리’ 인 셈이다. 독종이 독종을 알아본 거다.

2005년 KBS 1TV ‘일요스페셜’ ‘밀착취재 비, 아시아를 넘어서’ 에서 무명의 백댄서 시절에 비를 발굴해 오늘의 스타로 키운 박진영은 “춤 잘 추고 노래 잘하는 사람들은 많아요. 그런데 비를 뽑은 이유는 그의 눈빛 때문이었어요. 꼭 붙어야겠다는 강한 의지가 배어 있는 그 눈빛.”이라고 말했다.[207]

그 눈빛은 독종 눈빛이었다. ‘독종’ 이라는 말이 너무 심하다면, ‘지독한 프로근성’ 으로 바꿔 말해도 되겠지만, 사실이 ‘독종’ 인걸 어이하랴. 2007년 4월 비와 최보식이 나눈 다음과 같은 대화를 감상해보시라.

최 연예인이 되기 전, 오디션에서 12번이나 떨어졌다면서요?
비 18번이었어요.
최 당시 오디션에서 ‘얼굴이 이상하다’ 는 평을 받았다면서요?
비 중학교 2학년 때부터 오디션을 보러 다녔거든요. 그때만 해도 이목구비가 뚜렷한 사람을 굉장히 좋아했어요. 동건이 형(장동건)

처럼 멋있는 분들이 연예인을 많이 했지요. 저는 연예인 하기에는 미성숙한 얼굴과 몸을 가졌다는 말을 굉장히 많이 들었지요. '쌍꺼풀 수술을 해라' 는 얘기도 들었어요. 그래서 성형외과에 의뢰하러 갔는데, '자네 얼굴에는 안 고치는 것이 어울린다' 고 해 실망해 그냥 돌아온 적이 있었지요. 여하튼 나름대로는 연예인 모습을 만들려고 이를 악물었죠. 몸 근육을 키우기 시작했고, 얼굴 살을 빼기도 했죠. 그러던 중 아는 사람의 소개로 고2 때 진영이 형(박진영)한테 오디션을 보게 됐지요. 진영이 형은 제 삶의 새로운 길을 열어주신 분이죠.

최 박진영 프로듀서를 안 만났으면 지금의 비는 어떻게 되어 있을 것 같아요?

비 비는 없겠죠.

최 박진영 씨는 왜 당신을 뽑았다고 했습니까?

비 내 눈에서 배고팠던 게 많이 보였다고, 실력보다 열정이 보였다고, 이 아이가 이거 아니면 죽을 것처럼 보였다고, 나중에 말씀해 주시더라고요. 그때 마음가짐으로 아직도 쭉 활동하고 있어요.

최 그러면서도(춤에 미쳐 공부를 안 했으면서도) 경희대(포스트모던음악 전공)에 들어간 것은 용한데요.

비 진영이 형이 '너 대학 못 들어가면 가수 안 시키고 앨범 못 낸다' 고 말씀했어요. 눈앞이 캄캄했어요. 수능이 102일 남았을 때였습니다. 서점에 가서 300페이지쯤 되는 두꺼운 모의고사 시험문제지를 사왔어요. '하루에 3장씩 풀면 되겠구나' 라고. 매일 3장씩 풀고 아예 문제까지 그냥 달달 외웠어요. 밥 먹을 때도 그걸 보고, 길 걸을 때도 보고, 춤 연습할 때도 보고, 춤 연습이 좀 질리는 날에는 밤을 새서 봤어요. 그렇게 해서 대학에는 들어가게 된 거죠.[208]

박진영과 비의 관계

흔히 쓰는 연예계 용어로, 비가 그렇게 자신을 키워준 박진영을 배반한다면? 즉, 비가 박진영과의 관계를 청산하고 다른 매니지먼트사와 계약을 한다면? 박진영은 서운하긴 하겠지만 '쿨' 하게 보내주겠다고 했다. 물론 박진영이 '쿨' 이라는 말은 쓰지 않았지만, 그가 그런 질문에 그런 취지로 답한 건 분명하다. '설마 그런 일이!' 라는 생각으로 괜히 멋있게 보이려고 한 말은 아닌가?

그런데 최근 실제로 그런 일이 일어날 가능성이 높아졌다. 2007년 5월 11일로 박진영의 JYP엔터테인먼트의 전속 계약이 종료되었는데, 비는 재계약을 맺지 않았다. 앞으로 더 두고 봐야 하겠지만, 박진영은 자신의 지독한 프로근성과 자존심 때문에라도 비를 진짜 '쿨' 하게 보내주고 계속 비와 '쿨' 한 관계를 유지할 수 있을 것 같다는 생각도 든다. 막말로 자신의 역량이 비에 의해 그 정도로 평가받았다는 걸 부끄럽게 생각해 더욱 자신의 발전을 위해 애쓸 사람처럼 보인다. 그간 드러난 박진영의 언행으로 미루어보자면 그렇다.

그런데 박진영이 한 가지 놓친 게 있다. 그는 독종 근성도 상당 부분은 선천적이라는 걸 모르는 것 같다. 그의 책 군데군데 실려 있는 그의 초등학교 시절 일기는 그가 타고난 독종임을 입증해주고 있다. 고지식하고 성실하고 승부욕 강하고 총명한 사나이의 그림이 이미 그 시절 일기에 다 나타나 있다.

물론 '결정론'까지는 아니고, 박진영이 그런 씨앗을 피와 땀으로 잘 키웠다는 것도 인정하는 선에서 하는 말이다. 4 : 6이나 3 : 7정도로 하자. 아무에게나 무턱대고 꿈을 가지라고 선동하는 것도 위험한 일이기 때문이다. 적당히 자기 수준에 만족하면 행복하게 잘 살 수 있는 사람에게 꿈과 '피와 땀'을 역설하는 게 꼭 좋은 결과만을 가져오는 건 아니라는 뜻이다. 박진영은 겸손 차원에서 그런 말을 하기 어려울 것 같아 내가 대신 해주는 말이다.

말이 나온 김에 하는 말이지만, 비상한 능력을 타고 난 사람들의 겸양이 초래할 수 있는 위험에 대해 이젠 관심을 기울여야 할 때다. 노력의 지분이 99%라는 건 거짓말이다. 그건 "나 겸손하다"라고 말하는 것에 다름 아니다. 노력하면 된다며 꿈을 가지라고 선동하는 일이 위험하다고 생각하지 않는 건 늘 성공 사례만 발표되기 때문이다. 반면 꿈을 가졌다가 현실에 만족하지 못하고 불행해진 경우는 전혀 발표되지 않는다. 이게 참 딜레마다. "나 원래부터 잘났어"라고 말하면 '건방지다'고 욕먹을 것이고, "99% 노력이었으니까 너도 한번 해봐”라고 말하는 건 겸손하다는 말은 들을지언정 평범하거나 그 이하인 사람들에겐 본의 아닌 불행을 안겨줄 수도 있으니 말이다.

박진영의 한류 관련 담론도 어렵게 생각할 게 아니라, 겉 다르고 속 다른 걸 견디지 못하는 그의 성실성 프레임으로 보면 간단히 풀리는 문제다. 박진영이 밝혔듯이, 그는 사람들을 만날 때마다 “한국 문화의 우수성을 널리 알려주서서 감사합니다” “당신이야말로 진정한 애국자입니다” “가장 한국적인 것이 세계적인 것이니 미국 음악 그만 흉내내고 우리만의 고유한 뭔가를 만들어라” 등과 같은 말을 듣는 게 불편했고 지겨웠던 것이다.

그런 불편함과 피곤함을 벗어나고 싶은 생각 이외에 다른 고려 사항이 있었는지는 모르겠으나, 박진영은 너무 복잡하게 생각할 것 없다. 다른 거 필요 없다. ‘우리나라 문화 알리기’는 물론 ‘이웃 나라와 친해지기’도 필요 없다. 성실한 자세로 돈만 많이 벌면 나머지는 저절로 해결된다. 다시 ‘비’를 능가하는 스타를 키워 대박 터뜨리고 떼돈 버는 박진영을 보고 싶다. 아주 ‘쿨’하게 말이다.

‘세계대통령’이라 불리는 한국의 ‘영웅’

칭찬과 아첨의 경계를 뛰어넘어 궁극에 달하다

반기문

신중하게, 조용히 타오르는 열정이 쿨이다

'조용한 열정, 반기문'

A "정치학자들의 입장이 너무 정해져 있어 문제해결과 대안 마련을 위한 토론이 실종됐다. 입장의 차이만 존재한다."
B "그 입장은 대개 사람과 연결돼 있다. 철학이나 이데올로기에 기반을 둔 입장의 차이가 아니다."[209]

이 대화에서 B는 노무현 정권에서 국가정보원 기획조정실장을 지낸 상지대 교수 서동만인지라 경험담으로 여겨도 무방할 듯하다. A는 서동만의 서울대 정치학과 1년 후배인 서울산업대 교수 윤홍근이다. 서동만의 발언은 이른바 '입장주의'를 지적한 것으로 볼 수 있다. 입장에 따라 생각과 이념마저 달라지는 게 입장주의다.

노 정권 들어 언론이 많은 비판을 한 것 중의 하나가 바로 장관들의 입장주의였다. 원래 소신은 그렇지 않았는데, 왜 노 정권 '코드'에 따르냐는 문제제기였다. UN 사무총장 반기문도 장관 시절에 그런 비판을 받았는데, 최근 출간된 반기문 전기 《조용한 열정,

반기문)은 과연 그런 입장주의 처세술이 없었더라면 오늘의 반기문이 가능했을까, 또 입장주의가 나쁘기만 한 것인가 하는 흥미로운 쟁점을 던져주고 있다.

《조용한 열정, 반기문》이 역설하는 반기문의 성공비결을 한마디로 압축하자면, '성실'이다. 반기문은 대단히 성실한 인물이었다. 반기문의 성실과 관련된 일화들을 소개한 이 책은 반기문의 성실을 '조용한 열정'으로 보았다. 사실상 '쿨'을 지적한 것이다.

반기문은 이미 외교통상부 차관 시절 '외교부 내에서 전설적인 인물'이 돼 있었다. "반 차관의 10분의 1만 돼도, 외교관으로서는 성공한 것"이라는 말까지 떠돌았다.[210] 반기문의 성실엔 그 누구도 이의를 제기하지 않는다. 심지어 성실하게 자질구레한 일까지 손수 챙긴다고 해서 '주사'라는 별명까지 붙었을 정도다. 일과 공부에만 매달려 재미없는 인물이라는 악평(?)까지 얻었다.[211] '일 중독자'라고 해도 좋을 정도였다. 워낙 일을 좋아해 일로 인한 스트레스는 별로 없다나.[212] 반기문은 성실할 뿐만 아니라 겸손하고 청렴하기까지 하다. 2005년 5월 외교통상부장관 시절 그의 장녀 결혼식을 다룬 한 신문기사를 감상해보자.

"식장 안내석엔 '부조를 사양합니다'라는 문구가 쓰여 있었다. 노무현 대통령 등 일부 고위인사들의 화환은 있었지만 주례를 본 한승수 전 외교부장관 외에 식장을 찾은 정·관계 유명인사는 거의 눈에 띄지 않았다. 외교부에서도 송민순 차관보를 비롯해 극히 일부 간부만 첨석했을 뿐이다. 흔히 고위공무원 등 유명인사의 애경사에서 볼 수 있는 긴 줄서기는 아예 있을 수도 없었다. 직원들에게조차 철저히 비밀로 했기 때문이다."[213]

노무현에게 '아첨'?

그런데 문제는 반기문의 성실이 가치판단과 충돌할 때다. '힘의 논리'에 굴복하는 게 성실한 건가? 그러나 '굴복'이라는 표현은 지나친 것일 수도 있겠다. '신중'은 어떨까? 아니 어쩌면 이미 굳어진 체질인지도 모르겠다. 그는 "비서 출신이고, 비서형 사람"이라는 평가도 있다. 심지어 "관가에서 반 장관 싫다는 사람이 없다는 것은, 그만큼 그에게 자기 입장이 없다는 얘기이기도 하다. 하긴 자기 입장이 있는 사람이면 장관이 되지도 못했겠지만"이라는 말까지 나왔다.[214]

반기문의 성실성은 박진영의 성실성과는 구별된다. 박진영은 프리랜서, 반기문은 조직인이다. 반기문은 조직을 떠나는 순간 죽는다. 재능과 집념으로 승부를 거는 박진영과는 달리, 그는 조직 (정권)과의 승부에서 성실한 동시에 신중해야만 했다. 게다가 전 장관 윤영관이 청와대의 '자주파' 노선과 갈등을 빚어 경질되는 걸 보지 않았던가.

반기문은 자신의 평소 소신을 꺾고 노무현의 이른바 '자주외교

노선'을 따랐다. 보기에 따라선 노무현에게 '아첨'에 가까운 발언도 했다. 2005년 3월 30일 반기문이 외교통상부 업무보고에서 "외교부의 역량이 미치지 못할 때 대통령께서 명쾌한 지침을 주셔서 앞길을 가르쳐주신 데 대해 깊이 감사드린다"고 말한 게 그 대표적 사례다. 노무현이 "일본의 패권주의를 반드시 뿌리 뽑겠다"며 허세를 부린 것에 대한 답이었다.

《국민일보》 논설위원 이강렬은 2005년 4월 2일자에 쓴 〈칭찬과 아첨〉이라는 제목의 칼럼에서 "과연 역사는 이 말을 어떻게 평가할지 자못 궁금하다"고 했는데, 'UN 사무총장'이라는 새로운 변수가 나타났으니 역사가들도 헷갈릴 수밖에 없을 것이다.

내 강의를 듣는 한 학생은 '아부 커뮤니케이션'이라는 제목의 리포트에서 반기문의 위와 같은 '아부'에 대해 "사석에서도 하기 어려운 찬사였다. 노 대통령도 민망한 듯 수줍게 웃었고 찬사 덕분인지 노 대통령은 이날 외교부를 '대*외교부'라고 칭하면서 외교부가 현안에 잘 대처하고 있다는 의중을 우회적으로 내비쳤다고 한다"라면서 다음과 같이 말했다.

"그럼에도 그를 아첨꾼이라고 부르는 사람은 없다. 처세의 달인이라 비꼬는 사람도 없다. 아첨꾼이 그랬다면 비판받을 행동도 그가 하면 배려요 매너다. 사람을 대하는 태도가 위아래로 한결같기 때문이다. 달인들에게서 발견되는 전략적 아부의 시작은 상대방에게 예의를 갖추는 것이다."

그렇게도 볼 수 있겠다. 사실 반기문의 겸손도 신화적이다. 이런 일화가 있다. 1987년 4월 외무고시 3회 출신인 반기문은 1, 2회 선배들을 모두 제치고 가장 먼저 2급으로 승진했지만 적敵은 만들지 않았다. 그 비법은 '편지'였다. 그는 당시 자신의 선배, 동기 100여 명에게 약 1주일에 걸쳐서 일일이 "일찍 승진해서 죄송하다"는 내용의 편지를 썼다.[215] 그러니 그의 고속 승진이 마음에 들지 않았던 선배라도 어찌 그를 미워할 수 있으랴.

반기문의 지나친 겸손

그런데 늘 겸손한 것도 문제다. 반기문의 겸손은 '지나치게 윗사람들에게 순종적이란 비판'을 불러일으켰다. 차관 시절 국회에서 자신보다 15세 이상 젊은 국회의원들이 질문을 할 때 "○○○ 의원께서 하문하신 ○○○" 표현을 자주 써 외교관으로서 무게감이 없고 다소 가볍지 않느냐는 비판을 받았으며, 민주당의 한 실세 의원은 "그의 말을 듣다보면 감언이설로 우리들을 속이는 것이 아닌가 하는 느낌이 들 때가 있다"고 불신감을 표현하기도 했다.[216]

반기문은 2004년 12월 30일 주미대사 내정자 홍석현에게 한미 주요 현안에 대해 실무진이 브리핑을 하는 자리에 장관으로서 기존 관례를 깨고 직접 참석해 1시간여 동안이나 함께 한 것이 구설수에 오르기도 했다. 《동아일보》 12월 31일자, 〈홍석현 주미대사 내정자 '특별대우'〉《문화일보》 1월 1일자 〈반외교 '도 넘친 예우' 구설〉 등의 기사들은 "주미대사 내정자가 외교통상부 장관의 상관인가?"라는 지적이 제기되었다고 보도했다.

반기문에겐 노무현에 대한 찬사가 '전략적 아부'라는 자의식은 있었을까? 이게 문제가 되자 반기문은 나중에 "외교의 최고 책임자는 대통령이며, 나는 대통령의 외교철학이나 방침을 집행하는 책임을 지고 있다"는 답을 내놓았다.[217] 일부 언론은 '출세욕'이라고 꼬집었지만 말이다.

반기문은 이후에도 노무현의 '욱' 기질에 의한 허풍 때문에 곤욕을 치러야 했다. 2005년 10월 17일 청와대 대변인은 일본 총리의 야스쿠니 신사참배와 관련, "연말 정상회담은 오늘 이후로는 검토하고 있다고 말할 수 없게 됐다"고 밝혔다. 이틀 후 반기문은 청와대의 뜻에 따라 "현 상황에서 일본 방문을 추진하기에는 분위기가 적절치 않다"고 했다. 그러나 닷새 후인 10월 24일 반기문은 "특정 사안 때문에 한일관계가 막혀서는 안 되기에 방일을 결정했다"고 말했다. 이에 대해 '오락가락 외교'라는 비판이 쏟아졌다.[218] 《서울신문》은 "일본 지도자들 사이에 '한국의 반발은 중국과 달리 국내용'이라는 조소가 나오고 있음을 정부는 알아야 한다"고 비판했다.[219]

노무현의 혈기왕성한 386 참모들이 외교를 좌지우지하는 것에 대해 반기문이 흡족하게 생각했을 리는 만무했다. 그도 나름대로 많은 고민을 했을 게 틀림없다. 반기문의 측근인 어느 외교관은 반기문의 고민에 대해 이렇게 말했다.

"반 총장은 보수진영에서 반 총장이 제 역할을 하지 않고 있다는 불만과 비판이 나오는 것을 잘 알고 있었어요. 그러나 그렇게 하면, 반 총장은 외교부 장관 자리를 내놓을 수밖에 없었습니다. 성과도 없이 목소리를 높이다가 장관직을 단명短命하는 것이 좋은지, 욕을 먹더라도 정부 안에서 할 수 있는 최선의 역할을 하는 것이 좋은지에 대한 평가는 다를 수 있습니다. 반 총장은 후자의 길을 택한 것입니다."[220]

'반기문 질문' 의 딜레마

결국 반기문은 자신의 코드와 맞지 않음에도 노무현 코드에 따름으로써 자신의 꿈인 UN 사무총장이 될 수 있었다. 이는 '국가적 경사' 로 여겨졌다. 국가적 자기 확인 이벤트이기도 했다. 《동아일보》는 "한강의 기적이 유엔 사무총장 탄생의 기적을 만들어낸 원동력 가운데 하나다"고 했다.[221]

그렇다면, 그런 영광의 주인공이 된 반기문에겐 '입장주의' 의 승리인가? 아니면 '성실·신중' 의 승리인가? 참 어려운 문제다. '성실·신중' 에도 여러 종류가 있다는 걸 절감하게 된다. '성실·신중' 으로서의 '쿨' 도 마찬가지다. 욕망과 결합하는 '쿨' 이 있는가 하면 욕망으로부터 초연한 '쿨' 도 있다. 반기문의 '쿨' 은 전자의 것이다.

반기문의 이런 성실·신중이 인정받을 수 있는 거라면, 언론이 '폭격' 이라고 해도 좋을 정도로 많은 비판을 퍼부은 다른 장관들의 입장주의에 대해서도 달리 생각해볼 수 있는 건가? 특히 서울대 명예교수로 교육부총리가 된 김신일은 '곡학아세曲學阿世' 라는 욕까지 먹었는데, 이게 과연 온당한가? '반기문 동상' 이 이미 제작에 들어갔고, '반기문의 노래' 까지 나왔다. 반기문은 자라나는 어린이들에게 본받아야 할 영웅으로 부각되고 있는데, '입장주의의 승리' 에 대해서도 가르쳐야 하는가? 생각해볼 게 하나둘이 아니다.

모든 가치판단마저 지배하는 한국 특유의 대통령 1극 권력구조를 어떻게 볼 것인가? 노무현의 뒤를 따르고 그의 뜻에 복종하면 한나라당에서 열심히 뛰던 사람들도 순식간에 과거가 세탁되면서 중용돼 '개혁 전도사' 로 변신할 수 있다. 반면 노무현보다 훨씬 더 화려한 민주화투쟁 경력을 갖고 있으면서도 노무현의 어떤 정치노선에 대해 동의하지 않았다는 이유만으로 졸지에 반反개혁 세력으로까지 몰려 정·관계에서 비참하게 쫓겨난 사람들도 많다. 개혁·진보 인사의 명예에 국한시켜 보자면, 노무현의 이런 '독재' 가 박정희·전두환의 독재보다 훨씬 더 무서운 게 아닌가?

노무현은 유사 이래 가장 탈권위주의적인 대통령이라지만, 최고 권력자의 오류 교정 가능성을 허용하지 않는다는 점에선 이전의 독재자들보다 더 경직돼 있다. 이런 상황에서 큰 꿈을 갖고 있는 사람이 성실하다는 건 무얼 의미하는 건가? 어쩌면 영원히 풀리지 않을 '반기문 질문'이다.

반기문과 '우물 안 한국'

'반기문 질문'은 '영웅에 한(恨) 맺힌 한국인들'에 대한 관찰로 이어진다. 한국인들은 한국에 UN 사무총장이라는 영웅이 탄생한 것에 대해 열광했다. 그를 자꾸 '세계 대통령'이라고 부르고 싶어 한다. 그걸 눈치 챈 언론은 존재하지도 않고 존재할 수도 없는 '세계 대통령'이라는 말을 즐겨 쓴다. '세계 대통령'을 기념하기 위한 사업도 활발하다.

반기문의 고향인 충북 음성군 생극면의 큰바위얼굴 조각공원은 2006년 말부터 높이 4미터 무게 30t의 반기문 인물상을 조각해 세계 유명인 동상과 함께 전시하기로 하고 인도네시아 자카르타 인근 조각예술학교에서 제작에 들어갔다.■

2007년 3월 9일 충북 음성군 생극면 옛 오생분교에 자리 잡은

■ 이에 대해 반기문은 2007년 2월 "취임 한 달 밖에 되지 않아 아직 이룬 업적도 없다"며 "좀 더 지켜봐줬으면 좋겠다"고 말했다. 유엔 사무국의 한 관계자도 유엔본부에 걸리는 사무총장 초상화도 임기가 끝난 뒤에 제작된다면서 현직 사무총장의 조각상 건립이 그리 바람직해 보이지 않는다는 입장을 밝혔다. 이동훈, 〈반기문 "고향에 내 조각상 안 세웠으면…"〉, 《국민일보》, 2007년 2월 22일, 21면.

음성동요학교는 '반기문 총장의 노래'와 '내 고향 행치마을' 등 동요 2곡을 만들었다고 밝혔다. '반기문 총장의 노래'는 그가 보덕산이 자리한 행치마을에서 태어나 어린 시절 외교관의 꿈을 꿔 세계 속의 빛나는 별인 유엔 사무총장이 됐다는 내용을 담고 있다.

"충북 음성 행치마을 이곳에서 태어난 아이가 있네, 소년 시절 영어 잘하는 신동이며 외교관을 꿈꾸었던 굳은 그 신념 세계 속에 영원한 꽃을 피웠네, 아아아 유구한 역사 속에 길이 빛날 자랑스런 반기문 유엔사무총장님…."

또 '내 고향 행치마을'은 고추밭 고랑길을 뛰어놀던 시절, 맑은 물이 흐르는 개울, 친구들과 오르던 보덕산 등 반기문이 고향 마을과 어릴 적 추억을 그리워하는 내용으로 구성돼 있다. 음성동요학교는 이 노래를 담은 CD를 제작, 학교와 관공서 등에 배포하고 어린이 등을 대상으로 동요 보급운동에 나서겠다고 했다.[222]

반기문의 고향에서 그러는 건 애향심 차원에서 이해할 수 있는 일로 본다 하더라도, 언론의 거국적 열광은 '호들갑'이라고 해도 무리가 아닐 만큼 너무 뜨거웠다. 이와 관련, 경희대 명예교수 도정일은 《경향신문》 2007년 1월 9일자 칼럼에서 "반기문 전 외교부장관의 유엔 사무총장직 진출에 대한 국내 반응, 해석, 논평들을 보고 있자면 우리 사회의 소아병적 자기도취와 한국인의 깊은 '소인국 콤플렉스'를 다시 절감하게 된다"고 개탄했다.

도정일은 "한국인이, 그것도 분단국의 외교 관료가, 최대 국제기구의 행정수장 자리에 올랐다는 것은 축하할 일임에 틀림없다. 국제 외교무대에서 역량을 인정받은 반기문 개인의 성취에 대해서도 박수를 아낄 필요가 없다. 이 축하와 박수라는 반응까지는 그런대로 오케이다”며 “그러나 반장관이 사무총장에 진출하게 된 것은 국제 사회에서 한국의 위상이 그만큼 높아졌기 때문이라든가 교역량 11위의 무역대국이 되었기 때문이라는 식의 해석에 이르면 문제는 달라진다. 한국의 ‘성공담’과 유엔 총장직을 연결 짓는 것은 정말이지 ‘아니올시다’이다”고 말했다.

이어 도정일은 “우리가 유엔 사무총장을 낸 나라의 국민이라는 것에 은연중에라도 자부심 같은 것을 갖고 싶다면 우리들 자신이 자기 나라만 생각하는 좁직한 국민주의적 우물을 벗어나 세계와 인류 전체를 시야에 둘 줄 아는 국제 감각부터 몇 단계 업그레이드시킬 필요가 있다”며 다음과 같이 주장했다.

“국제 감각에 관한 한 우리는 자랑할 것이 별로 없는 나라다. 세계의 빈곤퇴치, 불평등 제거, 환경보전, 인권신장 등 보편가치에 대한 한국의 기여도는 극히 미미하고 그런 가치에 대한 국민들의 관심과 토론 수준도 거의 바닥권이다. 매체도 그렇다. 신문에서 이렇다 할 ‘국제’ 섹션을 보기 어려운 나라가 대한민국이다. 우리가 반장관의 유엔 사무총장 진출을 어떤 도약의 계기로 삼자면 그것은 우리 자신부터 그 유명한 ‘우물 안 개구리의 만족’을 벗어날 줄 아는 차원으로 성큼 올라서는 일일 것이다. 이건 우리의 신년 화두

감으로도 충분히 중요한 문제다.”[223]

언론의 '반기문 띄우기'

또 《미디어오늘》 2007년 1월 10일자는 "반기문 유엔 사무총장
이 사담 후세인 이라크 전 대통령 사형을 옹호하는 듯한 발언을 해
외신으로부터 비판받았지만 오히려 대다수 국내 언론이 반 총장을
두둔하는 모습을 보여 빈축을 사고 있다. 일부 전문가들은 국내 언
론이 반 총장에 대한 검증보다는 출세한 한국인 영웅 만들기에 급
급해 결국 한국의 이미지도 깎아내리는 결과를 초래하고 있다고
경고했다"며 다음과 같이 말했다.

"후보시절이었던 지난해부터 반 총장에게 '홍보'와 '영웅 만들
기' 지면을 할애했던 한국 언론은 반 총장 발언 사건 전날까지 '반
총장 띄우기'에 열을 올렸다.…이 같은 보도행태에 대해 국제관계
전문가들은 언론의 상업주의, 출세한 한국인에 대한 영웅 만들기,
인권 사형 문제에 대한 고민 부재 등을 보여준 대표적 사례라고 지
적했다."[224]

서울대 국제대학원 교수 이근은 "사형과 인권에 대해 한국 주류
언론이 얼마나 깊은 고민이 없는지를 보여주는 한편으로, 출세한
한국인을 영웅화한 대표적인 사례"라며 "반 총장의 발언은 자신의
운명을 결정지을 미국에 대해 코드를 맞춘 것 이상도 이하도 아님

에도 언론은 띄우기에만 급급하다"고 비판했다. 이근은 또 "반 총장이 유엔을 운영할 철학과 가치관을 갖고 있는지 검증했어야 했다"며 "지금이라도 제 역할을 할 수 있도록 쓴 소리를 하지 않는다면 한국 언론은 반 총장의 실언과 한국의 이미지 실추 모두의 책임에서 벗어나기 어려울 것"이라고 덧붙였다.[225]

《경향신문》 논설위원 이승철은 2007년 1월 16일자 칼럼에서 "지난 해 우리는 외교 역량을 총집중해 반기문 유엔 사무총장 배출이라는 대박을 터뜨렸다. 그러나 우리는 결과에 환호만 했을 뿐 그 과정에서 얼마나 외교적 실익을 챙겼는지 누구 하나 따져 본 사람이 없다"며 다음과 같이 말했다.

"가나나 미얀마가 유엔 사무총장을 배출했다고 해서 국제무대에서 발언권이 커졌는가. 위상이 높아졌는가. 천만의 말씀이다. 지금부터라도 반기문 유엔 사무총장 진출을 우리의 자산으로 만들려면 대박에 만족할 것이 아니라 실익 차원에서 접근해야 한다. 남북관계도 마찬가지다. 남북관계가 제자리를 잡기 위해서는 많은 사전 준비와 인내가 필요하다. 목적이 분명해야 하며 그에 따른 전략과 전술이 다양하게 준비되어 있어야 한다. 올해는 황금돼지보다는 어린이들에게 티끌 모아 태산을 만든다는 믿음을 주었던 조그만 돼지 저금통이 유행하는 것을 보고 싶다. 그래서 대박병이 우리 마음속에서 아예 사라졌으면 한다."[226]

나 역시 이런 일련의 비판에서 완전히 자유로울 순 없다. 왜냐

하면 나는 2006년 10월 '동원호 사건'과 관련하여 전주에서 발행되는 《새전북신문》 2006년 10월 2일자에 〈세상에 믿을 놈 없다〉라는 제목의 칼럼을 기고한 뒤, 이어 당시 외교통상부 장관이었던 반기문의 '불성실' 혐의를 강하게 제기하는 글을 쓰려다가 언론이 주도한 '반기문 영웅 만들기' 프로젝트의 분위기에 눌려 '자기검열'을 하고 말았기 때문이다.

그게 꼭 언론 탓이었다고 말하기도 어렵다. 국민이 영웅을 원하는 걸 어이하랴. 국립발레단 수석무용수 김주원(29세)은 '받고 싶은 선물' 1순위로 '반기문 UN 사무총장 자서전'을 꼽으면서 "발레리나 중에는 세계무대로 진출한 사람이 많은데 반기문 UN 사무총장님이야말로 한국인 중 세계무대에서 가장 활발히 활동하고 계신 분인 것 같아 그 삶이 궁금하다"고 했다.[227]

어찌 김주원 뿐이랴. 반기문은 국민 모두가 다 궁금하게 생각하고 잘 되길 비는 유력 영웅 후보가 된 게 아니고 무엇이랴. 어쩌면 '동원호 사건'이 사회적으로 부각되지 않았던 이유도 바로 이런 '반기문 효과' 때문인지도 모르겠다. 여기에 〈세상에 믿을 놈 없다〉를 싣고, 이에 대해 한두 마디 덧붙이고자 한다.

'세상에 믿을 놈 없다'

"힘없는 자들은 항상 슬프다."

"이 나라의 국민으로서 씁쓸한 비애를 느꼈고 왜 사람들이 이민을 떠나는지 이제야 알겠구나 하는 그런 심정이 들었습니다."

"이 땅에서 돈 없고 힘없는 이들은 돈 많고 힘 많은 이들과 같은 인간으로서는 살아갈 수가 없다. 인간 세상에 잠시 머문 천사로 살아야 한다."

"믿을 수 없는 조국! 왜 항상 우리는 끝을 알 수 없는 애국심을 가지고 항상 배반을 당해야 하는지 정말 모르겠습니다. 어느 누가 정말 국민을 위해 일하는 걸까요? 단 한 명의 관료라도 이 땅에 정말 있는 것일까요?"

"이런 × 같은 나라에서 태어난 게 정말 원망스럽다. TV에서 흔히 얘기하는 자랑스런 한국인이 어쩌고저쩌고 하는 소리들은 다 새빨간 거짓말들이고 모두 거짓된 말들임을 새삼 느끼게 된다. 정말 지독한 대한민국. 다음에는 이런 나라에서 태어나지 않기를."

지난 9월 26일 방영된 MBC 'PD 수첩'을 시청한 네티즌들의 소감이다. 이 프로그램은 7월 25일에 이어 두 번째로 소말리아 해적에 납치된 동원호 선원들을 다뤘다. 선원들은 117일간의 억류 끝에 돌아왔지만 대부분이 엄청난 정신적 후유증을 앓고 있으며 상당수가 정신과 치료를 받고 있다. 실현되진 않았지만 회사 측이 선장을 통해 배를 좌초시키라는 명령을 내렸다는 사실에 네티즌들은 분노했다.(동원호의 소속사인 동원수산은 동원그룹 계열사인 동원산업과 전혀 무관하다.)

외교통상부의 무관심과 무능도 분노의 표적이 되었다. 한 조선족 선원은 한국 정부와 회사 측의 태도에 절망해 자신의 일기에 "세상에 믿을 놈 하나도 없다"고 썼다. 그는 아직도 그때의 고통에서 벗어나지 못한 채 알콜중독자가 되었다.

그러나 가장 기가 막힌 비극은 돌아온 선원들이 자신들의 억울함과 한(恨)을 적극 나서서 토로하기는커녕 오히려 언론을 피하기도 했다는 사실이다. 보복에 대한 두려움 때문이었을까? 사실 네티즌들을 가장 분노하게 만든 건 바로 이 점이었는지도 모른다. 더욱 놀라운 건 'PD 수첩'을 제외하곤 모든 언론이 이 문제를 외면하고 있다는 점이다. PD들에게 특종을 빼앗긴 기자들의 '밴댕이 근성' 때문일까? 언론도 '믿지 못할 놈들' 중의 하나인 것이다.

외교통상부와 동원수산도 할 말이 있을 게다. 실제로 외교통상부는 지난 8월 24일 'PD수첩'의 첫 번째 프로그램인 '피랍 100일, 조국은 왜 우리를 내버려두는가' 편이 정부와 관계자들의 명예를 훼손했다며 언론중재위원회에 반론보도 청구 조정신청을 내 반론보도권을 얻어내기도 했다.

잘됐다. 외교통상부와 동원수산의 억울함을 풀어주자. 국정조사건 그 무엇이건 어떤 형태로든 이 사건을 국민적 조사와 심판대 위에 올리자. 이 사건은 한미 FTA, 전시작전통제권, 바다이야기 등 최근의 굵직한 현안들보다 훨씬 더 중요한 문제다. 일부일망정 이 나라에 태어난 걸 원망하는 사람들의 분노를 규명하지 않고선

이 나라를 나라라고 할 수는 없다.

"세상에 믿을 놈 없다"는 말 만큼 무서운 말은 없다. 노무현 정권이 저지른 최대의 과오는 '무능'이 아니다. 신뢰의 문제다. 화려한 명분을 무책임하게 함부로 휘두를수록 돌아오는 부메랑의 타격도 그만큼 큰 법이다.

'아직도 먼 외교부'에 대한 반기문의 책임

이 사건은 '반론보도' 문제를 놓고 법정 소송으로까지 비화돼 아직까지 진행 중이다. 그런데 외교부의 태도는 이만저만 실망스러운 게 아니다. 2006년 7월 MBC 'PD수첩'이 '피랍 100일, 동원호 선원들의 절규: 조국은 왜 우리를 내버려 두는가'를 방영하려고 하자, 미리 내용을 파악한 외교부는 MBC에 공문을 보내 "일개 프리랜서인 김영미 PD의 검증되지 않은 취재 내용을 보도하는 것은 문화방송의 사회적 책임과 영향력에 비추어 적절치 않다고 생각한다"고 주장했다.[228]

MBC의 정규직 PD는 믿을 수 있어도 '일개 프리랜서 PD'는 믿기 힘들다? 외무부 해외공관 직원들은 모두 정규직이라서 그렇게 자국민 보호에 무성의한 사건들을 수시로 일으키는 건가? 이런 발상이라면, 전 공무원의 비정규직화를 시도해야 비정규직과 프리랜서의 권리가 최소한이라도 보호받을 수 있는 건 아닌지 모르겠다.

김영미는 이 사건으로 인해 엄청난 고통을 겪어야 했다. 그녀는 "동원수산 측에서 내가 해적과 연계가 되었다느니, 돈을 요구했다느니 하는 터무니없는 억지 주장을 공문으로 각 방송사에 발송하는 일이 발생했다. 외교부는 외교부대로 '일개 프리랜스'의 취재를 MBC가 믿느냐는 요지의 공문을 보내왔다. 정말 방송을 그만두고 싶을 정도로 힘든 상황이었다"며 다음과 같이 억울함을 토로했다.

"게다가 나 때문에 협상이 지연됐다고 하는 외교부의 주장은 더욱 황당했다. 외교부는 사건이 발생한 직후부터(나포될 당시부터) 석방된다, 곧 풀려난다는 말만 계속 반복했을 뿐이었다. 때문에 협상이 어떻게 진행되는지 아는 국민은 거의 없었다. 심지어 선원들의 가족들도 자세한 상황을 몰랐다. 나 또한 그걸 믿지 못했고 그래서 취재를 가게 된 것이다. 그런데 나 때문에 협상이 지연되었다는 말을 하다니, 말도 못하고 당하는 입장에서 너무 억울했다."[229]

대한민국 외교부, 정말 대단하다. 《중앙일보》 논설위원 배명복은 "대한민국 외교부, 아직 멀었다"고 했다. 2007년 1월 문제가 된 납북어부 최욱일 탈북 사건과 관련해서다. 31년 만에 북한을 탈출해 구조를 요청한 자국민에게 선양瀋陽 총영사관 직원은 따뜻한 도움의 손길을 내밀기는커녕 "내 전화번호 어떻게 알았느냐"며 생뚱한 타박이나 하고 전화를 끊어 전 국민적 분노를 불러일으킨 사건이다.

배명복은 "'못난 국민 위에 군림하는 잘난 엘리트'라는 고린내

나는 특권의식이 아직도 일부 외교부 직원들 사이에 남아 있는 게 아닐까. 그렇지 않고서야 어떻게 그토록 무성의하게 국민을 대할 수 있느냐 말이다”라면서 다음과 같이 비판했다.

“외교부는 정부 업무평가(2005년도)에서 22개 부처 중 맨 꼴찌였다. 외교 실적이라고 내세울 만한 것도 없다. 북핵 문제가 잘 풀리고 있길 한가, 대미 외교가 잘 풀리고 있는가. ‘청와대 코드’ 탓만 하지 말고 직업공무원으로서 자신들의 업무수행 능력을 냉정히 돌아볼 필요가 있다는 얘기다. 반기문 전 장관을 유엔 사무총장으로 만든 것을 실적이라고 우긴다면 ‘행운도 능력’이란 소리나 다름없다.”[230]

반기문도 면책될 수는 없다. 이게 참 문제다. 반기문이 한국을 넘어서 전 세계인으로부터 존경받는 진정한 영웅이 되길 기대하는 마음이 반기문의 책임을 묻는 일을 가로막고 있으니 말이다. 언젠가 반기문이 ‘쿨’ 하게 자성의 목소리를 내기를 기대한다. 그래야 전 세계인으로부터 존경받는 진정한 영웅이 되는 것도 가능하리라 믿는다.

한국 문학계 '쿨'의 대표주자

짐짓 악한 체를 떠는 진정한 허무주의자

김 훈

냉소를 머금으며 고독도 마다하지 않는다

기성 질서 옹호자가 '고립'될 수 있는가?

"마치 사관^{史官}이 기록하듯 사사로운 감정이나 표현을 쓰지 않고 다만 사람과 목소리와 모양을 묘사할 뿐이다. 그럼에도 불구하고 책을 읽는 내내 가슴이 먹먹하여 잠시 읽기를 중단하고 마음을 쓸어내려야했고, 목젖이 뜨겁고 명치가 답답해 숨을 골라야 했다. 《남한산성》을 덮고도 그 막막함과 뜨거움과 답답함이 여전히 나를 짓누르니 과연 김훈이고 김훈의 작품이다."

인터넷 교보문고 사이트에 오른 한 독자(아이디 kyophc)의 글이다. 이 독후감을 소개한 《한겨레》 2007년 5월 5일자 기사 〈'남한산성'의 노래 김훈 소설 돌풍〉은 "지난달 16일 출간된 《남한산성》은 5월 첫째 주 베스트셀러 집계에서 최상위권에 오르며 침체에 빠진 한국문학에 활기를 불어넣고 있다"고 했다.[231] 또 《조선일보》도 "김훈 씨의 소설 '남한산성'이 출간 2주 만에 베스트셀러 종합 순위 3위에 오른 것은 한국문학에 내린 또 하나의 '벼락같은 축복'이다"고 했다.[232]

반가운 일이다. 디지털 문화에 치이고 일본소설에 밟혀 위기에 처한 한국문학의 자존심을 그간 공지영이 고군분투하며 지켜내더니 이제 김훈이 가세해 새 바람을 불러일으키고 있다는 소식을 접하여 어찌 반갑지 않으랴.

특히 김훈을 문학계 '쿨'의 대표 주자로 생각해온 나로서는 이야깃거리가 풍성해진 것이 여간 반갑지 않았다.

나는 월간 《인물과사상》 2002년 3월호에 〈기성 질서 옹호자가 '고립'될 수 있는가?: 동인문학상 수상자 김훈의 심리 구조〉라는 제목의 글을 쓴 적이 있다. 김훈에 대한 비판이었다. 그로부터 5년여 세월이 흐른 지금, 나는 여전히 김훈의 생각에 동의하지 않는 게 더 많지만 5년 전에 비해서는 김훈의 생각에 공감하는 쪽으로 한 걸음 다가서게 되었다. 노무현 시대를 거치면서 '개혁'을 팔아 인정욕구 또는 탐욕을 채우면서도 큰소리 뻥뻥 치고, 일부 순진한 사람들이 무엇에 홀린 건지는 몰라도 그런 큰소리에 열광하는 모습을 지켜보면서 생겨난 변화이리라.

김훈을 주인공으로 삼아 나의 그런 변화에 대해 이야기하고 싶다. 이를 위해선 〈기성 질서 옹호자가 '고립'될 수 있는가?: 동인문학상 수상자 김훈의 심리 구조〉라는 글을 읽는 게 선행되어야 한다. 그 글을 여기에 다시 싣고, 그리고 나서 김훈의 '쿨'에 대한 탐색으로 들어가고자 한다. 5년여 전에 쓴 글임을 감안하고 읽어주시기 바란다.

김훈이 안겨준 고민

나는 이 글을 몇 개월 전에 썼지만 내내 발표하지 못하고 보류해 두었다. 왜? 내가 공사公私 구분을 외치긴 하지만 나 역시 그것으로부터 완전히 자유롭지는 못한 인간이기 때문이다. 나는 개인적으로 김훈을 매우 좋아한다. 사적 친분 때문은 아니다. 나는 그를 몇 년 전 딱 한번 만난 적이 있을 뿐, 그와 무슨 깊은 사적 관계가 있는 건 아니다. 내가 개인적으로 김훈을 좋아한다는 건 전혀 다른 뜻에서이다. 나는 겉으로 '좌파' 혹은 '진보'를 표방하는 일부 사람들의 위선에 질렸다. 아시는 분은 잘 알겠지만, 김훈은 대단히 위악적이다. 나는 개인적인 차원에서 그의 위악을 사랑한다는 것이다.

나를 더욱 곤혹스럽게 만든 건 《한겨레》 2002년 1월 28일자 1면에 실린 '알림'이었다. 김훈이 《한겨레》 기자가 됐다는 게 아닌가. 나는 《한겨레》를 포용한 김훈은 물론 김훈을 포용한 《한겨레》에게도 뜨거운 지지를 보낸다. 나에겐 정말이지 신선한 충격이었다. 내가 곤혹스러워 한 건 이 글의 운명이었다.

적지 않은 시간 고민한 끝에 나는 이 글을 원래 썼던 그대로 발표하기로 했다. 김훈이 《한겨레》 기자가 됐다는 이유만으로 그의 과거가 면책 받을 수 있는 건 아니거니와 《한겨레》 기자일지라도 얼마든지 나의 비판의 대상이 될 수 있다는 나의 평소 신념에 충실하기로 했다. 물론 이 글의 발표가 공사 구분을 외치는 나의 평소 신념에도 부합되는 것이라는 건 두말 하면 잔소리일 것이다.

김훈은 허무주의자

"한국문학에 벼락처럼 쏟아진 축복" "최고 전통, 최고 권위, 최고 상금의 한국문학을 대표하는 문학상 2001년 동인문학상 수상작, 지금까지 누구도 하지 못했던 시도…한국 문단 희망을 읽었다…2001년 동인문학상 심사위원회"

조선일보사가 주관하는 동인문학상을 받은 김훈의 소설 《칼의 노래》를 낸 도서출판 생각의나무가 낸 신문광고 카피의 일부이다. 나는 반가웠다. 그 사연은 이렇다.

아시는 분은 잘 알겠지만, 김훈은 지난 2000년 10월 《한겨레 21》 인터뷰 파문으로 《시사저널》 편집국장을 그만두고 소설가로 전업을 했다. 나는 그 인터뷰 내용에 큰 흥미를 느껴 그걸 비평의 대상으로 삼고 싶었지만, 당시 김훈이 받았을 상처에 대한 인간적인 배려 차원에서 그 글을 쓸 생각을 하지 못했다. 그런데 그가 이제 그런 '최고' 상을 받게 되었으니 나로서도 그런 부담을 덜게 돼이만저만 반가운 게 아니다.

그게 이 글을 쓰게 된 이유의 전부는 아니다. 우선 김훈에 대한 나의 생각부터 밝히겠다. 나는 김훈의 《한겨레 21》 인터뷰 사건이 일어났을 때 그냥 웃고 말았다. 내 나름대론 김훈을 잘 안다고 믿었기 때문에 그의 발언을 심각하게 여길 필요는 없다는 것이 내 생각이었다. 나는 문학평론가 권성우가 김훈의 저서 《선택과 옹호》(미학사, 1991)의 뒤표지에 쓴 짧은 평론에서 내린 김훈에 대한 다음과 같은 평가에 동의하고 있었던 것이다.

"김훈의 세계관은 허무주의자의 그것이다. 그의 도저한 허무주의적 세계관은 사회과학적 인식론으로써는 완전히 포착될 수 없는 그 무엇을 간직하고 있다. 그의 허무주의는 아무리 인류 사회가 이념적으로 진보하더라도 궁극적으로 존재할 수밖에 없는 어떤 정신적 경향이 아닐까. 그러나 더욱 본질적인 것은, 그의 정신적 리버럴리즘은 인간사회의 가장 중요한 제도 중의 하나인 언어가 부여하는 허무주의자라는 에피세트까지도 그야말로 허무하게(?) 해체시킨다는 사실이다."

그렇다. 김훈은 허무주의자다. 나는 허무주의자의 특권(?)을 인정하는 편이다. 내가 비판의 대상으로 삼았던 이문열이나 남진우에 대해서도 허무주의자라는 평가가 있기는 하나 나는 그들은 가짜 허무주의자라고 생각하며 한국 지식계에서 가장 순수한 의미에서의 허무주의자에 근접하는 사람을 들라면 김훈을 꼽고 싶다.

그러나 허무주의자의 특권을 인정한다고 해서 지나친 '엄살'과 자신의 사적 복수를 사회를 대상으로 하는 것에 대해서까지 지지를 보내기는 어렵다. 그런데 나는 최근의 김훈이 바로 그런 일을 하고 있지 않은가 하는 생각을 하게 되었다. 이 글은 그런 문제를 제기하려는 것이다.

나는 이 글의 제목을 〈기성 질서 옹호자가 '고립' 될 수 있는가? 동인문학상 수상자 김훈의 심리 구조〉라고 붙였다. 김훈은 그의 의도라고 하는 관점에서 보자면 결코 기성 질서 옹호자가 아니다. 그러나 허무주의자가 맥락을 무시하고 사회적 현안에 대해 구체적으로 발언하게 되면 기성 질서를 옹호하는 결과를 낳게 된다. 이는 김훈이 잘 보여주고 있는데, 이에 대해선 나중에 충분한 증거를 제시하겠다.

김훈과 이문열

김훈은 결과적으로 기성 질서를 옹호하면서도 자꾸 자신이 '고립' 돼 있다고 주장한다. 물론 나는 그가 심리적으로 그렇게 느낄 거라는 건 충분히 이해할 수 있다. 그러나 나는 '고립' 이라는 단어가 그런 식으로 오용되는 것에 대해 반대한다. '고립' 이라는 말은 기성 질서에 저항해 《중앙일보》를 그만둔 기자 오동명 같은 사람이나 쓸 수 있는 것이지 기성 질서를 지나치게 옹호하는 발언이 물의를 빚어 《시사저널》을 그만둔 김훈이 쓸 수 있는 말은 아니라고 생각한다.

나는 김훈이 이문열을 반면교사의 교훈으로 삼기를 바란다. 물론 김훈과 이문열은 근본적으로 다르다. 김훈은 너무 자기 정서에 만 매몰된 나머지 자신의 '고립'을 주장하는 반면, 이문열은 김훈과는 달리 의도적으로 자신을 '고립 이미지 메이킹' 해왔다. 이문열의 그러한 시도는 제법 성공을 거두었는데, 아마도 '《문학과 사회》 편집 동인'이 《문학과 사회》 1998년 겨울호에 〈집중조명: 이문열〉을 마련한 자리에서 내놓은 다음과 같은 주장이 좋은 증거가 되지 않을까 생각한다.

"이문열의 소설은, 우리의 생각으로는, 분명히 우리 소설사의 한 분수령이다.…그는 분수령의 정점에 서 있는 사람답게 문학적 태도의 측면에서는 변혁의 시대가 만들어내는 대립적인 인간집단과 항상 일정한 비판적 거리를 취하면서 혼자만의 외로운 길을 걸어갔다. 그가 민중문학이 기세를 떨치던 시기에 민중문학을 향해 누구보다 날카로운 독설을 작품 곳곳에 남기면서도, 비록 그러한 대결의식이 그로 하여금 '시대와의 불화'라는 말을 내뱉는 오기를 이룰 정도에 이르렀지만, 문단 내의 집단적 반응과는 무관하게 오로지 혼자 행동한 것이 바로 그렇다."

물론 위와 같은 주장은 《문학과 사회》를 내는 문학과지성사가 "대망의 대하소설인 이문열 씨의 장편 《변경》이 드디어 11월 말에 모두 12권으로 완간"되는 걸 기념하여 '판촉' 차원에서 내놓은 거라는 점을 감안해야겠지만, 이문열이 "혼자만의 외로운 길을 걸어갔"으며 "오로지 혼자 행동"하였다는 주장 앞에선 고소苦笑를 머금지 않을 수 없다. 이문열 자신이 '시대와의 불화'를 겪었다고 말하는 것도 그걸 염두에 두고 하는 말인 것 같다. 그러나 나는 그런 주장에 동의하기 어렵다. 이문열은 결코 혼자가 아니었다. 이 점에 대해선 내가 다른 글에서 길게 논하였으므로 길게 말씀드리진 않겠지만, 언어의 올바른 사용이라고 하는 점에서 이문열과 《문학과 사회》의 반성을 촉구하지 않을 수 없다.

이 글을 읽는 독자들 가운데엔 김훈의 《한겨레 21》 인터뷰 사건을 잘 모르는 분들이 적지 않을 것이므로 그걸 소개한 다음에 본격적인 논의에 들어가기로 하자. 《한겨레 21》 2000년 10월 5일자에 실린 〈김규항·최보은의 쾌도난담: 위악인가 진심인가〉의 주요 내용을 주제별로 분류하여 차례대로 인용하겠다.

남녀평등과 인종주의

최보은 대학원 졸업한 딸을 두신 걸로 아는데 페미니즘 기질은 없나요?

김훈 그런 못된 사조에 물들지 않았지.

최보은 어쩌다 김훈 선배는 그런 못된 사조에 물드셨어요. 마초…

《시사저널》엔 여기자들도 많은데 그렇게 말하세요?

김훈 걔들은 가부장적인 리더십을 그리워하는 것 같더라고.

최보은 이런 말 기사화해도 상관없으세요?

김훈 괜찮아. 아무 상관없어.(웃음)

김규항 근데 왜 그렇게 생각하세요?

김훈 여자들한텐 가부장적인 것이 가장 편안한 거야. 여자를 사랑하고 편하게 해주고.(웃음)

김규항 최 선배 열 받네.

김훈 난 남녀가 평등하다고 생각 안 해. 남성이 절대적으로 우월하고, 압도적으로 유능하다고 보는 거지.

최보은 그러면 《시사저널》 부수 떨어져요.

김훈 괜찮아. 이제 떨어질 것도 없어.(웃음)

김규항 선천적 요인으로 사람을 나누는 건 대단히 위험합니다. 남성이 여성보다 선천적으로 우월하다는 얘기는 백인이 흑인보다, 독일인이 유대인보다 우월하다고 보는 인종차별과 다를 게 없죠. 모든 사람이 평등하다고 보는 게 근대적 사고방식의 기본 아닌가요?

김훈 인종 사이의 혐오감이란 어쩔 수가 없는 거지.

김규항 혐오는 단지 서로 간에 다르다는 건데. 이건 "어떤 피부색을 가진 사람이 근본적으로 열등하다"는 말과 같습니다. 나치가 아리안족이 가장 우수하다고 말하는… 근데 선생님께서 여성에 대해 말씀하는 건 그거와 결국 비슷하다고 생각해요.

김훈 난 정돈된 생각을 가진 사람이 아니거든.

기자의 자질과 언론 자유

김훈 내가 보기에 우리 사회에서 기자라는 게 절대 우수한 집단이 아니라고. 우수한 인종집단은 검찰이나 국정원, 재경원이나 정보통신부에 다 있다고. 비교할 수 없을 정도로 우수해.

최보은 그건 자리가 사람을 우수하게 만든 거잖아요.

김훈 아니야. 종자가 우수해. 진짜야. 기자는 2류나 3류 정도겠지. 기자 새끼들 무관의 제왕이니 사회의 목탁이니 뭐니 개소리하면서 50년 허송세월한 거야.

최보은 기자라는 집단은 원천적으로 어떻게 돼야 하는 집단이라고 생각하시는데요.

김훈 칼이 펜보다 강한 거야. 펜이 칼보다 강하다는 사기를 평생 해가지고 이 모양이 된 거지. 세상에 펜이 어떻게 칼보다 강할 수 있어. 칼 쥔 놈들은 칼이 강하다고 말 안 해. 왜냐면 본래 강하니까.

김규항 선생님 말씀처럼 국정원이나 국방부에 똘똘한 인재들이 많지요. 또 칼이 펜보다 강하다고 하셨는데 이런 건 어떻게 생각하십니까. 저는 나라도 나라 나름이라고 생각해요. 나쁜 나라일 때, 선생님 같은 개인에게도 불합리한 구조가 사회 전반에 영향을 끼칠 때, 그런 우수한 인력들이 전두환이나 김영삼 같은 권력자에 사용되는 거 아닐까요? 일테면 펜이 칼보다 더 강해서 사회구성원에게 훨씬 더 유리한 시점이 있을 수 있다는 점은 인정하시죠?

김훈 전두환, 노태우 때도 유능한 인재들이 다 들어갔어요. 일본도 그래요. 법무성 관리들이 엘리트지, 기자가 엘리트야?

최보은 현실적으로 기자들한테 많은 권력이 주어지는데 책임의식이나 윤리가 요구되지 않을까요?

김훈 기자의 가장 큰 악덕은 게으른 거예요. 일 안 하고, 말 안 듣고, 데스크 명령에 불복종하고, 그런 게 비윤리적인 거지.…우리나라는요, 언론이 탄압을 받아서 문제가 생기는 건 절대 아니고, 그 반대야. 너무 붙어먹기 때문에 문제가 생기는 거예요. 언론의 자유? 말도 안 돼. 내가 앰네스티 언론인위원회 위원장이거든. 그 발족식에 가서 내가 물었어. 언론인위원회가 도대체 뭐하는 곳이냐. 그러니까 기자들이 박해받을 때 연대해서 정권과 싸우는 게 목적 중 하나라는 거야. 너희들 개소리 하지 말라 했어. 누가 박해를 받아.

1980년의 용비어천가[*]

　　김훈 국장은 80년 이야기를 꺼냈다. 당시 그는 한국기자협회 《한국일보》 지회 부회장이었다. 당시 계엄이 확대되는 상황에서 기협 지도부로부터 1번 타자로 파업을 치고 나가라는 지침을 받았

■ 이는 '쾌도난담'을 담당하는 기자 고경태의 기사로 처리된 부분이다.

지만 거부했다는 것이다. 그는 기협 지도부 선배들에게 이렇게 말했다고 한다.

"자고 나면 동료들이 한 명씩 끌려가는 판에 파업을 절대 지휘할 수 없다. 신문은 정상 제작한다. 당신들은 감방으로 가시오."

그는 당시 신군부에 대한 용비어천가를 자신이 모조리 작성했다는 것도 주저하지 않고 말했다. "내가 안 썼으면 딴 놈들이 썼을 테고… 난 내가 살아남아야 한다고 생각했어. 그때 나를 감독하던 보안사 놈한테 이런 얘기를 했지. 내가 이걸 쓸 테니까 끌려간 내 동료만 때리지 말아 달라. 걔들이 맞고 있는 걸 생각하면 잠이 안 왔어. 진짜 치가 떨리고…" 그러면서 자신이 죄가 많다고 말했다. 다분히 위악적으로 느껴질 정도였다.

《한겨레》와 민중예술

김훈 《한겨레》를 보면 문화면이 많이 좋아진 것 같아. 초창기는 이념 편향적이었잖아. 그땐 정말 한심했다고. 《한겨레》는 민중적인 가치의 고귀함과 천민근성의 더러움을 구별 못했어. 이 대목 그대로 써줘. 모든 민중을 천민화해 가는 것, 그게 얼마나 죄악인 줄 몰랐던 것 같더라고. 모든 민중을 고귀하게 만드는 게 민중주의지. 다 똑같이 수드라를 만드는 것은 민중이 아니잖아. 그런 점에서 난 민중이 아니에요. 나는 절대 민중인 적도 없었고, 나는 지식인이고 엘리트거든.

최보은 보수화되었다는 이야기인가요?

김훈 잘 보수화된 것 같아.(웃음) 《한겨레》 초창기에 무슨 농촌에 있는 "미군들 물러나라" 벽보 써 붙인 것, 죽창 그런 것… 그걸 민중예술이니 뭐니 해서…그걸 예술이라고.

최보은 그게 문화의 발상일 수 있죠. 나중에 사회적 의미를 획득하게 되면 그게 예술이 될 수 있는 거고. 세련되고 귀족적이고 완성된 그림만이 그림은 아니잖아요.

김규항 농촌의 벽화를 말씀하셨는데, 그들한테는 사실 선생님이 말하는 차원의 예술 감상 기회가 거의 존재하지 않습니다. 그들이 그런 벽화를 보는 일은 중산층이 화랑에 가서 미술작품을 보는 일과 다를 게 없지요.

김훈 그러면 온 백성이 천민이 되는 거야. 농촌에 사는 가난한 무지렁이들도 벽에다 고흐나 세잔을 걸어놓아도 되는 거야. 거기다 죽창을 걸 필요는 없다는 거야. 인간의 일상생활에서 죽창 그림이라는 것은 지겨워서 들여다보고 있을 수 없어. 죽창 판화를 누가 집에다 걸어놔. 구로공단 노동자들한테 가보라고. 김남조나 황동규 시를 읽지, 박노해 시를 읽는 게 아냐.

최보은 그런 뒤상의 변기를 걸어놓은 것은… 그건 안 지겹나요?

김훈 뭐가?

최보은 변기를 걸어놓고 샘이라고 했을 때 그것도 천민예술인가요? 어떤 것도 사회적 맥락 속에서 시대와 어떤 코드를 만들어낼 때 그것이 문화가 되는 게 아닐까요?

김훈 사회적 산물이지.

최보은 그런데 왜 먼 나라의 변기는 예술이 되고, 우리나라의 죽창은 예술이 될 수 없나요.

김훈 죽창을 예술화하지 못했잖아.

최보은 그건 누구의 판단인가요? 그걸 분명히 즐기고 사진 찍고 예술이라고 이름하는 사람도 있는데, 저는 《시사저널》 지면에서 오늘 하신 주장을 김훈 선배가 글로써 한 번도 하는 걸 못 봤어요. 예를 들어 인간은 불평등하다…여자는 남자의 사랑을 받아야 한다… 또는 민중예술에 대한 생각….

김훈 인간은 불평등한 것이 맞잖아.

최보은 그럼 왜 글로 주장하지 않으세요?

김훈 난 평등사회를 해야 한다고 말한 적이 없어요. 저널리스틱한 글로서 그런 생각을 할 생각이 추호도 없어. 그런 자기모순 속에서 사는 게 내 삶이라고 생각해.

최보은 언론인으로서 기본적인 철학은 반드시 필요한 거 아닌가요?

김훈 나는 상식적인 거야. 약한 놈의 걸 뜯어먹으면 안 된다고 생각하는 사람이야. 이데올로기가 아니고 상식이지. 언론인은 거대담론을 하면 안 돼. 나는 그런 새끼들 가장 경멸하고 증오한다고. 한겨레에도 거대담론하는 놈들 많을 거야. 거의 대부분일 거야.

거대 담론*에 대한 증오

김훈 한겨레 기자들은 거대담론을 하지 말아라, 제발.

최보은 일상에서 출발하라는 얘기인가요?

김훈 거대담론, 가치판단, 선악, 정오… 이런 거 매일매일 판단하잖아. 이것도 시건방진 수작이고. 일단 '존재'를 판단해야 해. 이것이 옳으냐 아니냐를 판단하기 전에 "이것은 무엇이냐"에 대한 판단을 먼저 해야 한다고. What is this! 존재판단이 확실하지 않을 때는 가치판단을 유보해야 하고….

최보은 "거대담론을 하면 안 돼"라는 논리에는 모순이 있다고 생각해요. 거대담론을 하는 사람도 있는 거예요.

김훈 그건 다 오류야. "이 시대는 총체적으로 가고 있는가" 따위의 소리들… 쓰지 말라고.

김규항 80년대 이후 우리 사회 거대담론의 천박성에 대해선 어느 정도 인정합니다. 그러나 그런 인정과 세상의 시스템을 총체적으로 보는 거대담론 자체에 대한 회의는 전혀 다른 겁니다. 가령 저는 제 주변에서 그런 사람을 봅니다. 개인적으로 볼 때는 천상 사회주의자예요. 이타적이고, 욕심도 없고, 경쟁도 싫어하고… 근데 사회

■ 내가 볼 때에 김훈이 여기서 비판의 대상으로 삼는 건 '거대담론'이라기보다는 '계몽담론'인 것 같다.

문제에 대해선 이상하게도 보수적이죠. 저는 그런 괴리가 시스템을 볼 수 있는 능력이 없기 때문에 생긴다고 봅니다. 인간의 내면을 얘기하는 일과 거대담론을 말하는 건 둘 다 필요합니다. 우리에게 중요한 건 현재 실재하는 거대담론의 가치를 따지는 일이죠.

최보은 그러니까 거대담론을 하지 말아야 되는 게 아니라, 그 차이를 인정하고….

김규항 저는 선생님의 말씀 속에서 현상으로 본질을 규정하는 일관된 이중성을 발견합니다. 선생님은 세상은 원래 그런 거고 변하지 않는다고 보는 것 같습니다. 그런 세계관에 대해 저는 전혀 동의하지 않지만 일단 하나의 입장으로 받아들입니다. 그러나 세상이 나아지는 노력에 별로 참여하고 싶지 않다는 개인이 취향이나 세계관과 그런 노력이 전혀 가치가 없다고 말하는 건 다른 문제가 아니겠습니까?

김훈 그렇죠.

김규항 선생님이 거대담론을 생각하는 사람들에 대해 치를 떠는 건 선생님 문제지만, 중세가 근대사회가 되듯 사회 시스템이 변하는 건 역시 그런 식의 노력에 의해서 아니겠습니까. 그렇게 변화된 세상은 분명 이전보다 낫고 선생님 역시 그 혜택 속에 사는 건데 말입니다.

김훈 하여간 나는 안 할 거야.

통일, 재벌, 《조선일보》

"나도 관념적으로 통일을 바래. 하지만 피부가 아프게 몸을 상해 가면서(웃음) 통일을 바라고 그런 건 아니야. 못살 게 뻔한데… 이대로 사는 게 좋다고. 어느 놈이 통일을 바래. 대통령밖에 없다고."(웃음)

"(재벌이 아들한테 회사 물려주는 거) 그거 한심하지만 불가피한 거라고. 나도 내 집 아들한테 물려줄 판인데…. 우리 사회의 문제를 개선하려면 재벌이 자본을 인간화해 리더십을 보강하는 쪽으로 나가야 한다고. 재벌이 무너지면 우리가 무너져. 노동자들이 무슨 연대를 해. 노동자가 우리 사회에서 제일 보수주의잖아. 무슨 신기술 도입하면 저항하고 구조조정에 저항하고…. 노동자들이 제일 보수적이고 재벌 리더들이 가장 진보적이라고."

"나는 《조선일보》를 아주 좋아해서 평생을 보는데, 가장 우수한 신문이더만. 《조선일보》 사설 같은 걸 보면 얼마나 글을 잘 쓰는지 소름이 쪽쪽 끼친다고. 우리 기자들 보고 이것 좀 보고 배우라고 하지. 근래 들어 정권에 대해 가장 극렬하게 저항하고 있는 게 《조선일보》 아니야?"(웃음)

'정돈된 생각'이 없다

이상 인용한 글에서 김훈 스스로 밝혔듯이, 김훈은 이 사회에 대해 정돈된 생각을 가진 사람이 아니다. 김훈이 괜한 말을 한 게 아니다. 그는 체질로 보나 '아비투스(습속)'로 보나 처음부터 문인이었다. 김훈은 처음부터 문인의 체질과 '아비투스'를 갖고 있었으면서도 20년 동안 저널리스트 생활을 한 사람이다. 왜 문제가 없었겠는가? 나는 그의 '쾌도난담' 파문은 터질 게 터졌다고 이해한다. 그가 《시사저널》편집국장직을 그만둔 것도 문인의 아비투스 때문에 가능한 게 아니었을까?

나는 지금 문인들은 정돈된 생각을 가진 사람들이 아니라는 주장을 하려는 게 아니다. 그 어떤 사회과학자 못지않게 정돈된 생각을 가진 문인들이 많이 있다는 걸 나는 잘 알고 있다. 지금 내가 말하고자 하는 건 '정돈된 생각'이 소설가나 시인 같은 창작 문인들의 중요한 덕목은 아니기 때문에 탁월한 필명을 얻은 문인들 가운데 '정돈된 생각'이 전혀 없는 분들이 적잖이 있다는 것이다.

그러나 나는 그런 이유 때문에 소설가는 사회에 대해 발언하지 말고 소설만 쓰는 게 좋겠다는 주장을 할 생각은 없다. 그 누구보다 더 '정돈된 생각'을 갖고 있고 그걸 발표하는 소설가도 있기 때문이다. 다수의 무능 때문에 단 한 사람의 권리라도 침해되어서는 안 될 일이다. 다만 알 건 제대로 알고 넘어가자는 말이다.

김훈에게 '부르주아 몽상가'[■]라는 분류를 선사한 바 있는 문학 평론가 홍정선이 《문학과 사회》 2000년 봄호에 쓴 글에서 잘 지적하고 있듯이, 우리는 "정확하고 논리적인 글을 쓰는 능력과 비유적이고 창작적인 글을 쓰는 능력을 혼동"해서는 안될 것이다.

김훈은 에세이 《자전거여행》(생각의나무, 2000)의 '책머리에'를 "벗들아, 과학과 현실의 이름을 들먹여가면서 이 가엾은 수사학을 조롱하지 말아다오"라는 말로 시작하고 있다. 당연하다. 이 책에서만큼은 김훈이 '가엾은 수사학'을 누릴 특권이 있다. '과학과 현실의 이름'으로 그걸 조롱하는 건 온당치 않을 것이다. 아니 평가조차도 온당치 않은 것 같다.

나는 김훈이 수사학적 아비투스를 가진 사람으로서 사회과학적 아비투스를 요구하는 저널리즘에 종사하면서 많은 스트레스를 받

■ 김훈은 자신의 저서 《선택과 옹호》(미학사, 1991)에 실린 〈헬리콥터와 정현종 생각: 정현종 시집 《사랑할 시간이 많지 않다》〉라는 글에서 다음과 같이 말한다. "《문학과 사회》의 동인인 젊은 홍정선이 이 원고를 쓰라고 나를 협박하면서 '너는 부르주아 몽상가이다'라고 말했다. 그는 웃고 있었다. 그의 웃음에는, 너는 이 원고를 피할 수 없는 인간이다라는, 자기 나름대로의 확신이 들어 있었다. 나는 홍정선에게 '너는 동물 분류학자인가?'라고 되물어보고 싶었지만 참았다. 나는 왠지 그의 동물 분류를 윽박질러버릴 자신감이 나의 마음속에서 절박하게 또는 필연적으로 응결되지 않고 있음을 느꼈다. 동물 분류를 하자면, 나는 부르주아가 아니다. 나의 소득은 몇 푼 안 되는 것이지만, 100% 근로소득이다. 그리고 나의 사회경제적 위상은, 말하자면 중산층의 맨 밑바닥쯤 되고 가난뱅이 그룹의 맨 꼭대기쯤 된다. 그러면 나는 몽상가인가. 거기에 대해서 나는 잘 대답할 수가 없다. 변명하자면 나는 몽상과 현실 사이에서, 또는 사랑과 증오 사이에서, 그리고 입다물기와 입벌리기 사이에서 엉거주춤하거나 갈팡질팡하면서, 진땀을 흘리면서 살아가는 한 가난뱅이다. 그럼에도 불구하고 나는 왜 홍정선의 동물 분류를 반박하지 못하는가. 거기에 대해서도 나는 역시 잘 대답할 수가 없다."(40-41쪽)

았을 것이라 생각한다. 물론 그는 그 스트레스를 '문학과 저널리즘의 결합'을 시도하는 산문 형식으로 해소해왔으며 그러한 산문집을 통해 "골수 독자를 확보"해왔지만,[233] 그래도 무언가 미진한 구석이 남아 있었던 게 아닐까?

나는 '쾌도난담' 인터뷰가 그러한 스트레스를 해소하기 위한 '화려한 외출'이었을 거라고 생각한다. 그에게 모든 걸 다 때려치우고 전업 작가가 되고 싶다는 내재된 욕망이 꿈틀거리고 있었기 때문에 그러한 도발을 감행할 수 있었던 게 아닐까?

인터뷰 이후의 파문

어찌됐건 그 인터뷰 사건은 큰 파문을 몰고 왔다. 인터넷에 그의 발언을 비난하는 글이 폭주했고, 《시사저널》의 한 기자는 항의 사표를 쓰기도 했다. 이와 같은 논란에 대해 《미디어오늘》 2000년 10월 5일자는 다음과 같이 보도했다.

인터넷 게시판에는 "그만큼 순수하다는 반증일 수도. 모든 이들이 저항적 투사가 되어야 한다는 기대감은 일상적 파시즘의 변종이 아닐까. 잘못된 것이 아니라 다를 뿐이다"(조준환) 등의 옹호성 발언도 있지만 비난 의견이 더 많다. "그 같은 유형의 인간들이 남한 사회에서 자칭 지식인이고 엘리트로 자처하며 여론 주도층으로 행세하려 한다는 사실이 섬뜩하다"(최정민), "그는 최근의 김영삼을 닮아가고 있다. 애독했던 《시사저널》과 《자전거여행》을 미련 없이 폐지 수거함에 버릴 것이다"(박종훈) 류의 비난이 주를 이룬다.

《시사저널》 여기자의 남편이라고 신분을 밝힌 홍명수(35세) 씨는 《한겨레》 게시판에 올린 글을 통해 "글을 덮고 난 다음 저나 아내가 무엇보다 힘들었던 것은 동시대인으로서의 모욕감이었습니다. 최소한 다른 생각에 대한 존중과 애정을 그에게서 기대했습니다"라고 토로했다. 또 《시사저널》의 박모 기자는 김 국장의 '쾌도난담'을 읽고 나자마자 "창피해서 일을 못하겠다"며 사표를 던진 것으로 알려졌다.

이 사건으로 인해 김훈이 얼마나 큰 상처를 받았을 지는 짐작하기 어렵지 않다. 김훈은 결국 《시사저널》에 사표를 내고 말았다. 《한겨레 21》 편집장 김종구의 마음이 편할 리 만무했을 것이다. 김종구는 《한겨레 21》 2000년 10월 19일자에 쓴 〈만리재에서: 김훈 국장의 사퇴를 보며〉라는 칼럼에서 평소 절친한 사이였던 김훈의 집을 찾아가 나눈 이야기를 다음과 같이 소개하였다.

이날 밤 술자리에서 김 국장과 저는 이 세상의 모순, 그 속에서 인간이 겪는 고통, 선과 악이 혼돈된 시대의 문제 등 많은 이야기를 나누었습니다. 사실 글로 표현되는, 그것도 대화에서 토막토막난 말들은 진심을 전달하는 데 한계가 있게 마련입니다. 그리고 그런 몇 마디 표현들이 한 인간의 사고 전체를 모두 설명해주는 것도 아니라는 것이 저의 생각입니다. 김 국장 자신도 이렇게 말했습니다. "글로 나온 것을 보니까 내가 봐도 과격하더구만, 이 시대를 감당할 수 없는 발언이야."

그는 신군부 등장 시절 '용비어천가'를 쓴 사실을 스스로 털어놓은 데 대해 "나의 잘못을 제대로 질타할 수 없는 도덕적 권위 부재를 이야기하려는 것", '반통일 의혹'에 대해서는 "반통일적이던 사람들이 통일세력으로 바뀌는 시대 속에서 진정으로 통일을 원하는 사람을 보지 못했기 때문"이라고 말했습니다. 그리고 그는 "선과 악이 혼돈되고 전도되는 시대를 살아오면서 나로서는 거대담론을 도저히 말할 수 없게 됐다"고 말했습니다.

평소 그를 어느 정도는 안다고 생각하는 편이었기에 쾌도난담의 말 뒤에 숨어 있는 그의 진심이 어렴풋이 이해가 됐지만 아무래도 납득하기 어려운 대목이 있었습니다. 바로 '선천적 남녀불평등론'입니다. 그 질문에 대한 그의 답변은 이런 것이었습니다. "그건 나의 어쩔 수 없는 어떤 심정적 무의식이야. 그것을 전달했을 뿐이지. 우월한 자의 도덕이라는 게 있어. 여성을 힘들게 하지 않고 고생시키지 않고…. 사실은 열등하고 싶어. 그런데 문명이 그렇게 강요해. 그러나 공인으로서 나는 잡지를 만들 때 여성 문제나 페미니즘 기사 등에 대해 결코 그런 무의식을 따르지는 않았어."

김 국장의 여러 주장과 심경 토로에는 충분히 수긍가는 대목도 있고, 때로는 저의 의견과는 일치하지 않는 대목도 있습니다. 하지만 그의 이런 항변은 귀담아들을 만합니다. "나의 생각이 오류일 수도 있어. 동시대의 진실과 나의 오류가 충돌할지라도 개인의 진실은 보호받아야 하는 것 아닌가." 그리고 분명한 것은 김 국장의 솔직함만큼 저는 솔직해질 자신이 없다는 것입니다.

강약强弱의 충돌과 '사실 강박증'

김종구의 말마따나 김훈의 여러 주장과 심경 토로에는 충분히 수긍가는 대목도 있다. 과연 무엇이 문제였을까? 나는 그의 '여리고 착한 감수성'이 문제의 출발점일 것이라 생각한다. 한국사회의 이 거대한 위선과 기만! 정말이지 나도 때론 숨이 막힐 지경이다. 그런데 김훈은 방향을 잘못 잡았다. 그가 비판하고 조롱할 대상을 잘못 잡았다는 것이다.

왜 그렇게 되었을까? '정돈된 생각'이 없었기 때문에 그랬겠지만 그게 이유의 전부는 아닌 것 같다. 그의 내부에선 강함과 약함이 늘 충돌을 빚는다. 그는 강함을 드러내고 싶지만 자신이 약하다는 걸 잘 안다. 그래서 의식의 세계는 강하게 나가는 반면 무의식의 세계는 약하게 나간다. 무의식의 세계는 기성 질서에 순응할 것을 요구한다. 김훈은 순응했다. 그러나 그는 강함을 드러내고 싶다. 그는 자신의 상식에 따라 자신이 보호해야 할 대상을 공격하는 전도된 모습을 드러낸다.

김훈은 그 자체로 모순이다. 그는 "《조선일보》 사설 같은 걸 보면 얼마나 글을 잘 쓰는지 소름이 쪽쪽 끼친다"고 말했다. 나는 그 이유를 안다. 그의 무의식은 '강자強者에 대한 숭배'로 나아간다. 그가 《조선일보》 사설 내용에 동의해서 소름이 쪽쪽 끼치는 게 아니다. 그는 그간 《조선일보》 사설 내용과는 전혀 다른 주장을 펴는 칼럼을 많이 써왔다. 그가 소름이 끼치는 건 '강자에 대한 숭배' 때문이다. 그는 《조선일보》의 '조폭 기질'에 반한 것이다.

여리고 착한 사람에겐 '사실 강박증'이라는 게 있다. 상처받기를 두려워하기 때문에 '의견'을 내기를 주저하고 심지어는 그걸 경멸하게까지 된다. 늘 '사실'을 강조함으로써 '의견'을 피하고자 하는 욕망이 가득하다. 그러나 현실 세계에서 사실과 의견의 구분은 간단치 않거니와 여러 사실들 사이에서 그 어느 하나를 선택해야만 하는 '의견'을 요구당하게 된다. '사실 강박증'이 있는 사람들은 이 경우에도 '사실 신비화'를 통해 모든 걸 다 해결해줄 수 있는 '큰 사실'이 있는 것처럼 본의 아닌 기만을 범하게 된다. 나는 김훈에게 그러한 '사실 강박증'이 있다고 믿는다.

내가 소설을 쓴 걸로 간주해도 좋겠다. 달리 이해할 길이 없어 내 나름대로 짐작해본 것이다. 중요한 건 김훈은 매우 섬세하고 약한 사람인데도 불구하고 그를 용감하고 강한 사람으로 보는 사람들이 적지 않다는 것이다. 예컨대, 서울시 관악구 신림동에 사는 독자 최진영은 《한겨레 21》 2000년 11월 2일자에 기고한 글에서 다음과 같이 말했다.

"매주 잡지를 받으면 '이번 주엔 쾌도난담에 누가 나왔을까' 하는 설렘이 크다. 몇 주 전 김훈 전 《시사저널》의 편집국장이 나왔을 때 약간 충격을 받았다. 경쟁 주간지의 편집국장이 나왔다는 데 놀랐고 그렇게 솔직할 수 있는 용기에 놀랐다. 그리고 그렇게 '화끈하게' 말하고도 괜찮을까 염려가 되기도 했다. 아니나 다를까 며칠 뒤 신문에서 김훈 전 국장의 사임 기사를 보고 씁쓸한 느낌을 받았다. 나도 김훈 씨의 의견에는 동의하지 않는다. 그러나 이번 '만리재에서'의 글처럼 행간을 읽어 가면 충분히 그를 이해할 수 있을 것 같다. 자신의 과오를 밝힐 수 있는 용감한 사람은 드물다. 그리고 허물없는 사람은 없다고 생각한다. 몇 가지 문제에도 불구하고 나는 그의 '씩씩한 솔직함'의 팬이 되어버렸다."

김훈의 '씩씩한 솔직함'에 대해선 분명히 논란의 소지가 있을 것이다. 나는 지금은 그 문제에까진 개입하고 싶지 않다. 내가 문제 삼고자 하는 건 그 이후에 나타난 그의 발언이다. 김훈은 《시사저널》을 그만둔 뒤 소설 집필에 몰두하였고, 그 결과 나오게 된 것이 동인문학상을 받은 《칼의 노래》이다. 그는 '펜'에 의존할 수밖에 없는 자신의 나약한 현실을 '칼'로 보상받고 싶었던 건 아닐까? 그래서 '칼의 노래'를 부르게 된 건 아닐까? 그는 이 책의 '책머리에'를 다음과 같이 시작하고 있다.

"2000년 가을에 나는 다시 초야로 돌아왔다. 나는 정의로운 자들의 세상과 작별하였다. 나는 내 당대의 어떠한 가치도 긍정할 수 없었다. 제군들은 희망의 힘으로 살아있는가. 그대들과 나누어 가질 희망이나 믿음이 나에게는 없다. 그러므로 그대들과 나는 영원한 남으로서 서로 복되다. 나는 나 자신의 절박한 오류들과 더불어 혼자서 살 것이다."

김훈은 '집단적 가치'의 대변자였다

이게 과연 무슨 말일까? 문학담당 기자들의 해설과 인터뷰로 그 속내를 좀 더 확실하게 알아보자. 《한겨레》 기자 최재봉은 2001년 5월 14일자 서평에서 다음과 같이 말한다.

"시사주간지 《시사저널》 편집국장으로 재직하고 있던 김훈 씨는 지난해 10월 《한겨레 21》(통권 327호)과 인터뷰한 발언이 문제되어 사직했다. 《칼의 노래》의 '작가의 말'에서 그가 그 일을 언급하면서 '나는 정의로운 자들의 세상과 작별하였다'고 쓸 때, 그는 아마도 집단적 가치 앞에 무력할 수밖에 없는 개인적 진실의 목소리를 대변하고 있는 것 같았다."

"집단적 가치 앞에 무력할 수밖에 없는 개인적 진실"? 나는 도무지 이해가 안 간다. 김훈이 인터뷰에서 한 발언이야말로 '집단적 가치'를 대변하는 것이었기 때문이다. 겉으로야 어떻게 말하건 속으론 남성이 여성보다 절대적으로 우월하다고 믿는 남성이 다수가 아닐까? 겉으로야 어떻게 말하건 속으론 '힘의 논리'를 추종하고, 고급 인력 또한 그 '힘의 논리'에 따라 움직이는 것, 그들이 가진 힘 때문에 실제보다 더욱 우수하게 보이리라는 것도 '집단적 가치'가 아니고 무엇일까? 《한겨레》를 부정적으로 보고 《조선일보》를 긍정적으로 보는 것이나 통일에 대해 냉소적이고 재벌을 비판하면서도 숭배하는 것도 '집단적 다수의 가치'이지 '개별화된 소수의 가치'란 말인가?

물론 그러한 '집단적 가치'는 공론장엔 오르지 않는다. 공론장에선 당위와 명분과 원칙이 역설된다. 그래서 그게 위선인가? 김훈은 그러한 위선에 도전하고 싶었던 것인가? 그러나 그건 착각이다. 그러한 위선은 꼭 필요한 것이다. 남자는 TV를 시청하다가 자신이 매우 예쁘다고 생각하는 여자 탤런트가 나오면 그 어떤 생각을 해보게 될 것이다. 그 어떤 생각을 공개적으로 발설하지 않고 속에 품고만 있으면 그것도 위선인가?

좋다. 나의 이런 비유에 동의하지 않아도 좋다. 내가 여기서 말하고자 하는 건 김훈에게 "집단적 가치 앞에 무력할 수밖에 없는 개인적 진실"이라고 하는 말은 너무 어울리지 않는다는 것이다. 그러나 김훈은 그렇게 믿고 있다. 그래서 문제다. 《조선일보》 2001년 10월 8일자 인터뷰 기사를 감상해보자.

문 이 소설을 펴든 독자는 '책머리에'라는 작가의 글을 만난다. 거기서 '나는 정의로운 자들의 세상과 작별하였다' '나는 당대의 어떤 가치도 수긍할 수 없다' '나는 나 자신의 절박한 오류들과 더불어 혼자 살 것이다' 등의 고백을 접한다. '정의로운 자'는 누구고, '절박한 오류'는 무엇인가?

답 그 글을 쓸 때 증오의 힘으로 썼고, 서문도 증오의 감정이 있었다. 그때는 개인적으로 참 불행하고 처참했던 시절이었다. 이런 양분화, 양극화, 야만화된 현실에 내가 참여할 여백은 없다. 한쪽에 가담할 수가 없었다. 이런 상황에는 방관자, 소외된 자로 살 수밖에 없다. 참여할 길이 없으니까. 양심에 따른 것으로 비난받아도 할 수 없다. 나는 그것을 감당하고 있고, 실천하고 있다.

문 지난해 《시사저널》 편집국장직을 버렸을 때, 평소 신념에 걸맞은 행동이었겠지만, 50대를 맞은 한 가정의 가장으로서는 지나친 것이 아니었을까?

답 그만두겠다고 생각했을 때 단 10분도 머뭇거리지 않고 집어치웠다. 내가 생각해도 전광석화 같았다고(웃음). 그건 직장과 가족, 또 나 모두를 위해서 잘한 일이었다고 생각한다. 아내와 아이들도 그 점은 나를 지지해 주었다. 타협할 수 없는 것과 타협하지 않았다는 것.

(중략)

문 더 하고 싶은 말씀이 있다면?

답 우는 소리 하는 건 원래 좋아하지 않지만, 너무 힘들다. 어쩌겠는가. 견딜 수밖에. 꾸역꾸역 살면서 감당할 수밖에.

과연 무엇으로부터의 '고립'인가?

나는 김훈이 "개인적으로 참 불행하고 처참했던 시절"을 보낸 것에 대해 안타깝고 가슴 아프게 생각한다. 그러나 자신이 그렇게 된 이유를 "이런 양분화, 양극화, 야만화된 현실"에서 찾는 것엔 결코 동의할 수 없을 뿐만 아니라 대단히 무책임한 치기稚氣의 표현이라고 생각한다.

김훈은 기성 질서에 도전해 약자와 소수를 옹호하다가 "방관자, 소외된 자"로 살 수밖에 없게 된 게 아니다. 그가 그렇게 해서 "방관자, 소외된 자"가 되었다면 그는 결코 동인문학상을 받을 수 없었을 것이다. 결과적으로 그는 기성 질서를 옹호하는 허무주의를 역설하다가 그 허무주의를 수용할 수 없는 사람들에 의해 "방관자, 소외된 자"로 밀려난 것이며, 그것도 개인적 차원에서만 그럴 뿐 사회적 차원에서는 결코 "방관자, 소외된 자"가 아니다.

그러나 김훈은 계속해서 자신의 '고립'을 강조한다. 그는 《조선일보》 2001년 11월 7일자에 기고한 동인문학상 '수상소감'에서도 "고립을 두려워하지 않는 사람이 되겠습니다"라고 말한다. 그 말이 《조선일보》 기자에게도 멋있게 들렸는지 기사 제목이 〈모든 것 버리고 '문학 가출' "고립을 두려워하지 않겠다"〉이다.

나는 "고립을 두려워하지 않는 사람이 되겠습니다"라는 김훈의 발언이 끔찍하게 들린다. 제발 그런 엄살은 떨지 않으면 좋겠다.

사인私人으로서 이 세상을 자기중심적으로 생각하는 것이야 자유지만, 공인公人으로서 공개적인 지면에 대고 그러는 건 문제다.

김훈이 《비평》 2001년 가을호에 쓴 〈언론의 부자유가 자유다〉라는 글은 김훈의 그러한 자기중심성을 잘 보여주고 있다. 그는 20년간 기자생활을 해놓고도 한국 언론에 대해 전혀 아는 바 없다는 듯 다음과 같이 용감무쌍한 말씀을 해댄다.

"지금 언론의 개혁을 말하는 사회적 공론은 편집과 경영의 분리를 가장 중요한 논점으로 삼고 있다. 편집권의 독립이라는 것인데, 이 거룩한 목표를 법제화하겠다는 것이 그 공론의 핵심부이다. 내 생각에, 이것은 언론과 사회의 현실을 도외시한 잠꼬대 같은 소리이다. 이 잠꼬대를 법제화하겠다는 것이 무슨 소리인지 나는 모르겠다."

과연 누가 잠꼬대를 하는 걸까? 모르면 배워야지 그렇게 큰소리칠 일인가? 모든 기자들이 김훈처럼 어느 날 갑자기 직장 때려치우고 '한국문학에 벼락처럼 쏟아진 축복'을 써낼 수 있는 건 아니다. 그 누구도 편집권의 독립이 한국 언론의 문제를 바로잡는 만병통치약이라고 주장하지는 않는다. 기자들 스스로 가장 큰 통제세력이라고 밝히고 있는 사주의 전횡을 막는 데 조금이라도 도움이 될까 해서 편집권의 독립을 말하는 것이다.

나는 김훈이 사회를 향해 자기중심적인 발언을 자제하는 동시에 사회에 대한 사적 복수도 자제하는 게 좋을 것 같다는 생각을 하고 있다. 그가 2001년 7월에 《일요신문》에 쓴 몇 편의 칼럼은 사적 복수의 냄새를 진하게 풍겨 거론할 필요가 있을 것 같다.

김훈의 '가상현실'

내가 보기에 김훈의 문제는 안팎의 문제다. 겉과 속의 문제다. 그는 안과 속에서 움직이는 집단적 가치와 여론에 충실한 발언을 하면서도 밖과 겉에서 움직이는 집단적 가치와 여론엔 강한 적대 감을 드러낸다. 사회에 대한 '정돈된 생각'이 없거니와 내가 앞서 제시한 이유들 때문일 것이다. 그는 《일요신문》 2001년 7월 22일 자에 쓴 〈여론이 사실을 뭉개는 세상〉이라는 제목의 칼럼에서 다 음과 같이 말한다.

"나는 여론이라는 신기루의 작동방식을 짐작할 수 있지만 그 정 체와 본질이 무엇인지는 알지 못한다. 소박하게 말해서 여론에 따 라서 상황을 인식하고 판단하며 여론에 따라서 선악을 가늠해야 하는 것이 민주주의라면 나는 민주주의자가 아니다. 그리고 나는 이런 의미의 민주주의자가 아닌 것을 조금도 두렵게 생각하지 않 는다."

보라. 여기서도 그는 밖과 겉에 대해서만 이야기하고 있을 뿐이 다. 그는 언론사 세무조사 공방이 여론몰이로 흐르는 걸 '민주주 의의 탈을 쓴 파시즘'이라고 비판하면서 "사실이 먼저 있은 후에 의견이 있을 뿐이다. 사실이 여론을 이끌고 가는 세상이 민주주의다. 여론이 사실을 뭉개 버리는 세상은 민주주의가 아니다"고 주장한다.

김훈의 글은 양비론이다. 일방적으로 조·중·동 편을 드는 칼럼들이 난무했던 상황에서 김훈이 그 문제에 대해 양비론으로 임하는 건 분명히 바람직한 면이 있지만, 그가 '사실'만으로 천하통일을 할 수 있을 거라는 착각을 범하고 있다는 건 지적되어야 할 것이다. 갈등을 빚는 양쪽엔 모두 나름대로의 '사실'이 있는 법이다. 어느 쪽 '사실'을 더 중요하게 생각할 것인가? 그건 가치판단의 문제이고 '의견'의 문제인 것이다.

지금 내가 여기서 말하고자 하는 건 김훈이 보는 사회는 일종의 '가상현실'이라는 점이다. 너무 '순수'로 빠졌기 때문이 아닐까 하는 생각이 든다. 이걸 더 잘 보여주는 게 그가 《일요신문》 2001년 7월 15일자에 쓴 〈파렴치한 권력투쟁 그만두라〉라는 제목의 칼럼이다. 그는 이 칼럼에서 다음과 같이 말한다.

"2001년 한국의 여름은 무장한 정치언어들의 백병전을 치르는 염천지옥이다. 언어의 인식기능과 소통기능은 더 이상 작동되지 않는다. 나는 이 지옥이 이른바 '조세 정의'나 '언론자유'와 같은 거룩한 민주적 가치와는 사소한 관련도 없다고 믿는다. 나는 이 지옥의 본질을 적나라하고도 파렴치한 권력투쟁일 뿐이라고 믿는다. 이 나라의 모든 사태는 권력투쟁이 아닌 것이 없다. 지역 간의

갈등과 대립도 권력투쟁이고 민노총의 파업도 권력투쟁이다. 색
깔론과 역색깔론이 모두 권력투쟁이고 의약분업도 권력투쟁이며
통일조차도 권력투쟁의 제물이 되어간다. 권력만이 이 지옥의 헌
법인 것이다. 여당과 야당의 싸움은 말할 것도 없고, 정부와 신문,
야당과 신문, 크다는 신문과 작다는 신문, 진보라는 신문과 보수라
는 신문, 신문과 방송 사이의 이 아수라 싸움판이 모두 다 말짱 권
력투쟁인 것이다. 권력에 환장하고 권력에 눈이 뒤집힌 자들이 모
두들 권력을 향한 기갈을 깊이 감추고 '자유'와 '정의'의 깃발을
흔들며 온 나라를 수렁으로 몰아넣고 있다. 정치권력이 되었건 언
론이 되었건, 힘센 것들이 많은 힘없는 사람들을 이처럼 능멸하고
조롱해도 되는 것인지, 치가 떨리고 이가 갈린다.…지금 이 권력투
쟁의 아수라판 위로 적대하는 자유와 정의의 깃발이 나부끼고 있
다. 싸움이 끝난 뒤에 언론과 정권은 권력투쟁의 쓰레기로 나뒹굴
고 민심이 역사의 고아로 떠돌게 되는 모습이 이제 조금씩 보이기
시작한다. 세금 받을 일 있으면 정확히 받고, 낼 일 없으면 법정에
가서 따져라. 그러나 '자유'와 '정의'를 앞장세운 이 절망적인 개
수작들은 당장 집어치워라."

김훈은 '권력투쟁'을 초월했나?

"치가 떨리고 이가 갈린다"거나 "이 절망적인 개수작들은 당장

집어치워라"라는 표현에서 김훈의 이 세상에 대한 분노와 증오가 느껴진다. 그러나 그건 그 만큼 그 자신이 절망의 수렁에 빠져 있다는 걸 의미하는 것이기도 할 것이다. 김훈의 주장은 다 맞는 말씀이다. 그러나 그건 순도 100%를 자랑하는 김훈의 '가상현실'에서만 맞을 뿐이다. 왜 그런가? 김훈 식으로 따지자면 이 세상에 '권력투쟁' 아닌 게 없기 때문이다. 김훈의 이 칼럼은 '권력투쟁'이 아니란 말인가? 우리가 이 세상에 태어나 숨 쉬는 것 자체가 '권력투쟁'이다!

내가 늘 주장해 온 거지만, 순도 100%를 자랑하는 순수의 잣대로 이 세상의 현실문제에 대해 논평하는 건 기성 질서를 옹호하게 돼 있다. 김훈이 마땅치 않게 생각하는 '정의'의 깃발을 내건 사람들 그 누구도 그렇게까지 순수하진 않기 때문이다. 순수는 없다! 그건 김훈의 가상현실에만 존재할 뿐이다.

김훈이 자신의 개인적 고통과 상처를 통해 '편'을 따지는 일에 대해 강한 혐오와 증오를 느낀다고 해도 크게 놀랄 일은 아닐 것이다. 그러나 그러한 혐오와 증오를 드러내더라도 목표물을 정확하게 조준하는 건 필요하지 않을까? 그의 다음과 같은 발언은 아무래도 그러한 조준에 실패한 것으로 보인다.

"이 판국에 술이 약해 보이는 여성 국회의원이 제 맘에 안 드는 신문칼럼을 쓴 소설가를 향해 '지식인이라면 어느 편인지를 분명히 밝히라'고 삿대질을 했다고 한다. 나는 경악했다. 어느 편인지를 밝히라니! 어느 편에 속하는 것이 나의 지성일 수가 있는가. 당신들은 또 어느 편인가. 나는 이른바 언론의 '자유'의 편인가. 나는 이른바 조세의 '정의'의 편인가. 내가 '자유'의 편이라면 '정의'를 배반하는 것이고 내가 '정의'의 편이라면 '자유'를 부정하는 것인가. 이러니 어느 편인가를 밝히라는 말은 대체 무슨 말인가. 잠꼬대인가 술주정인가. 언어는 더 이상 인간의 말이 아니다. 아무런 의미도 담겨져 있지 않은 음향처럼 들린다. 지옥의 모습은 본래 이러하다."

어느 편인지를 밝히라는 말 한마디 듣고 지옥의 모습까지 떠올린 김훈의 사고가 차분하고 냉정한 것이라고 보기는 어려울 것이다. 김훈은 너무 자기 자신의 세계에만 매몰돼 있으며 그 관점에서 이 사회를 바라보고 있는 건 아닐까?

나는 공적 영역에서의 '편 가르기'는 민주주의의 기본 작동 원리라고 생각한다. 그 원리를 가장 잘 구현하고 있는 게 바로 투표가 아닌가. 김훈은 한국기자협회 《한국일보》 지회 부회장을 맡은 적도 있고 앰네스티 언론인위원회 위원장을 맡은 적도 있다. 내부에서 갈등을 빚는 어떤 사안에 대해 최종 판단을 내릴 때 김훈은 어떻게 했을까? 각자 어느 편인지 밝히는 것 이외에 다른 방법이 있을 수 있는가 하는 것이다. 그런데 그런 요청을 하면 그건 경악할 만한 일이고 지성을 모독하는 일이고 잠꼬대거나 술주정이고 언어가 인간의 말이라는 걸 부정하는 지옥의 모습인가?

함부로 '고립'을 말하지 말자

추미애는 가만히 있는 사람에게 그런 요청을 한 게 아니었다. 추미애는 이문열의 위선과 기만을 질타했던 것이다. 김훈은 그걸 몰랐을까? 언론개혁 문제만 해도 그렇다. 그게 김훈이 개탄해마지 않는 '권력투쟁'이었다 할지라도 김훈은 "우리나라는요, 언론이 탄압을 받아서 문제가 생기는 건 절대 아니고, 그 반대야. 너무 붙어먹기 때문에 문제가 생기는 거예요"라는 소신을 갖고 있던 인물이 아닌가. 그렇다면 그 붙어먹던 관계에 큰 균열이 생긴 걸 반겨야 하지 않을까?

말이야 바른 말이지, 김훈이 추미애를 비판하는 건 쉽다. 추미애는 김훈에게 아무런 타격을 입히지 못한다. 추미애는 김훈에게 큰 도움을 줄 수도 없다. 그러나 이문열은 다르다. 한국 문단에 이제 겨우 명함을 내민 사람이 이문열을 비판하는 건 생계를 위협할 수 있는 중대 사안이다.

나는 엉뚱하게 이런 생각이 든다. 김훈이 혐오하는 '집단적 가치'로 보자면 이 세상은 이문열의 편이다. 언론인 생활 20년을 한 김훈이 그걸 모를 리 없다고 생각한다. 그런데 김훈이 안팎과 겉과 속을 잘 구별해 '집단적 가치'를 혐오하는 자신의 평소 소신에 따라 이문열을 혹독하게 비판했다고 가정해보자. 나는 김훈이 동인문학상을 절대 받을 수 없었을 거라고 믿는다. 이문열이 동인문학상의 종신 심사위원이라는 것도 중요한 사실이지만, 《조선일보》와 다른 종신 심사위원들께서 기성 질서에 도전하는 사람을 좋아하지 않는다는 점이 중요하다.

김훈은 한국 사회의 막강한 제도와 조직과 힘 있는 사람들의 눈 밖에 나진 않았다. 그는 힘 없는, 그러나 밖과 겉의 공론장에서 조금 요란하게 떠드는 힘없는 소수의 사람들의 눈 밖에 난 것뿐이다. 그건 김훈의 '고립'이 아니다. 그는 더 큰 '연대'를 위해 작은 '고립'을 택한 것일 수도 있다. 물론 나는 김훈이 그런 결과를 처음부터 의도하진 않았다는 걸 믿는다. 아마도 '정돈된 생각'이 없는 그의 허무주의 기질이 그런 결과를 낳았을 것이다.

나는 김훈이 "나는 상식적인 거야. 약한 놈의 걸 뜯어먹으면 안 된다고 생각하는 사람이야. 이데올로기가 아니고 상식이지"라는 자신의 발언을 상기하면서 자신의 발언에 충실한 모습을 보고 싶다. 나는 지금 상식의 힘으로 이 글을 쓰고 있다. 설사 그러한 상식의 실천이 김훈이 혐오하는 '권력투쟁'일지라도 누가 더 약한 놈의 걸 뜯어먹는 쪽에 가까운가 하는 판단을 내리는 건 필요하지 않을까? 그러한 필요를 허무주의라는 이름으로 조롱해도 괜찮은 건가?

나는 김훈의 허무주의를 계속 존중하겠다. 그러나 허무주의자에게도 지켜야 할 최소한의 원칙과 윤리가 있는 법이다. 허무주의로 세속의 더러운 권력투쟁에 개입하거나 심판하지 말라.

김훈은 허무주의의 힘으로 살아있는가. 그대와 나누어 가질 냉

소와 초월이 나에게는 없다. 그러므로 그대와 나는 영원히 남으로
서 서로 복되다. 나는 나 자신의 절박한 상식들과 더불어 다른 이
들과 연대하며 살 것이다. 기성 질서와 막강한 제도와 조직과 힘
있는 사람들부터 영원히 고립된다 해도 나는 결코 '고립'을 말하
지 않으리라.

'세상의 진실을 보아버린 자의 허망함'

이상이 〈기성 질서 옹호자가 '고립' 될 수 있는가?〉라는 글의 전
부다. 지금도 내가 대체적으로 동의할 수 있는 글이지만, 제한을
붙여 말하고 싶은 대목이 몇 군데 있다. 예컨대, "나는 공적 영역
에서의 '편 가르기'는 민주주의의 기본 작동 원리라고 생각한다"
는 말에 대해선 정당화될 수 없는 '편 가르기'에 대해 긴 설명을
덧붙이고 싶다. 노무현과 그 일행의 '편 가르기' 수법에 대해 질린
탓이다. "기성 질서 옹호자가 '고립' 될 수 있는가?"라는 테마에 대
해서도 김훈의 '기성 질서 옹호'는 결과일 뿐 의도는 아니라는 점
을 길게 설명하고 싶다. 자, 이제부터 2007년에 보는 김훈의 모습
을 그려보자. 이 모습을 그리는 게 5년여 전에 썼던 글의 부족함을
메워줄 수 있으리라.

한국에서 가장 자유로운 유명 지식인을 들라면 철학자 김용옥
과 소설가 김훈을 빼놓을 수 없을 것이다. 1948년생 동갑내기로

서로 잘 알거니와 존경하는 이 두 지식인은 '자유' 에 관한 한 막상
막하지만, 그 내용은 전혀 다르다. 김용옥은 자신의 확신을 표현하
는 점에서 자유로운 반면, 김훈은 확신 자체에 대한 냉소를 표현하
는 점에서 자유롭다. 정혜신은 김훈의 자유로움을 가리켜 '고립을
두려워하지 않는 자의 고독' 이라는 표현을 썼는데,[234] 김훈이 왜
그래야 하는지 그 이유가 궁금하다.

김훈의 '쿨' 은 '냉소로서의 쿨' 이다. 역설이지만, 확신 자체에
대한 냉소도 일종의 확신이다. 김훈의 확신은 그의 완벽주의 기질
에서 비롯된다. 사람들은 그의 완벽주의를 그의 글 쓰는 방식에서
만 찾으려 하지만 더욱 주목해야 할 것은 위악, 아니 자학에 가까
울 정도로 과도한 그의 자기성찰이다.

앞에서도 인용했듯이, 김훈은 '칼의 노래' 를 부르는 자신의 심
정을 다음과 같이 표현했다.

"2000년 가을에 나는 다시 초야로 돌아왔다. 나는 정의로운 자
들의 세상과 작별하였다. 나는 내 당대의 어떠한 가치도 긍정할 수
없었다. 제군들은 희망의 힘으로 살아있는가. 그대들과 나누어 가
질 희망이나 믿음이 나에게는 없다. 그러므로 그대들과 나는 영원
한 남으로서 서로 복되다. 나는 나 자신의 절박한 오류들과 더불어
혼자서 살 것이다."[235]

김훈의 열혈 팬인 김순응은 "그의 글에는 세상의 진실을 보아버
린 자의 허망함이 배어 있다"며 "나는 그의 오류를 사랑한다"고 했

다.[236] 김훈의 오류는 무엇인가? 김훈이 위와 같은 말을 하게 된 배경이 된 사건은 2000년 10월 《한겨레 21》 인터뷰 파문이었다. 앞에서 자세히 밝혔듯이, 그는 이 파문으로 《시사저널》 편집국장을 그만두고 소설가로 전업을 해 《칼의 노래》를 쓴 것이다.

그런데 문학평론가들은 김훈에 대해 이야기하려 하지 않는다. 문학평론가 이명원은 "김훈의 소설들은 그가 써내려간 에세이들을 포함하여, 산다는 일의 치욕과 개인의 의지와는 무관하게 구조화된 권력의 냉혹한 질서에 대한 정교한 보고서다. 그런데 거기서 멈추지 않고, 무력한 개인이 몰락할 것이 분명한 운명 앞에서조차 그것과 치열하게 싸우고 또 패배를 끝없이 자기화하는 면모를 드라마틱하게 형상화하고 있다"며 "그런 점에서 김훈 소설에 대한 비평가들의 무관심은 실로 기이한 느낌을 불러일으킨다. 김훈의 소설은 유령인가?"라고 물었다.[237]

김훈의 문체 미학주의

왜 그럴까? 아마도 김훈의 '오류'에 대한 어정쩡한 입장 때문일 게다. 김훈 글의 '열렬한 애독자'인 정혜신의 해설에 따르면, "어느 출판인의 말처럼 정치적 입장을 호오의 기준으로 삼는 사람들은 김훈이 구체적 사안에 대한 정직한 속내를 드러내는 순간, 즉 보수언론에 대해서 말할 때, 여성과 미국과 통일과 자본에 대한 생각을 거침없이 발언할 때, 펜의 무력함을 감추지 않을 때, 약육강식의 도덕에의 경사를 드러낼 때, 그의 솔직함에 경악하고 그의 도덕이 위험하다는 판단을 내린다. 심지어 어떤 이는 김훈에 대해 반통일, 반페미니즘, 반노동자, 반개혁적 등의 사고와 이념을 가진 인물이라고 개탄한다.”[238]

이어 정혜신은 “그러나 김훈은 언론사 재직시 데스크의 권위를 이용해 이런 문제들을 왜곡한 적이 없고 글이나 칼럼을 통해 논쟁에 휩싸일 만한 주장을 펼친 적도 없다. 잡지나 신문과의 인터뷰를 통해 여성주의자가 아니고, 노동자의 편이 아니고, 신문기자의 편이 아니고, 자신은 가부장주의자이며 국가의 유일한 목표는 부국강병이라는 류의 말을 했을 따름이다”며 다음과 같이 말했다.

“김훈은 그런 자기 생각을 저널리스틱한 글이나 산문으로 쓸 생각이 추호도 없다고 말한다. 거대담론이라고 생각하기 때문이다. 김훈은 거대담론을 이해할 수 있었던 적이 거의 없다며 자신은 기본적으로 ‘역사적’ ‘사회적’ 이런 말들이 잘 안 와 닿는다고 말한다.”[239]

김훈은 자신이 “허무주의라기보다는 삶의 구체성의 편에 선 것”이라고 주장한다.[240] 그러나 문제는 그 구체성의 ‘맥락’ 이다. 그 맥락을 무시하거나 소홀히 하면 그게 곧 허무주의로 빠질 수 있다. 바로 여기서 앞서 지적한 김훈의 ‘사실 강박증’ 이 문제가 된다.

김훈이 이순신에 매료된 이유도 바로 그것이다. 김훈은 이순신이 "잘 훈련된 신문기자와도 같다"며 "이순신에게 가장 중요하고 신성한 것들은 오직 '사실'이었으며, 그 '사실'을 해석하거나 거기에 의미를 부여하거나 혹은 의미를 박탈하는 정치의식은 전혀 중요한 것이 아니었다. 사실에 의미를 부여하거나 또는 박탈하는 정치행위는 언제나 바다의 사실들로부터 아득히 멀리 떨어져 있고 조정 대신들의 몫이었다"고 했다.[241] 김훈은 이순신이 "영원히 탈정치적이고 사실적"인 바 "그는 사실의 영웅"이라고 결론 내렸다.[242]

이순신과 다른 조정 대신들을 놓고 상대평가를 하자면, 김훈의 평가는 옳다. 그러나 '사실'은 늘 그걸 둘러싼 맥락으로 인해 취약해진다. 김훈의 '칼의 노래'는 사실적인가? 사실적이지만 동시에 감각적이다.

정혜신은 김훈의 거대담론 기피증은 "눈으로 보고 몸으로 느낄 수 있는 깃만이 진실"이라고 여기는 일종의 '기능적 사고패턴' 때문인 것으로 보인다며, "기본적으로 김훈은 허무주의자가 아니라 감각주의자"라고 했다.[243] 강성민은 "감각기관을 통해 아프게 느껴지는 것만 확실한 것으로 받아들인다"는 의미에서 김훈을 '철저한 통각론자痛覺論者'라고 했다.[244]

둘 다 날카로운 지적이다. 미학주의자라고 해도 좋겠다. 감각적·통각적 문체 미학주의자다. 김용옥이 "역시 '칼의 노래'에서 대중이 사랑한 것은 김훈의 절제된 문체일 거예요"라고 했듯이,[245] 또 어느 독자가 《남한산성》에 대해 "과거에는 이태준이 문장의 으뜸이라 했다지? 오늘날은 김훈이 아닐까?"라고 했듯이,[246] 김훈과 그의 독자들은 미학으로 소통한다. 그러나 김훈은 이런 종류의 평가에 대해 다음과 같은 불만을 털어놓는다.

"많은 사람이 내 문장을 수사학적 문장이라고 평하는데 전 오히려 형용사, 부사 없는 글을 쓰고 싶어 해요. 주어, 동사의 뼈다귀만으로 된 동편제 같은 글, 서편제의 계면이 빠진 그런 진술하고 우람찬 우조 같은 글 말이죠. 그런데 주어, 동사조차 수식이라고 까대면 난 죽어야죠. 아니면 선禪의 침묵으로 가야죠."[247]

아니다. 그렇게까지 말씀하실 건 아니다. '수사학적'이란 말은 무엇이 더해지는 것뿐만 아니라 무엇이 없는 상태도 말하는 걸로 보아야 한다. 형식이 내용 못지않게 또는 그 이상으로 의미를 갖는 경우를 뜻하는 것이다. 김훈의 경우엔 형식이 내용을 압도적으로 지배한다. 오죽하면 임순만은 "김훈에게서 문장을 버리라는 것은 가혹한 주문일 것"이라면서도 "문장을 아끼고 인물을 만들어 달라는" 주문을 했겠는가.[248]

다만 '수사학적'이라는 표현에 김훈이 제기한 것과 같은 문제의 소지가 없는 건 아니므로 '미학적'이라고 부르는 게 더 온당하겠다. 김훈이 목숨 거는 '사실'이 미학의 지배를 받을 수도 있다는 사실은 김훈에게 불쾌한 것이겠지만, 역사 서술은 물론 가장 사실적이어야 할 경제학·과학의 언어까지 수사학과 미학으로부터 자유롭지 않은 걸 어이하랴.

위선·기만의 가능성에 대한 저항

김훈에게 기본적이거니와 우선적인 건 미학주의라 해도 김훈이 허무주의자라는 건 달라지지 않는다. 오히려 정작 물어야 할 것은 위선과 기만이 상례화·체질화된 사회에서 "허무주의가 나쁜가?"라는 질문이어야 할 것이다. 김훈은 허무주의자이되, 약육강식弱肉強食·부국강병富國強兵의 사회진화론을 신봉하는 허무주의자다. 그는 자신의 "세계관이나 가치관이 다르다고 해서 매도당하는 건 전연 무섭지 않아요"[249]라고 말하는 사회진화론적 허무주의자다.

사실 무서울 리가 없다. 그는 소신·고집의 화신이 아닌가. 직장에서의 불화로 여러 직장을 옮겨 다니며 사표를 20번이나 썼고, 그 덕분에 거의 극빈자로 살기도 했던 그에게 무슨 무서움이 있으랴.[250] 그는 속된 말로 '깡다구' 계열의 사람이다. 나는 앞서 "김훈은 매우 섬세하고 약한 사람인데도 불구하고 그를 용감하고 강한 사람으로 보는 사람들이 적지 않다"고 했다. 이는 김훈이 '깡다구' 계열의 사람이라는 평가와 모순되는가? 그렇진 않다. 겉과 속의 차이와 의지의 발휘라는 변수들이 개입하므로, 섬세하고 약한 사람도 자신의 내면세계의 부름에 따라 얼마든지 '깡다구'를 발휘할 수 있다고 보는 게 옳겠다. 그가 문학에 대해 다음과 같은 독설을 퍼부을 수 있는 것도 바로 그런 '깡다구' 덕분일 게다.

"나는 문학이 인간을 구원하고, 문학이 인간의 영혼을 인도한다고 하는, 이런 개소리를 하는 놈은 다 죽어야 된다고 생각합니다. 아니, 어떻게 문학이 인간을 구원합니까. 아니 도스토예프스키가 인권을 구원해? 난 문학이 구원한 인간은 한 놈도 본 적이 없어! 하하…. 문학이 무슨 지순하고 지고한 가치가 있어 가지고 인간의 의식주 생활보다 높은 곳에 있어서 현실을 관리하고 지도한다는 소리를 믿을 수가 없어요. 나는 문학이란 걸 하찮은 거라고 생각하는 거예요.”[251]

물론 이 말을 그대로 믿으면 바보다. 김훈이 문학을 정말 하찮은 거라고 생각한다면, 그가 ‘칼의 노래’에서 만든 자신만의 문체에 대해 엄청난 자부심을 보이는 건 어떻게 보아야 하겠는가? 다음과 같이 말이다.

“문체는 완전히 제가 새로 만든 거죠. 전에는 제가 진양조 같은 24박자짜리 문체를 썼거든요. 그런데 여기선 완전히 두 박자죠. 주어와 동사만 가지고 썼으니까. 문장을 뼈다귀만 가지고 쓴 거죠. 살은 다 빼버리고. 그런데도 그 문체를 보고 또 수사학적이라고 하는 사람도 있더군요. 한국인이 역사적으로 그런 문장을 썼던 일이 없었는데 그걸 제가 만든 거죠. 내가 생각해도 엄청나요! 그 문체로 그 소설을 끝까지 써낸 거죠.”[252]

물론 문학을 하찮게 보면서도 자신이 이룬 업적에 대해 강한 자부심을 갖는 게 모순일 수는 없다. 문제는 ‘하찮다’는 말의 의미다. 김훈에게 하찮지 않은 게 하나라도 있는가? 없다! 그러니까 김훈에겐 문학만 하찮은 게 아니라 이 세상 모든 게 다 하찮은 것이라는 걸 분명히 알고 들어가야 그가 하는 말의 의미를 온전히 이해할 수 있다는 것이다. 김훈의 메시지는 위선·기만의 가능성에 대한 저항이다. '가능성'이라는 말에 주목해야 한다. 위선·기만에 저항하는 사람들은 많지만 그 가능성에까지 저항하는 완벽주의자는 거의 없다. 그 완벽주의자가 바로 김훈이다.

이른바 '김훈 논란'을 놓고 말하자면, 나는 '고립을 두려워하지 않는 자의 고독'이라는 정혜신의 표현이 더 마음에 든다. 이게 김훈의 '감각주의'를 압도하는 김훈의 본질이라고 보기 때문이다. 김훈이 논란의 주인공이 된 건 늘 '발설' 때문이었지 그의 '사고패턴' 때문이 아니었다. 이는 거의 대부분의 사람들에게 작동하는 '자기검열 기제'가 김훈에겐 없다는 걸 의미하는 것이고, 그 동력이 바로 '고립을 두려워하지 않는 자의 고독'이 아니었겠느냐는 것이다.

웬만한 지식인들은 고립·고독을 경험할 때 결코 자유롭지 않다. 수많은 자기검열을 해야만 한다. 어떤 경우에 "야 이 개새끼들아"라고 외치고 싶더라도 그걸 꾹 참아야만 한다. 설사 '정의로운 자들의 세상'의 두 얼굴에 이의를 제기하더라도 '정의'의 끄트머리라도 붙들고 늘어져야 한다는 생각을 하게 된다. 김훈의 자유로움은 아무나 흉내 내거나 따라갈 수 있는 수준의 것이 아니라는 건 분명하다.

'정의로운 사들의 세상'의 두 얼굴

그런데 김훈의 그런 오류는 김훈이 정말로 오류로 생각하는 것인가? 아니다. 혼자 사는 세상이 아니기 때문에 김훈이 다수결주의에 의해 비교되는 자신의 생각을 일단 오류로 간주해주는 것일 뿐, 그는 진실로 그게 오류라고는 생각하지 않는다.

김훈이 "나는 보편과 객관을 걷어치우고 집단의 정의를 조롱해가면서 나 자신의 편애와 편견을 향하여 만신창이로 나아갈 것이다"라고 했을 때, 그는 실은 "나는 정직한 사람이다"고 선언하는 것이다. 집단은 정직하지 않은가? 비록 그렇게 말하기는 어려울망정, '그들은 철저하지 않다'고는 말할 수 있다.

앞서 지적했듯이, 김훈은 매우 강한 완벽주의 기질을 갖고 있는 사람이다. 그는 80년대에 상처를 겪고 그 이후 전개된 세상을 목격하면서 '우연의 정의화'와 '정의의 이권화'에 문제의식을 갖게 되었고, 달라질 수 없는 인간세계의 본질에 주목하게 되었다는 가설을 제시할 수 있겠다. 김훈이 80년에 겪은 상처를 이해하는 데엔 앞서 소개한 《한겨레 21》 인터뷰 내용만으로 부족하다. 다음과 같은 이야기를 좀 더 들어야 한다.

"그때 많은 기자들이 언론자유운동하다 감방 갔잖아요. 나는 그때 전두환 대통령 찬양하는 글을 나 혼자 다 썼어요. 많은 기자들은 잘려 나갔지만, 나는 살아남았어요. 내가 그때 7년차 기자였는데 '니가 글 잘 쓰는 놈이니까 다 써라' 해서 '좋다 내가 다 쓴다' 한 거죠. 그때 회사 분위기가 어땠느냐 하면, 참 기가 막혔어요. 내가 원고를 쓰면 아무도 데스크를 안 보는 거예요. 내 위에 차장, 부장, 부국장, 국장이 데스크를 봐야 하는데, '나는 모른다' 하고 다 술 마시러 가서 데스크를 봐줄 사람이 없는 겁니다. 그래서 모든 걸 김훈 혼자 한 겁니다. 그래서 나 혼자 원고를 공장(공무국)에 갖다줘서, 토씨 하나 안 고치고 그대로 나왔어요. 그래서 그분들은 지금까지 죄가 없는 거지요. 그 시대엔 누가 그걸 안 하면 누군가가 해야 됐어요. 어느 신문사든 안 할 수가 없었어요. 조선, 중앙, 동아…뭐 다 했어요. 나는 내 손목으로 그짓을 한 거예요. 그러니까 내 죄는 피할 수가 없는 거죠."[253]

누가 감히 김훈에게 돌을 던질 수 있을까? 그러나 돌을 던지는 일이 이른바 '정의'의 이름으로 저질러지는 게 우리가 사는 세상이다. 김훈은 세상의 허망함뿐만 아니라 세상의 불완전성과 위선과 추악을 너무도 깊이 알아버린 것이다. 글을 쓰면서 "대답이 없다"로 해야 할 것인지 아니면 "대답은 없다"로 해야 할 것인지를 놓고 밤을 새우곤 하는 김훈에게, 불완전성을 완전성이라고 말하는 자들, 그것도 확신을 갖고 남을 향해 손가락질하면서 호통치는 자들은 용납하기 어려운 대상이 될 수밖에 없다.

때는 바야흐로 민주정권 시대. 폭력의 위협에 침묵하거나 거짓을 말해야 하는 시대가 아니다. 오히려 정의가 지배적 가치가 된 세상이다. 그러나 그래서 더욱 위선과 어설픔이 난무했다. 우연과 행운을 기회 삼아 천부적인 정의의 투사인 것처럼 행세하는 사람들이 많아졌다. 김훈의 완벽주의는 어설픈 토대에서, 어설프게 운영되고, 어설프게 이용되는 '정의'를 참을 수 없었던 것인지도 모른다.

김훈을 이해하기 위해선 김훈을 보지 말고 세상을 보는 게 더 도움이 된다. 세상 사람들은 자신이 실천할 수 있는 걸 말하는 게 아니라 실천하면 좋다고 생각하는 걸 말한다. 대부분의 개혁·진보주의자들이 그렇다고 말해도 무방하다.

나에게 개혁·진보주의자나 사회정의를 외치는 사람들의 명단을 달라. 나는 그들이 얼마나 겉 다르고 속이 다른가를 말해주겠다. 그러나 이게 진보와 정의를 부정할 사유는 되지 않는다. 진보와 정의는 실천하면 좋다고 생각하는 목표일 뿐이기 때문이다. 대체적으로, 특히 공개적으로, 그 목표를 향한 삶을 살지만 그 과정에서 다소의 괴리나 누수漏水가 발생하더라도 그건 이해할 만한 수준의 것이라는 합의 내지 공감대가 형성돼 있는 게 우리가 사는 세상이다.

그러나 사람에 따라선 그런 불철저함을 용인할 수 없어 한다. 왜 자신이 철저하게 지키지 못할 걸 내세워 팔아먹느냐는 반론을 제기할 것이다. 물론 그런 반론을 제기하는 사람들은 극소수이겠지만, 이건 결코 다수결로 결정할 문제는 아니다. 이게 바로 '고립을 두려워하지 않는 자의 고독'이 나타나는 배경이다.

‘칼의 노래’는 ‘김훈의 노래’

　김훈은 칼이다. ‘칼의 노래’는 ‘김훈의 노래’이기도 하다. 칼이 되고 싶었던 노무현은 대통령 취임 초인 2003년 7월 TV 프로그램에서 김훈의 《칼의 노래》를 청소년 권장도서로 추천했고, 2004년 3월 대통령 탄핵안이 국회에서 가결됐을 때 TV 카메라 앞에서 《칼의 노래》를 읽는 모습을 연출했다.

　이후 《칼의 노래》는 출판계의 불황에도 불구하고 60만 부 이상이 팔려 나갔다. 그러나 김훈은 노무현의 심각한 ‘《칼의 노래》 오남용’에 대해 칼처럼 일침을 가했다. 《칼의 노래》는 정치 지도자가 읽거나 행여 그것에서 무슨 교훈 따위를 얻을 성격의 책이 아니라고 경고했다.

　“‘칼의 노래’를 386 애들이 읽고 이순신 장군이 명량해전 때 배 12척 갖고 300척을 부순 것처럼 하겠다는 거야. 무지몽매에 빠진 거지. 이순신이나 되니까 한 거야. 걔들이 갖고 나가면 다 죽어. 12척과 300척은 현대사회에서 적용이 안 되는 이야기야. 중세 이야기를 쓴 건데 어떻게 현대 지도자들이 그렇게 하겠다고 TV에다 대고 말하는 거야. 그걸 보고 눈물이 나오더라고. ‘미쳤구나. 요새 내가 글을 잘못 써가지고 어린 것들 망치는구나’ 했어. 진짜로 내 소설을 읽는 건 고마운데, 적이 300척 갖고 나올 때 지도자라면 최소한 200척은 갖고 나가야지. 12척을 갖고 나가야 할 일이 없도록 해야지. '니들이 12척을 갖고 나가면 백전백패다'는 말을 TV 에서 했는데 MBC가 빼버려 나만 바보가 된 거지. 얼마나 약 오르 는지."[254]

김훈은 2004년에 이어 2007년에도 "12척으로 330척을 무찌른 명량해전의 승전이 많은 정치 지도자의 가슴을 설레게 하지만 그 것은 현대사회에 적용할 수 있는 게 아니다"며 "현대 사회의 지도 자는 적이 330척을 가지고 들어올 때 내가 12척밖에 없는 사태가 없도록 해야 한다"고 말했다.

그는 이어 "그건 이순신 시대에 이순신만이 할 수 있는 일이고 중세시대의 이야기"라며 "'칼의 노래'를 끌어다 위정자들이 12 : 330의 비유를 말하는 것은 시대착오"라고 했다.[255]

김훈의 칼은 2007년 1월 자신의 후배들인 《시사저널》 기자들의 천막 농성장을 찾은 자리에서도 유감없이 그 날카로움을 드러냈 다. 그는 그 자리를 찾기 전 후배들이 고생하고 있는 것에 대해 눈 물을 흘렸지만, 《시사저널》 경영진이 기자들 없이 외부 인력으로 만 만든 《시사저널》을 '짝퉁 시사저널'이라고 부르는 것엔 동의하 지 않았다.

그는 '짝퉁'이라기보다는 '결혼 방지용'이라 부르는 게 옳다고 했다. 누가 묻지도 않았는데, 그냥 "짝퉁 《시사저널》을 보기는 하 셨습니까?"라고 물었을 뿐인데도 말이다.[256]

이순신 그 한없는 단순성과 순결한 칼에 대하여
칼의 노래
김훈 장편소설 1
KBS 메인드라마 〈불멸의 이순신〉 원작소설!

김훈의 완벽주의적 성찰

김훈은 김경과의 허심탄회한 인터뷰에서 "시대와, 조직과, 상사와, 하사와의 불화가 많았던 걸로 알고 있다. 정말 화해할 수 없는 것은 뭔가요?"라는 질문에 다음과 같이 답했다.

"내가 정말 화해할 수 없는 것은 자기 자신이 선하고 도덕적이라고 확신하는 자들이에요. 그런 인간들과는 화해할 수 없고, 그런 인간들을 난 경멸해요. 난 나 자신이 도덕적인 인간이라는 확신이 없어요. 이것은 내가 부도덕하게 살아왔다는 얘기가 아니에요. 그건 좀 다른 얘기죠. 칸트나 공자가 말한 도덕성에 도달한 인간이냐는 것에 대해서는 확신은 없어요. 내가 무슨 일을 할지 모르는 거야. 조마조마 위태로운 지경에서 사는 것이지요. 그런데 그런 확신을 가진 자들은 자기 자신에 대한 성찰이 안 되어 있는 놈들이라는 겁니다.(탁!)"[257]

그렇다. 바로 이것이다. 김훈의 성찰은 100%를 초과한다. 반면 김훈이 경멸하는 인간들의 성찰은 그게 있기나 한가 의심할 정도로 형편없다. 그러면서 입으로는 개혁·진보와 정의를 외쳐댄다. 김훈이 완벽주의적 성찰 끝에 자신의 진심을 토로하면 그 개혁·진보·정의파는 김훈의 발언이 개혁·진보·정의의 원칙에 어긋난다며 몰매를 때린다.

그런 몰매에 동참했던 사람들도 자기객관화 능력이 전무해 너무도 후안무치厚顔無恥한 자칭 개혁·진보·정의파 인사가 정의를 이 권투쟁의 도구로 이용하는 걸 보면 "김훈은 옳다"는 생각을 하게 될지도 모른다. 그 인사를 잘 모르는 정치화된 대중은 그 인사에게 박수를 보내지만, 그 인사가 사기치고 있다는 걸 아는 사람이라면 말이다. 그런 사람은 적어도 그 같은 사기를 목격할 때엔 김훈의 지지자가 된다.

믿었던 공인公人의 황당한 일관성 이탈도 그런 효과를 낼지 모른다. 김훈은 일반적으로 말하는 일관성 개념을 믿지 않으니까 말이다. 김훈은 김용옥과의 대담에서 "김훈은 사회의식이 박약한 자가 아니냐는 비판도 있는데"라는 질문에 대해 다음과 같이 답했다.

"사회의식? 뭔 말라빠진 사회의식입니까? 그건 노무현이 자유무역협정을 한다고 이념적 일관성이 없다고 비판하는 것과 똑같은 얘기예요. 진보인 줄 알았더니 보수네? 이따위 얘기들이 모두 개념 규정이 될 수 없는 것들에 대해 개념 규정을 하는 데서 파생하는 오류일 뿐이죠. 진보니 중도니 보수니 이따위 말들이 다 엉터리고, 노무현에게는 애초부터 진보도 보수도 없었던 겁니다. 의미 없는 비연속에다가 일관성을 운운치 말자는 것이죠."[258]

노무현에 관한 한 김훈이 옳은 게 되어버리고 말았다. 노무현은 《칼의 노래》에 이어 이상한 방식으로 김훈을 돕는다는 생각이 든다. 극과 극은 통한다더니, 두 사람이 '쿨'에 관한 한 워낙 상극의 인물이기 때문인가?

《남한산성》과 한미 FTA

이제 김훈은 병자호란의 치욕을 그린 《남한산성》으로 본의 아니게 세 번째로 노무현을 도우려는 건가? 이 글 첫머리에 소개했던 《한겨레》 2007년 5월 5일자는 "흥미로운 것은 이 소설을 최근의 한미 자유무역협정과 연계해서 읽는 독법이다. 청의 대군이 성을 포위한 가운데 마냥 성 안에 머물러 있다가는 결국 굶어죽을 것이 뻔하므로 문을 열고 밖으로 나가야 하는 처지가 에프티에이를 전후한 우리의 상황과 흡사하다고 보는 것이다"고 했다.[259]

노무현이 2003년 5월 미국에 가서 "6·25 때 미국 아니면 나는 지금쯤 정치범 수용소에 있을지 모른다"고 말했던 사건이 떠오른다.[260] 그 발언에 대해 '굴욕외교'라는 비난이 일자, 노무현은 한국에 돌아와 병자호란 때 각기 주화론主和論과 척화론斥和論을 편 최명길과 김상헌을 거론하면서 자기 정당화를 시도하였다. 이에 대해 리영희는 "노 대통령의 자기변명 정신 자세는 상당히 위험하다"고 비판했다. 리영희는 미국에서의 노무현의 행동을 시골 사람이 서울에 올라와 겪는 문화 충격에 비유해 "노 대통령의 방미 태도 등은 시골 사람이 옳은 인식한다고 하다가 주저앉은 것과 같다"며 "정견 없는 사람이 시계추 운동을 하는데 바른 자리로 돌아오게 해야 한다"고 주장했다.[261]

주화론을 어떻게 평가하건 '정치범 수용소' 발언과 한미 FTA

마저 주화론적 현실주의의 연장선상에서 보아야 한단 말인가? 김훈의 생각은 어떤가? 김훈은 김용옥과의 인터뷰에서 "한미 FTA는 잘한 짓이고 그로 인해 한국민이 잘살게 되리라고 전망하십니까?"라는 질문에 다음과 같이 답했다.

"그런 걸 점칠 수 있는 능력은 저에게 없습니다. 단지 우리 사회에는 양극화가 심화되고 있습니다. 이념, 빈부, 교육, 의료, 재산, 기회, 모든 분야에서 양극화가 진행되고 있어요. 정치적 리더십이 이걸 해결할 수 있는 카리스마가 없으면 우리나라는 희망이 없어요. 돈 많은 사람들이 존경받는 사회를 만들어주고 그들로부터 세금을 더 뜯어내면 되죠."[262]

김훈은 '한미 FTA'와 "돈 많은 사람들이 존경받는 사회를 만들어주고 그들로부터 세금을 더 뜯어내"는 일 중 어느 게 더 어려운 거라고 보는 걸까? 그는 지금 '배보다 배꼽이 더 큰' 이야기를 하고 있다. 김훈은 386 애들이 《칼의 노래》를 읽고 이순신이 명량해전 때 배 12척 갖고 300척을 부순 것처럼 하겠다는 생각에 대해 "미쳤구나. 요새 내가 글을 잘못 써 가지고 어린 것들 망치는구나"라는 생각을 했다고 말했다. 한미 FTA도 마찬가지다. 어린 것인지 늙은 것인지는 모르겠지만, 김훈은 《칼의 노래》의 경우에 그랬던 것처럼 《남한산성》이 오·남용되는 위험에 대해 경고를 해야 하지 않을까? 그건 자신이 원하지는 않았을망정 막강한 사회적 영향력을 갖게 된 지식인이 반드시 지켜야 할 책임윤리가 아닐까?

"나는 아무 편도 아니다. 나는 다만 고통 받는 자들의 편이다"는
그의 말이 진실이라면 말이다.[263]

《남한산성》은 김훈의 자전적 소설

《칼의 노래》가 '김훈의 노래'라면, 《남한산성》은 김훈의 자전적
소설이다. 사상과 삶의 태도에 관한 자전적 소설이다. 김훈은 "인
간의 현실이란 것이 자존과 영광만으로 성립되기 어렵고, 치욕과
굴종 그 또한 삶이나 역사의 중요한 일부일 수밖에 없다고 생각한
다"며 "이 소설을 그냥 소설로만 읽어주길 바란다"고 했다.[264] 그는
"자전거를 타고 자주 갔던 남한산성에서 억눌림과 치욕을 느꼈다"
면서 "인류가 탄생한 이래 지금까지 놓여나지 못하는 약육강식의
세계를 그리고 싶었다"고도 했다.[265]

최재봉은 "작가의 대표작으로 꼽히는 《칼의 노래》가 이순신의
조국애와 충절에 초점을 맞추지 않았던 것처럼, 《남한산성》에서도
그의 태도는 애국주의적 의분과는 거리가 멀다"며 "조선의 국왕이
오랑캐의 왕 앞에 나아가 무릎 꿇고 머리 조아리는 것은 분명 치욕
이지만, 그 치욕은 약자로서 감당할 수밖에 없는 것이라는 게 작가
의 생각이다"고 평했다. 김훈의 말을 직접 듣자면, "인류의 단 하
나의 문제는 약육강식의 문제이며, 강한 자가 약한 자를 물어뜯는
질서는 승복하기 어렵지만 또한 승복할 수밖에 없는 운명"이라는

것이다.[266]

이런 소설이 왜 자전적이란 말인가? '치욕' 때문이다. 그는 앞서 거론한 2000년 《한겨레 21》 인터뷰에서 80년대 초 《한국일보》 재직시 '전두환 찬양가'를 불러야 했던 치욕에 대해 말한 바 있다. 이 치욕의 공통점에 주목한 이는 구둘래다. 구둘래의 서평이다.

"인조는 항복 문서를 쓴다. 그는 원래부터 말을 아끼고 '묵적을 남기지 않'(10쪽)는 사람이었다. 그렇다면 누가 쓸까. 정육품 수찬은 문자를 잊어버렸고 빙판에 넘어져 밥숟가락 들 힘도 없다고 한다. 그런 뜻을 차자로 올린다(바로 붓을 들어 쓴 문서로). 정오품 교리는 심장이 벌렁거려 죽는다. 정오품 정랑은 되지도 않은 문장을 써서 올린다. 임금이 환궁한 뒤에 목숨을 구걸한 자들이 살아남을 리 없기 때문이다. 결국 글을 쓰는 것은 주화파 최명길이다. '내가 안 썼으면 딴 놈들이 썼을 테고…. 난 내가 살아남아야 한다고 생각했어. 그때 나를 감독하던 보안사 놈한테 이런 얘기를 했지. 내가 이걸 쓸 테니까 끌려간 내 동료만 때리지 말아 달라. 걔들이 맞고 있는 걸 생각하면 잠이 안 왔어. 진짜 치가 떨리고….' 《한국일보》 재직 시절 신군부 용비어천가를 모조리 작성했다는 김훈은 《한겨레21》 327호 '쾌도난담'에서 이렇게 말했다. 고통받는 자 옆에 '허무한 영웅'은 뚜렷하다. 더욱이 소설가의 형상대로라니 놀랍다."[267]

이 '치욕'이라는 공통점을 포착해낸 구둘래의 감각이 놀랍다.

그렇다. 모두를 살리기 위한 치욕은 홀로 뒤집어썼는데, 생색은 엉뚱한 자들이 다 내며 치욕을 뒤집어 쓴 희생자에게 돌을 던진다. 또 우연에 의해 치욕으로부터 멀리 떨어져 있던 자들은 치욕을 치욕이라고 치욕하는 말장난을 일삼는다. 김훈이 보기엔, 다 위선이요 개수작이다. 역지사지易地思之를 할 수 있는 능력의 소유자라면 김훈의 그런 생각에 공감하지 않을 수 없으리라. 다만 문제는 상처 없는 자들은 한사코 역지사지를 거부한다는 점이다.

그런데 김훈에겐 위선이 없는가? 그렇지 않다. '의도하지 않은 위선'이란 게 있다. 그는 '거시'와 '미시'의 상호 연관관계를 정돈된 생각으로 정리하길 거부한다. 그래서 자신도 모르게 늘 오락가락한다. 《한겨레》 창간 19돌 기념 대담도 그걸 잘 보여준다. 지난 대선에서 이회창을 찍었던 그는 대선 결과에 실망하고 우려하는 마음으로 《한겨레》를 떠났다. 그는 《한겨레》 신문에 대해 "내 생각하고는 상당히 다른 사람들의 집단이구나!" 하는 생각을 했다고 밝혔다. 아니 그걸 그제서야 알았단 말인가? 《한겨레》에 입사할 땐 그 사실을 몰랐었단 말인가?

김훈은 늘 약육강식弱肉强食으로 대변되는 사회진화론적 자세로 '칼'과 '자본'을 긍정하고 예찬하면서도 약자에 대한 배려를 이야기한다. 왜 그럴까? '분노'와 '승복' 사이의 왕복 달리기를 하기 때문일 것이다. "저에게도 분노는 있어요. 그렇지만 승복하는 겁니다. 산전수전을 다 겪었기 때문에, 힘겨운 현실에는 승복해야 한

다는 깨달음을 얻은 거죠"라는 게 그의 변이다.[268]

김훈과 같은 보수주의자는 많지만, 그는 좀 특별하다. '분노하
는 김훈'과 '승복하는 김훈'이 때와 장소, 그리고 날씨에 따라 각
기 따로 또는 동시에 나타나기 때문이다. 이게 김훈과 이문열의 차
이점이기도 하며 본의 아닌 위선이 나타나는 배경이다. 그럼에도
위선에 대한 거부의 철저성에 있어서 김훈을 능가하는 사람이 없
다는 점에서 그가 희귀한 존재인 건 분명하다.

김훈은 모순이다. 그는 자유로운 동시에 자유롭지 않기 때문이
다. 그는 성찰의 감옥에 갇혀 자유롭지 않다. 남들은 다 적당히 사
는데 그는 철저하고 과도하게 살기 때문이다. 그러나 그는 동시에
자유롭다. '도덕적인 인간'으로 보이기 위한 '집단 사기극'의 지
배를 전혀 받지 않기 때문이다.

김훈의 글은 늘 '고립을 두려워하지 않는 자의 고독'으로 가득
차 있어 김훈만큼 자유로울 순 없어도 자유롭고 싶은 열망을 가진
사람들에겐 신선한 충격이요 황홀한 유혹이 된다. 냉소로서의
'쿨'을 지지하고 실천하는 사람들이 많으리라는 걸 예감케 한다.
굳이 양자택일을 강요당한다면, 당신은 위선과 냉소 중에서 어떤
걸 택할 것인가?

나는 김훈의 생각과 주장에 동의하지 않는 게 많지만 '고립을
두려워하지 않는 자의 고독'에 대해서만큼은 경의를 표하고 싶다.
나는 그런 취지에서 《한국일보》 2007년 5월 23일자에 김훈의 발

언을 인용하면서 〈우리에 갇힌 우리〉라는 제목의 칼럼을 썼다. 김훈의 가장 큰 미덕은 여기에 있겠다 싶어 그 칼럼을 여기에 소개하는 것으로 이 글을 끝맺고자 한다.

우리에 갇힌 우리

"토굴을 지키는 스님같이, '혼자 있음Being alone'의 존엄을 즐기고삽니다. 우리 사회 병리현상의 상당 부분이 혼자 있는 것을 즐기지 못해 생기는 것 같아요. 외롭다는 핑계로 파당을 만들고 추저분한 짓을 하는 것이죠."

소설가 김훈의 말이다. 보통사람이 김훈처럼 살 수는 없으며 또 그렇게 살 필요도 없다. 그러나 시작은 창대했지만 끝은 미미하다 못해 추저분해지는 조직·집단·모임 등을 자주 봐온 사람이라면 김훈의 메시지에 공감하기는 어렵지 않으리라.

사회생활을 하는 인간이 조직·집단·모임을 만들지 않곤 살 수 없기에 현실적으로 역설할 수 있는 건 '상대적 자율성'이다. 어떤 집단의 일원이 되더라도 우리에 갇힌 가축처럼 굴지 말고 나의 개별성을 지키는 동시에 남의 개별성을 존중해야 한다.

그런데 아무리 개성이 강한 사람이라도 '우리'라고 부를 수 있는 집단의 일원이 되면 '우리의, 우리에 의한, 우리를 위한' 맹목의 포로로 변하는 게 우리 주변의 익숙한 풍경이다. 이른바 '진영의식'이라는 것도 그런 '우리주의'의 산물이다. 물론 정치사회적 행위의 주체가 주로 조직·집단·모임이기 때문에 '진영' 개념을 쓰는 건 불가피하거니와 필요하기도 하다. 문제는 그런 수준을 넘어선 '조폭화'된 '진영 의식'이다.

처음에 집단을 만들었던 목적은 어느새 실종되고 만다. 예컨대, 처음엔 '민중'을 위해 싸우겠다고 해놓고선 나중엔 자기 밥그릇 챙기는 일에만 혈안이 된다. 핑계는 있다. 우리가 힘을 가져야 그런 일이 가능해지기 때문에 우리가 잘 돼야 한다는 논리다. 그런 논리에 의해 목숨 걸고 지켜야 할 건 민중의 이익이 아니라 우리의 명예가 된다.

우리의 명예는 나의 이익에 직결되기 때문에 꼭 우리를 위해 그런 것만도 아니다. '우리'를 외치는 게 그럴 듯해 보이고 명분을 팔아먹는 데도 도움이 된다. '명분'이 가장 타락한 단어 중의 하나가 된 것이나 순결하고 아름다운 뜻으로 출발했던 느슨한 결사체가 얼마 후엔 특정인을 숭배하는 사교집단 비슷하게 변질되는 것도 바로 그런 이유 때문이다.

많은 사회적 논쟁이 벌어지지만 개인 간 대결하는 논쟁은 구경하기 어렵다. 이는 각자 속한 진영이 다르거나 어느 한쪽이 소속 진영 없는 개인으로 존재할 때 잘 드러난다. 그 누구도 논쟁을 하는 사람에게 대표권을 주지 않았는데도 특정 진영에 소속된 사람은 자기 진영을 옹호하는 데 열을 올린다. 실은 구경하는 사람들

중 자기 진영에 속한 사람들의 지지를 얻어내기 위한 책략이지만, 그걸 자각하지 못할 정도로 체질화되어 있다.

늘 그런 건 아니다. 자기 이익을 챙길 때만 ‘진영’을 파는 ‘진영 마케팅’을 한다. 진실로 진영을 생각한다면 평소 자기 진영에 해악이 될 일은 하지 말아야 한다. 평소엔 진영 내 헤게모니를 쟁취하기 위해 기만을 저지르고 증오를 부추기고 분열을 생산하는 일만 하다가 다른 진영과 싸울 때 자기 진영을 끔찍하게 생각하는 것처럼 쇼를 하는 건 곤란하다.

조직·집단·모임은 인간이 아니다. 허구다. 지켜야 할 무엇이 있는가? 당신 자신의 이익 이외에 무엇이 있는가? 조직을 깨부수고 새로 만들고 이리 갔다 저리 갔다 하는 이유가 무엇인가? 많은 공익단체들마저 이익단체로 변질된 현실에서 모든 단체들에 대한 비판은 많을수록 좋지만, 뒤틀린 ‘우리주의’가 모든 이들의 자기검열을 강요하는 주범이 되고 있다. 그래서 자꾸 성역과 금기가 양산되고, 공인들의 책임윤리가 실종된다. 진영의 장막에 몸을 숨겨 자신에 대한 심판을 회피하려는 건 비겁하다. 개인으로서의 존엄을 지켜라. 우리에 갇힌 건 가축으로 충분하다.

줄도 없고 빽도 없는 그의 성공은

밑바닥에서 솟구쳐 일어나려는 '코리안 드림'의 전형이다

장준혁

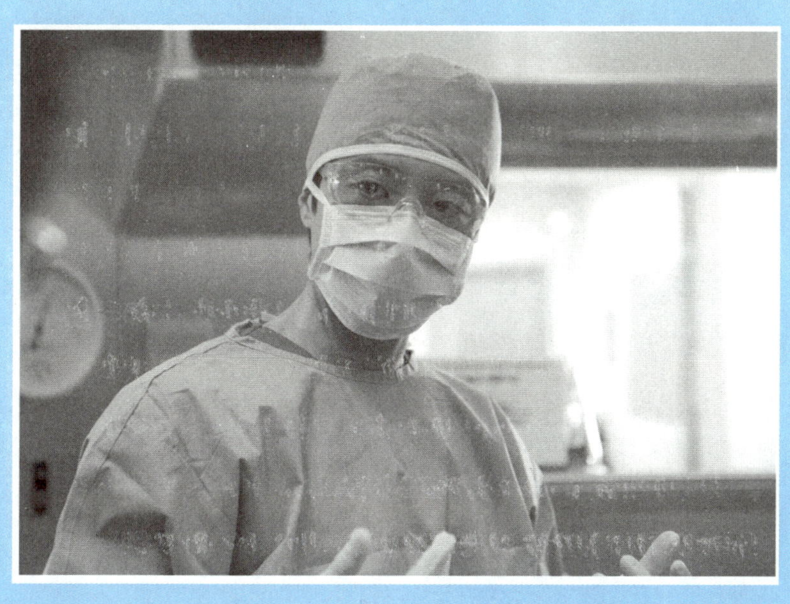

'하얀 거탑' 속에 갇힌 한국, 한국인의 꿈

큰 화제를 불러일으켰던 MBC 주말드라마 '하얀거탑'(극본 이기원·연출 안판석)의 주인공 장준혁은 여러 관점에서 논의할 수 있겠지만, 나는 '리더십의 딜레마' 라고 하는 관점에서 읽었다. 장준혁은 '과잉순응' 으로서의 '쿨' 을 대변했다.

이 이야기를 본격적으로 하기 전에 서론 격으로 내가 쓴 리더십에 관한 두 개의 칼럼과 장준혁에 관한 두 개의 칼럼을 그대로 싣고자 한다. 그리고 나서 장준혁의 '과잉순응' 으로서의 '쿨' 에 대해 이야기하겠다.

'들쥐 떼 근성'과 '레밍 기질'[269]

"한국인의 국민성은 들쥐와 같아서 누가 지도자가 되든 그 지도자를 따라갈 것이며, 한국인에게는 민주주의가 적합하지 않다."

지난 80년 8월 당시 주한미군사령관이었던 존 위컴이 한 말이다. 원래의 발언과는 달리 다소 왜곡되게 알려진 건지는 모르겠으나, 위컴이 '들쥐' 라는 단어를 쓴 건 분명하다. 당시엔 '망언' 이라며 펄펄 뛰는 사람들이 많았으나, '들쥐' 라는 단어 대신 '레밍' 이라는 원래의 단어로 알려졌더라면 사람들의 반응은 좀 달랐을 것 같다는 생각이 든다.

다람쥐도 쥐는 쥐지만 누굴 다람쥐같다고 부르면 날렵하다는 느낌을 줄 뿐 부정적인 의미는 없다. 레밍이라는 동물도 굳이 우리말로 번역을 하자면 '나그네쥐' 다. 들에 사는 모든 쥐를 들쥐라고 부를 수도 있겠지만, 한국의 어떤 들쥐도 레밍처럼 무리 중의 '지도자' 를 따라 바다를 향해 질주하진 않는다. 들쥐라는 단어가 주는 부정적인 어감을 생각할 때 레밍을 들쥐로 번역하는 것은 문제가 있다는 뜻이다.

집단적으로 지도자를 잘 추종하는 성향을 가리켜 '들쥐 떼 근성' 대신 '레밍 기질' 이라 부른다면, 그리고 그걸 민주주의 자질과 연결시키지 않는다면, 한국인에게 레밍 기질이 좀 있다는 데 동의하지 않을 사람은 없을 게다.

그러한 레밍 기질을 가리켜 '대세 효과' 또는 '눈덩이 효과' 라고도 한다. 어떤 쪽이 대세다 싶으면 사람들이 그쪽에 줄을 서 그쪽을 절대 우위로 만들어주는 건 정치판에서 자주 나타나는 일이다. 또 지도자가 집단 의사를 무시하고 홀로 어떤 결정을 내리더라도 그 결정에 결코 수긍할 수 없는 사람들도 지도자와의 의리 · 정실 · 이해관계 등으로 지도자를 추종하는 것 역시 드물지 않게 볼 수 있는 모습이다.

지난 90년에 이뤄진 '3당 합당' 이야말로 대표적 사례다. YS가 이끌던 통일민주당의 민주투사들은 처음엔 그간 타도 대상이었던 민정당과 당을 합칠 순 없다며 YS와의 결별을 선언했지만 시간이 지나면서 대부분 YS의 뒤를 따랐다. 말을 바꾼 사람들은 나중에 한결같이 YS와의 정과 의리 때문에 어쩔 수 없었노라고 답했다.

이는 공사 구분을 못했다는 점에선 비판받아 마땅한 일이겠지만, 리더십이라고 하는 관점에서만 보자면 YS의 탁월한 능력을 말해주는 것이기도 했다.

노무현 대통령의 대연정 제안은 YS와 같은 '보스정치' 리더십을 갖지 못한 상태에서 나온 것이었기에 실패로 돌아간 동시에 웃음거리가 되었다고 보아야 할 것이다.

정도의 차이일 뿐 지도자 추종주의는 사회의 모든 영역에서 나타나는 현상이다. 높은 인구밀도와 동질적 획일성 때문이겠지만, 한국은 홀로 살기가 어려운 사회다. 그래서 자신의 이익을 보장해주거나 불이익을 받지 않도록 보호해주는 집단이 필요하고, 바로 이 필요성이 지도자 추종주의를 낳는 온상이 된다.

어이 하랴. 바뀌지도 않을 지도자 추종주의를 탓하기보다는 오히려 그걸 사회 발전에 이용하려는 역발상이 필요한 게 아닌가 하는 생각이 든다. 어느 분야건 진보적 학문과 실천은 '민중 파워'를 앞세워 리더십의 가치를 폄하하는 경향이 있는데, 그게 과연 현실적이며 정직한 판단인지 다시 생각해보는 게 좋겠다. 리더십 연구를 많이 하면서 제대로 된 리더십을 키워나가야 한국사회가 크게 발전할 것 같다.

리더십의 딜레마[270]

사람들마다 각자 성격이 다른 건 인간 사회의 축복이다. 모두가 대장 노릇 하지 않으면 못 견뎌 하는 성격을 가졌다고 생각해보라. 끔찍한 일이다. 다수는 남 앞에 나서는 걸 싫어하기 때문에 소수의 사람들이 리더 역할을 할 수 있는 게 아니겠는가.

우리는 권력과 리더십을 제대로 이해하고 있는 걸까? 아무래도 아닌 것 같다. 우리는 권력에 대한 자의식이 결여된 문화를 갖고 있다. 자기가 내세운 명분에 도취되는 나르시시즘이 전 분야에 걸쳐 만연해 있다. 자신이 누리는 권력은 그 명분을 실현하기 위한 도구에 지나지 않을 뿐 자신은 권력을 즐기는 게 아니라고 믿는 사람들이 너무 많다.

왕년의 진보 투사들이 한나라당에 가서 맹활약한다. 사람의 이념이란 얼마든지 바뀔 수 있는 것이기 때문에 그걸 탓할 수는 없다. 그러나 변화의 과정은 석연치 않다. 대부분 줄서기의 결과였기 때문이다. 그 줄을 따르지 않으면 권력에 접근할 수 없었기 때문이다.

전투적으로 개혁·진보를 내세우며 열린우리당에서 맹활약하는 투사들이 있다. 그 내부에서 독설로 좌충우돌하면서 순식간에 훌쩍 커버린 사람들도 있다. 그것도 좋은 일이겠지만, 자신을 앞세우는 그들의 소통 방식엔 동의하기 어려워진다.

그들이 도덕적 우월감을 과시할 때마다 생기는 한 가지 의문은 왜 저 사람들이 저기에 가 있는 걸까 하는 것이다. 왜 민주노동당에 가지 않았을까? 평소 주장하는 걸로 보면 열린우리당보다는 민주노동당에 더 맞는다. 기본적으로 보수정당인 열린우리당을 바꾸는 것보다는 진보정당인 민주노동당에 들어가서 민주노동당을 키우는 게 나라를 위해서나 자신이 원하는 꿈을 위해서나 훨씬 더 실현성이 높고 바람직한 게 아닐까?

우문愚問이다. 그들은 민주노동당에 들어가면 큰소리를 낼 수 없게 돼 있다. 진보성으로 보나 과거 경력으로 보나 내세울 게 없다. 열린우리당에서 그런 싸움을 해야 자신의 상징자본을 한껏 과시하면서 권력까지 누릴 수 있다. 이게 바로 게임의 법칙이다.

어느 리더십 전문가는 "공식석상에 나타나는 리더들 틈에서는 성자를 찾으려 들지 마라. 성자들이 선거직이나 임명직을 좇는 경우는 극히 드물다. 그 사람들은 정계나 기업 세계 같은 아수라장에는 발을 들여놓지 않는 법이다"고 했다.

인간세계의 그런 속성을 감안해 리더십에 대해 너그러워질 필요가 있다. 그런데 비극은 그런 게임의 법칙에 충실한 사람들이 자신이 하는 게임의 본질을 이해하지 못한 채 나르시시즘으로 무장하고 있다는 사실이다. 자신에게 늘 가장 중요했던 건 이념이나 성향이라기보다는 자신이 앞에 서서 이끌어야 한다는 자신의 인정욕구였다는 걸 좀처럼 인정하지 않으려 한다.

이게 바로 리더십의 딜레마다. 반드시 누군가는 리더가 되어야 하기 때문에 남 앞에 나서는 걸 즐기는 성격을 가진 사람들이 꼭 필요하다. 그런데 이들이 자기가 리더가 되기 위해 분열주의를 일삼는 데 개혁·진보의 포장을 씌워 시민사회까지 분열의 수렁으로 몰고 가면 어떻게 할 것인가?

이건 결코 한가한 질문이 아니다. 한국인은 지도자숭배증과 명분중독증이 매우 강한 사람들이기 때문이다. 현실감각도 약하다. 그래서 현실감각은 자주 "무조건 이대로"를 외치는 보수파의 전유물이 되곤 한다. 그러다 보수파가 썩을 대로 썩으면 갈아치우기도 하지만, 다시 그들을 기다리는 건 나르시시즘과 무능에 대한 환멸이다.

나르시시즘보다는 차라리 자신의 권력욕을 인정하면서 "뭐 어때?" 라고 말하는 사람이 더 나을 수도 있다. 이런 사람은 적어도 소통하는 법은 알기 때문이다. 권력의 세계가 냉혹하다면 권력탐구도 냉정한 게 좋다. 탐구의 나르시시즘도 극복해야 한다.

장준혁 현상[271]

2007년 3월 11일에 막을 내린 MBC 주말드라마 '하얀거탑'은 시청자들의 뜨거운 관심을 불러일으켰다. 드라마의 무대는 대학 종합병원이지만 권력투쟁이 벌어지는 모든 유형의 조직에서 있을 법한 이야기였기 때문일 것이다. 시청자마다 이 드라마를 '읽는'

방식이 달랐겠지만, 이렇게 읽어보는 건 어떨까.

이 드라마는 장준혁(김명민)과 최도영(이선균)이라는 두 축으로 구성돼 있지만, 최도영은 장준혁의 캐릭터를 살리는 대비 효과를 위해 설정된 인물이다. 장준혁은 야망에 불타는 외과의사, 최도영은 양심에 충실한 내과의사다. 장준혁은 후배·제자 의사들을 휘어잡아 '장준혁 마피아'를 조직한다. 장준혁은 그들을 '애들'로 다루며 강한 '보스 기질'을 발휘하는 반면, 최도영은 서열의식을 초월해 의사를 독립된 인격체로 여긴다.

마피아는 보스에게 충성하면 그에 상응하는 이익을 보장하는 공동체다. 공동체의 이익을 위해선 비리도 불사한다. 보스는 그런 전투성 배양을 위해 인간적 유대에 큰 관심을 기울이며, 그 주요 수단은 술과 특혜 부여다. 보스는 부하에게 어려운 일이 생기면 비리를 저질러서라도 끝까지 돌봐준다.

이 드라마는 장준혁을 악惡의 편에 설정하고서도 그의 인간적인 면모를 보여주기 위해 많은 시간을 할애한다. 반면 선善을 대변하는 최도영에게도 인간적 면모가 있으련만 그건 의도적으로 배제된다. 최도영은 늘 자신의 양심에 충실한 모습으로만 그려질 뿐이다. 그의 인간관계는 어려움에 처한 후배에게 위로만 줄 수 있을 뿐, '해결사' 역할엔 전혀 근접하지 못한다.

장준혁이 암에 걸려 죽음으로써 드라마 막판은 최루성 신파가 되었지만, 그 이전 단계에서라도 장준혁·최도영을 놓고 시청자

인기투표를 했다면, 장준혁이 표를 더 많이 얻었을 가능성이 높다. 왜 그런가? 우리의 삶이 그렇기 때문이다. 어느 조직에서건 자신을 돌봐주는 상관 하나 없이 자신의 능력만으로 성공할 수 있는 사람이 얼마나 될까? 또 그게 가능하다고 믿는 사람은 얼마나 될까?

정도의 차이일 뿐 우리는 다 나름의 마피아를 꾸리며 살아가고 있다. 나의 마피아는 '사람 사는 인정', 남의 마피아는 '추악한 탐욕'으로 보는 이중 기준이 심리적 정당화 기제다. 어느 마피아에도 가담하지 않고 이 세상을 살아가긴 정말 어렵다. 좋은 학벌을 가져야 하는 이유도 바로 이런 마피아 시스템 때문이다.

마피아를 만들지 않고 리더가 되는 게 가능한가? 불가능하다고 말할 순 없을망정 유능한 리더가 되긴 어렵다. 자신을 위해 헌신할 참모진을 꾸리는 것조차 힘들기 때문이다. 여하한 경우라도 '끝까지 뒤를 봐주는' 심성이 결여된 리더를 위해 충성할 사람은 그리 많지 않을 것이다. 리더십의 딜레마다. 어떤 유형의 조직에서든 선거가 깨끗할 수 없는 이유이기도 하다. 많은 사람들이 이젠 '보스 정치'가 청산됐다고 주장하지만, 마피아의 구성·운영 방식이 달라졌을 뿐이다. 끼리끼리 뜯어먹으며 이익을 배타적으로 향유하는 작태는 여전하다.

장준혁식 삶이 드라마 특유의 과장법이라는 걸 감안하고 들어간다면, 지금 한국사회를 지배하고 있는 '인맥 만들기 전쟁'을 '장준혁 현상'이라고 불러도 무방하리라. 접대산업·특수대학원·호

텔·인터넷 등이 그런 전쟁 특수로 호황을 누리고 있다. 직장인의 83.8%가 '인맥은 능력'으로 여기고 있으며, 대학생의 91.5%가 인맥의 중요성을 긍정했다는 조사 결과도 나와 있다.

'마피아 만들기'는 시대정신이다. 생존경쟁이 치열해질수록 강해지는 안전의 욕구는 필연적으로 마피아라는 울타리를 갈구하게 돼 있다. 시청자들이 장준혁에게 돌을 던지기보다는 오히려 공감과 더불어 애정마저 느낀 이유도 바로 여기에 있으리라.

장준혁과 '코리안 드림'[272]

드라마 '하얀거탑'도 재미있었지만, 이를 다룬 영화잡지 《씨네21》 특집도 흥미로웠다. 주인공인 장준혁 예찬론이라고나 할까. 자신의 성공을 위해 수단과 방법을 가리지 않은 외과의사 장준혁이 예찬이나 공감의 대상이 되다니, 그만큼 우리 시대가 솔직해진 걸까?

기자 고경태는 "내내 장준혁을 지지했다. 그의 끓어오르는 욕망이 성취되기를 바랐고, 그가 덜 상처받았으면 했다"며 "장준혁을 좋은 놈이나 나쁜 놈으로 분류하는 건 후지다. 그는 '복잡한 놈'이다"고 말했다. 기자 남동철은 "그가 복잡해진 건 우리가 장준혁을 둘러싼 환경을 알기 때문일 것이다. 맹수들이 들끓는 정글에서 학처럼 고고하게 살 수는 없다"고 말했다.

또 소설가 정이현은 "고단한 당신의 뒷모습을 지켜보고 있으면 자꾸만 쓸쓸해진다. 강철처럼 단단해 보이지만 실은 부서질 것처럼 연약한 사람. 이토록 불완전한 개인. 이토록 연민스러운 당신"이라며 "적어도 나는, 한순간도 당신을 미워하지 못했다"고 말했다.

그밖에도 장준혁에게 호감을 나타내는 견해는 대부분 장준혁의 출신 배경에 주목하는 공통점을 갖고 있다. 그는 가난한 집안 출신이다. '줄'도 없고 '빽'도 없다. 모든 걸 자기 혼자서 헤쳐 나가야 한다. 물론 그는 결혼을 통해 든든한 '장인 빽'을 갖게 되었지만, 이 드라마는 행여 시청자들이 그 점에 주목할까봐 끊임없이 장준혁의 험난했던 과거를 상기시키며 그의 고군분투에 초점을 맞춘다. 그럼으로써 시청자들은 자연스럽게 장준혁을 밑바닥에서 솟구쳐 일어나려는 '코리안 드림'의 전형으로 여기게 된다. 장준혁의 권모술수나 비열한 수법은 '코리안 드림'의 틀 안에서 용해되고 이해된다.

사실상 '코리안 드림'이 불가능하게 된 세상의 변화가 장준혁을 미워할 수 없게 만든 주요 이유는 아니었을까? 과거 명문대 입학과 고시 합격은 '코리안 드림'을 이룰 수 있는 통로였지만, 이젠 그것마저 '돈 많은 순서'대로 이루어지는데다 그 값어치가 예전 같지 않아 '로또' 이외엔 사실상 '코리안 드림'으로의 진입 코스가 봉쇄되었다고 보아야 하지 않을까?

노무현 시대는 정치가 '코리안 드림'을 이룰 수 있는 길이기도 했다. 노무현이야말로 한국 역사상 가장 드라마틱한 '코리안 드림'의 화신이며, 실제로 노무현은 자신을 따르던 사람들을 장관 등과 같은 고위직에 임명하면서 '코리안 드림'이라는 말을 쓴 적도 있다.

비판자들은 '벼락출세'라고 비아냥댔지만, 기성 엘리트들에 의해 독식돼 오던 고위직의 파격적인 문호 개방은 많은 사람들에게 적어도 가슴 설레는 '개혁 아우라' 효과를 주기엔 충분했다. 그러나 노 정권의 지리멸렬은 이제 그런 '코리안 드림'의 길마저 어둡게 만드는 게 아닌가 하는 전망을 낳게 하고 있다.

모든 인간은 꿈 없이 살 수 없지만, 유달리 평등주의 정서가 강한 한국인들의 경우엔 더욱 그렇다. 많은 시청자들이 장준혁을 자신처럼 여기게 된 이면엔 바로 그런 꿈에 대한 열망이 자리 잡고 있었던 건지도 모르겠다. '승자 독식주의'는 법과 규칙으로 보호하면서, 패자와 약자에게 법과 규칙은 물론 윤리까지 요구하는 건 부당하다는 생각을 했을 법하다. 그렇다면 장준혁은 과거의 인물이 아니라 미래의 인물인 셈이다.

'장준혁 현상'의 사회적 의미

이상 소개한 바와 같이 나는 장준혁과 관련하여 '리더십'과 '코리안 드림'의 문제를 제기했다. 장준혁을 사회적 의제와 결합시키려는 시도를 해본 건 비단 나뿐만이 아니다. 이 또한 '장준혁 현상'이라고 해도 좋을 정도로 여러 논객들이 그런 시도에 참여했다. 몇 가지 감상해보자.

"'내가 장준혁이야'라며 자신의 천재성을 과시하는 장준혁은 '나만이 옳소'라며 모든 언론과 각을 세우는 노 대통령과 별반 차이가 없어 보인다. 다른 사람들의 조언은 철저히 외면하는 데서도 두 사람은 닮아있다.…노 대통령에게 '하얀거탑'의 결말을 지켜보기를 권한다. 같은 시간 국민들은 노무현식 정치실험의 결말을 지켜보고 있을 것이다."[273]

"수단 방법을 가리지 않는 장준혁의 승승장구는 거부감보다 공감을 자아낸다. 어차피 소박한 인정의 시대는 갔고, '만인의 만인에 대한 투쟁'이 생활원리로 내재화된 것처럼 보일 정도다. 그런데 정치드라마라면 이미 TV 말고도 물리도록 보아온 우리가 아닌가. 연일 여의도에서 생중계되는 정치드라마 말이다. 물론 결정적 차이가 있다. 적어도 '하얀거탑'의 의사들은 자신의 권력욕을 공공선이나 누군가(국민)의 이름으로 위장하지 않는다는 것. 그런 위선적인 정치드라마에 박수칠 관객은 없다."[274]

"최근 잇따라 벌어진 금융기관장 인사를 지켜보면서 느닷없이 이 드라마를 떠올린 것은 왜일까? '모피아(Mofia, 재정경제부와 마피아의 합성어)'로 불리는 재경부 출신 관료들이 서로 밀어주고 끌어주고 하면서 금융기관장 자리를 나눠 가지는 장면이 '하얀거탑'

의 외과과장 장준혁(김명민 분)을 중심으로 한 병원 파벌('장준혁파'
라고 하자)과 너무나 비슷하기 때문일 것이다.… '하얀거탑'에서 장
준혁파는 권력을 무리하게 남용함으로써 스스로 파국으로 치닫는
다. 현실의 모피아에게는 어떤 날이 올지 지켜볼 일이다."[275]

"아들, 선배, 후배, 친구, 의사, 남편, 애인, 교수, 외과과장 등
그가 쟁취하고 지켜야 할 자리는 점점 늘어나는데 하루 24시간은
정해져 있으니 그걸 어떻게 다 감당하나? 감당할 수 없는 무게에
짓눌린 삶. 그는 그런데도 짐을 더는 대신 짐을 더해갔다. 자기 몸
이 부서지는 줄도 모른 채 말이다. 현실에서 비슷한 처지를 겪은
우리 대부분은 그게 얼마나 힘든지 안다. 저러다 허리 휠라 안타까
운 마음을 갖지 않을 수 없다. 그러니까 장준혁은 사회가 우러르는
자리에 바쳐진 일종의 희생양이다. 그렇게 죽어 사라지지 않았으
면 괴물이 되고 말았을, 불쌍한 제물.[276]"

"장준혁을 좋은 놈이나 나쁜 놈으로 분류하는 건 후지다. 그는
'복잡한 놈'이다. 이걸 조금은 엉뚱하게 비약시켜본다. 분단시대
가 선물한 이분법적 반공교육은 사라지고 있다. 세상을 선과 악,
예수 천당과 불신 지옥의 잣대로 나누는 기독교식 세계관도 비판
을 받는다. 그럼에도 우리는 여전히 인간을 단순하게 편 가르고 규
정하길 좋아한다. 작은 예로 '진보인사' '보수인사' 따위의 개념
들이 그렇다. 진보인사는 집에서도 진보적일까? 보수인사는 하는
짓마다 다 꼴통일까?"[277]

'과잉순응'의 정치학

전문가들의 견해는 다양하지만, 일반 시청자들이 장준혁에게 가장 주목한 건 '코리안 드림'이었던 것 같다. '하얀거탑' 게시판에는 장준혁을 살려 달라는 탄원이 쏟아졌는데, 그 탄원도 바로 그 점에 집중되었다. "외아들인 장준혁이 죽으면 시골의 홀어머니는 어떡하느냐"라거나 "장준혁처럼 맨주먹으로 성공을 이루려는 사람들의 희망을 꺾지 마라" 등등.[278]

시청자 김형일은 "의사인 제 남편, 편하게 돈 잘 버는 과도 아니고 그렇다고 잘사는 친가나 처가도 없다"면서 "10년 된 중고차에 1억도 안 되는 전셋집에 살면서도 아이들 건강하고 부모님들 무탈한 게 제일이라며 위안하던 남편이 장준혁 죽는 장면에선 거의 통곡 수준으로 울었다"고 털어놨다. 시청자 강민선은 "천재의사였지만 한없이 연약한 인간이었던 주인공의 고단한 생이 뇌리를 떠나지 않는다"고 했다.[279] 시청자들은 '코리안 드림'을 향한 질주의 과정에서 나타나는 '과잉순응'에 대해 면죄부를 주는 건 물론 애정마저 보이고 있었다.

이미 '과잉순응'에 대해 사실상 할 말은 다 한 셈이지만, 이 개념의 원조元祖라 할 장 보드리야르의 이야기를 좀 더 들어보자. 주로 좌파 이론가들로부터 허무주의자·비관주의자·패배주의자·탈정치주의자로 비판받는 보드리야르에게 있어서 기성질서에 대한 저항의 방법은 현실에 '과잉순응' 하는 것이다. 도대체 어떻게 하자는 건가?

"적합한 전략적 저항은 의미와 발언을 거부하고, 거부와 비수용의 형태 그 자체인 현 시스템의 메커니즘을 '과잉순응적인' 방식으로 흉내 내는 것이다. 이것이 대중의 저항 전략이다. 그것은 거울의 경우처럼 시스템의 논리를 흡수하지는 않으면서 복사하고 의미를 반영시킴으로써 그 논리를 뒤집어버리는 것을 의미한다. 이것이야말로 현재로선 가장 유력한 전략이다(만약 이걸 전략이라고 부를 수 있다면)."[280]

아더 크로커는 그런 견해가 유행, 언어, 라이프스타일 등에서 '과잉순응적' 시뮬레이션을 시도했던 펑크족의 입장을 지지하는 것이라고 해석했다. 시스템의 시뮬레이션 논리가 뒤집어져 그 시스템을 공격하는 굴절을 가능케 할 것이라는 것이다.[281]

탈식민주의 여성 이론가인 가야트리 스피박도 적과 싸우기 위해서는 일단 적의 소굴로 들어가서 적의 무기를 사용해야 한다고 주장했다.[282] 이는 내부로 파고들어 뒤집어버리자는 것인데, 이런 전략도 곧잘 '과잉순응'으로 나타나곤 한다.

기존 시스템에 대한 냉소와 조롱

구체적인 예를 들어보자. 시인 도종환은 "행정 분야에서 내가 아는 어떤 여성 간부는 일상 언어와 조직에 대한 사고와 행동 패턴이 남성 간부 뺨칠 정도다. 그런 능력이 없으면 승진하지 못한다는 걸 일찍 체득한 사람이다"며 다음과 같이 말했다.

"남성 간부들은 그를 화통한 사람이라고 생각할지 몰라도 지금 우리 사회가 여성리더십을 중요하게 생각하는 것은 여성 고위직의 인원수가 많아야 한다는 당위성 때문만은 아니다. 여성적 가치를 가진 사람들이 사회의 지도층으로 더 많이 확산되면서 그 여성적 가치로 인해 세상이 달라져야 하기 때문이다. 여성적 가치를 버린 채 남성들의 잘못된 행태를 따라하지 않으면 지도자가 되지 못한다고 생각한다면 그것 역시 잘못 가고 있는 것이다."[283]

이 여성 간부는 '과잉순응' 전략을 택한 것이다. 도종환의 비판은 사회적 차원에선 옳을지 몰라도 개인 차원에선 아무 효과가 없는 것이다. 사회적 차원에서 아무리 옳아도 여성 개인이 각 조직에서 성공하지 못하면 여성적 가치의 사회적 확산도 어려워진다. 딜레마다.

장준혁도 그 딜레마의 한복판에 선 인물이다. 그는 '코리안 드림'의 구현자이자 주인공으로서 일단 시청자들의 관심을 받는 유리한 위치에 섰다. 일본 원작에서 장준혁과 최도영의 비중이 6 : 4였다면 한국 드라마에서는 거의 8 : 2 수준이었다. 그밖에도 한국 드라마는 일본 원작과는 달리 장준혁의 '쿨 카리스마'를 돋보이게 하는 쪽으로 바뀌었다.[284]

그런 유리한 구조와 상황하에서 장준혁은 수단과 방법을 가리지 않고 '코리안 드림'을 향해 질주한다. 그는 이미 그 '드림'을 성취한 이들의 수법을 쓴다. 그것도 악랄하게. 그러나 그건 동시에 '쿨' 하게다. 도덕과 같은 거추장스러운 것은 벗어 던져버리고 망설임 없이 확신에 찬, 심지어 정의롭게 보이는 눈빛으로 모든 일을 저질러댔으니 말이다. 장준혁이 행여 '콜드' 하게 보일까봐 PD와 작가는 장준혁으로 하여금 농담을 툭툭 던지게 만든다. 반면 일본 원작에서 장준혁은 시종일관 고집스럽고 딱딱한 인물로 묘사되었다고 하니,[285] 한국판이 장준혁의 '쿨' 을 재창조한 셈이라고 할 수 있겠다.

출세 욕망에 불탄 나머지 포기를 모르고 경쟁자에게 무릎을 꿇어가면서까지 목적을 성취하고자 하는 징그러운 집착의 주인공이 '쿨' 하다니 그게 말이 되나? 그래서 '과잉순응' 으로서의 '쿨' 이라는 거다. 장준혁의 그런 행태에선 비굴함이 느껴지기보다는 오히려 냉소와 조롱의 기운이 읽혀진다. 기존 시스템에 대한 냉소와 조롱이라고나 할까? 본질은 같다. 장준혁은 기존 게임의 법칙을 극한으로 밀고가 뒤집어버린 것뿐이다.

김명민의 '쿨'

배우의 '쿨' 한 캐릭터도 중요한 의미를 갖는다. 장준혁을 연기한 김명민의 카리스마 근원도 바로 그의 '쿨'이다. 결과론이긴 하지만, 그는 그 역할에 맞는 최상의 배우였다. 김명민은 "삶의 밑바닥부터 성장해오는 사람들의 치열한 인생, 처절한 인간 모습, 정신적인 황폐 같은 걸 그리는 게 무척이나 매력적이다"고 했는데, 그는 시청자들이 목말라 하는 '코리안 드림'의 표정을 잘 알고 있었던 셈이다. 김명민은 촬영기간 내내 완전히 장준혁이 되어버렸다. 최보윤과의 인터뷰를 들어보자.

최보윤 마지막회에서 얼굴색이 말이 아니었다. 분장 때문이었나?

김명민 아프다고 생각했더니, 건강하다 막판에 갑자기 아팠다. 온갖 바이러스는 다 침투하는 것 같았다. 그렇게 죽는 장준혁이 불쌍하고 안타깝고 괴로워 미칠 것 같았다. 안 그래도 촬영하면서 계속 살이 빠졌었는데, 마지막 씬 찍는 동안 도저히 밥이 안 먹혀 순식간에 2~3kg 더 빠지기도 했다. 등가죽이 짝 달라붙어 뼈가 도드라질 정도로 살이 빠졌다.

최보윤 마지막 장면을 본 소감은?

김명민 집에서 봤는데, 진짜 내가 죽은 것 같았다. 날 모니터링 해주는 친구들이 10명 있다. 그 친구들과 다음 날 새벽 3시까지 전화를 하며 마음을 가다듬은 뒤 잠시 멍하니 앉아 있었다. 잠깐인 줄 알았는데 어느새 동이 트더라. 시계를 보니 오전 7시를 넘기고 있었다. 모든 게 끝이라는 게 믿기지 않았다.

 지금은 좀 극복이 됐는가.

 여전히 허탈하다. 2005년 8월 드라마 '불멸의 이순신'을 끝내고 나서도 우울증으로 힘들었지만, 워낙 오랜 시간 찍었기 때문에 후유증이 그만큼 큰 거라고 위로했다. 이번엔 20회라 공허함도 적을 줄 알았는데, 폭탄이더라.[286]

김명민이 장준혁에 몰입한 것은 연기 방법론상으론 전혀 '쿨'하지 못한 것이었지만, 장준혁에 동조하는 배우의 진정성이 장준혁을 '냉열한'을 넘어서 냉소로서의 '쿨'을 가진 멋진 인간으로 창조해내는 데 크게 기여했다고 볼 수 있다.

김명민의 완벽주의 기질과 노력만으로 '쿨'이 만들어질 수 있었던 건 아니다. 김명민 자체가 '쿨'이다. 김명민은 삶의 고난을 겪으면서 '쿨'의 지혜를 터득한 것 같다. 그는 "96년 SBS 공채 탤런트로 데뷔한 뒤 무명시절이 길었다. 중간중간 공백기간도 있었는데, 어떻게 극복했나"라는 최보윤의 질문에 다음과 같이 답했다.

"영화 '소름'은 잊지 못할 영화지만, 별로 빛을 보지 못했다. 그 뒤 영화 '스턴트맨' '선수 가라사대'가 80% 정도 찍은 상태에서 그냥 무산됐다. 2004년 드라마 '꽃보다 아름다워'를 찍으며 기회를 엿봤지만 깊은 인상을 심어주는 데 실패했다. 그 당시엔 못 견디게 괴로웠다. 내 능력에 대한 회의까지 들었다. 그후 2년간 뉴질랜드로 떠나 사업을 시작할까 고민도 심각하게 했다. 하지만 그런 시련이 지금의 날 만들어준 것 같다. 인내할 수 있는 힘과 쉽게 기뻐하거나 좌절하지 않고 중용을 지키는 처세를 터득한 것 같다."[287]

그걸로 끝이 아니었다. 김명민이 이순신 역에 캐스팅이 됐을 때, 반발이 많았다.

"정말 대단했다. 이미지가 안 어울린다. 지명도가 약하다. 심지어 장군감으론 키가 작다. 별의별 얘기가 다 있었다. 나도 내가 왜 캐스팅됐는지 모르겠더라. 오죽하면 감독님에게 '왜 날 캐스팅했냐'고 수차례 묻기도 했다. 하도 답답해 연기지도라도 좀 해달라고 부탁했다. 그때 감독님은 '120% 하고 있으니까 이대로만 하라'고 지시하셨다. 그게 날 컨트롤하는 방법이었던 것 같다.…그렇게 욕하던 사람들이 나중엔 '닮아서 캐스팅된 것'이라며 '100원짜리'라는 별명을 지어주더라. 거기 있는 이순신 얼굴이 나랑 닮았다나. '사극전문배우'란 얘기도 나오더라. 재밌는 현상이다. 열심히 하려 노력했지만 좋게 봐주신 게 더 다행이다."[288]

공론장에 뛰어든 암묵지

하기야 이순신만큼 '쿨'한 인물이 또 있으랴. 남들이 뭐라 하건 개의치 않고 묵묵히 자신의 길을 가는 뚝심은 김명민의 것이기도 하다. "안판석 감독은 당신을 장준혁이란 역할을 100%, 120% 완벽하게 구현한 완벽한 배우라고 칭찬하더라. 인터넷에서도 카리스마 넘치는 연기로 화제가 되고 있다"는 정재혁의 질문에 김명민은 다음과 같이 답했다.

"일단 나는 시청자 게시판이나 인터넷 게시판에는 안 들어간다. 인터넷에 나에 대한 칭찬이 있든 험담이 있든 인정을 못한다. 그 사람들이 초등학생인지, 어떤 사람인지 모르니까. 하지만 주위에 모니터를 해주는 사람들이 있다."[289]

김명민은 장준혁을 매우 '쿨'한 인물로 해석했다.

"장준혁은 최도영을 언제나 찾아가 기댈 수 있는 친구라고 생각한다. 아무리 치고받고 싸워도 장준혁은 최도영을 생각한다. 하지만 최도영은 반대다. 최도영은 하나가 틀어지면 절대로 먼저 풀지 않는다. 나는 그런 면에서 장준혁이 굉장히 의리 있는 남자라고 생각한다."[290]

그 의리의 정체가 바로 '쿨'이다. 뜨거운 의리는 아니다. 진정한 의리도 아니다. 그냥 '쿨'한 거다. '과잉순응'은 어차피 게임이었으니까 게임에 임한 선수처럼 게임에서 자신에게 매우 불리한 증언을 한 친구·후배에게도 게임이 끝난 후엔 초연하게 대하는 거다. 특히 장준혁이 남긴 두 통의 유서(상고이유서와 시신기증서)야말로 '반전'의 수준이라 해도 좋을 정도로 '쿨'의 극한을 보여주었다. 바로 이런 '쿨' 파워 때문에 심지어 그가 '훌륭한 의사'였다는 평가까지 나왔다. 아무리 봐도 그렇게까지 보기는 힘든데 말이다.

장준혁의 쿨은 냉소주의의 기반에 섰지만 그 전복이다. 극한으로 밀고가 뒤집어버리는 것이다. 이게 바로 '과잉순응'으로서의 쿨이다. 당연히 그의 어떤 악행에 대해서도 돌을 던지기 어려워진다. 시청자들은 각자 그에게서 자기 모습의 편린을 보기 때문이다. 늘 생각으로만 그치던 일을 그가 과감하게 해치워버리기 때문이다. 장준혁이 아웃사이더로서 인사이더 세계에 들어가 그 시스템의 논리를 전복시켜버리는 것에서 통쾌감마저 느끼게 된다.

　장준혁을 사랑했던 시청자들은 이구동성으로 그에 대해 끈적끈적한 감정을 느꼈다고 했지만, 그들 역시 '쿨'하기 때문에 장준혁에 대해 그렇게 느낄 수 있었던 건지도 모른다. 도덕? 그거 생각할 시간 없다. 공감이다! 김명민 말마따나 옹호를 하는 게 아니라 공감을 하는 것이겠지만, 공감 이상 가는 옹호가 어디에 있겠는가.

　옹호는 명시적인 것이지만, 공감은 묵시적인 것이다. 우리는 명시적 삶과 묵시적 삶이라는 두 개의 다른 삶을 살아가고 있다. 그간 암묵지暗默知, tacit knowledge는 사적 영역에 머물렀지만, 명시지明示知, explicit knowledge의 한계와 진부함에 지친 사람들은 암묵지를 공론장에 끌어들이는 시도를 하고 있다. 텔레비전의 이른바 '리얼리티 쇼'는 그런 경향을 반영한다. 위선과 위악에 대한 성찰과 재평가, 장준혁은 이 물음을 던지고 떠났다.

방송인, 시인, 문화출판평론가, 음악 칼럼니스트

그는 정열적인 노무현 옹호자이기도 하다

김갑수

마니아 기질로 나타나는 쿨의 면모

'쿨'은 '공정'이 아니다

'쿨' 하면 비교적 더 공정할 수 있는가? 물론이다. 그러나 모든 '쿨' 이 다 그런 건 아니다. 어떤 '쿨' 은 공정성을 뛰어넘는다. 아니 그걸 사소하게 생각한다. '마니아 기질' 로서의 '쿨' 이 그렇다고 볼 수 있다. 사례연구로 시인·문화평론가·출판평론가·방송인·음악칼럼니스트 등으로 다방면에서 활약하고 있는 김갑수의 시사평론을 살펴보기로 하자. 김갑수를 택한 이유는 그에 대한 나의 개인적 호감이 크게 작용했음을 밝혀둔다. 진보적 월간지인 《말》지 등 여러 매체들에 그가 연재했던 글들을 거의 빠짐없이 읽은 애독자로서, 나는 그의 '진보적 쿨' 또는 '쿨한 진보' 가 좋았다.

그런데 언제부턴가 김갑수는 정열적인 '노무현 옹호자' 로 나서기 시작했다. 물론 좋은 일이다. 다만 문제는 그의 글이 전혀 '쿨' 하지 않다는 데 있었다. 말해놓고 보니 이상하다. 내 글은 언제 '쿨' 했나? 솔직히 말하자면, 김갑수의 글은 '쿨' 하지 않은 정도가 아니라 내 기준으로 보아선 '거리두기' 가 전혀 없는, 엄청난 무리를 범하곤 했다. 달리 말하자면 노 정권에게 도움이 되는 게 아니라 오히려 해가 될 수도 있다는 뜻이다. 노 정권의 자기교정을 어렵게 만드는 동시에 노 정권에 대한 맹목적 지지는 다른 사람들을 설득하는 게 아니라 오히려 그들의 반감을 초래할 수 있기 때문이다.

김갑수의 '맹목적' 노무현 지지는 내겐 놀라운 발견이었다. 그런데 깊이 생각해보니, 김갑수는 여전히 '쿨' 하다는 또 다른 발견을 하게 되었다. 널리 알려져 있다시피, 그는 한국에서 둘째가라면 서러워할 정도의 음악·오디오 마니아다. 그는 그 마니아 기질의 대상을 음악·오디오에서 사람으로까지 연장시켰다. 그는 '노무현 마니아' 다. 뭐가 문제란 말인가? 마니아에게 무슨 얼어죽을 공정성이란 말인가? 그렇다. 김갑수는 여전히 '쿨' 한 거다. 남들의 시선과 평가에 개의치 않고 '쿨' 하게 묵묵히 자기 갈 길을 가는 것이다. 나는 내가 이상적으로 생각하는 '쿨' 의 잣대로 그의 '쿨' 을 재단하는 오류를 범했던 셈이다.

그럼에도 그가 '노무현 마니아' 로서 쓴 일련의 글이 내게 놀라움을 안겨준 건 달라지지 않는다. 나는 학생들에게 '논술특강' 을 하면서 그의 글을 사례연구 대상으로 삼은 적이 있다.[291] 물론 익명으로 처리하긴 했지만, 학생들에게 "이런 식으로 글을 쓰면 안 된다"는 사례를 보여주기 위한 것이었으니 결례임이 틀림없다.

매우 미안한 마음이 들긴 하지만, 그의 논리·수사에 문제가 있다는 생각은 여전하다. 단, 논술문이라는 장르에 국한시킬 경우에 말이다. 김갑수가 논술문을 써야 할 이유가 무엇이란 말인가? 그가 어떤 음악을 좋아하는 데 있어서 논리는 필요 없는 것이다. 그냥 좋으면 된다. 그러나 그는 노무현을 좋아하는 데 있어서 논리를 끌어들이려는 시도를 했다. 그러니 나의 지적이 완전히 잘못된 건 아니다. 이왕 내친 김에 이 글도 '논술특강' 형식으로 써보련다. 이미 학생들을 대상으로 했던 '논술특강'을 재활용하면서 이야기를 해보련다. 김갑수가 그 특유의 '쿨'로 너그럽게 받아들여주리라 믿으면서.

논쟁의 양극화 현상

TV 토론의 2분법적 '편 가르기'를 비판하는 사람들이 많다. 편을 가르는 좌석 배치부터 잘못됐다는 지적도 있다. 방송 중 자신은 어느 편도 아니라고 항변하는 토론자의 모습도 가끔 볼 수 있다. 서울대 교수 전상인은 "텔레비전 토론은 서로 다른 입장을 재확인하면서 의견 대립과 사회 갈등을 더 심화시키며 끝나기 일쑤다"고 비판했다.[292]

그런데 과연 TV 토론만 그럴까? 매일 10여 개 신문에 실리는 칼럼과 사설을 꼼꼼히 읽어보자. 특히 논쟁적 이슈를 다룬 글을 비교 평가해보자. 한 가지 흥미로운 사실을 발견할 수 있다. 의외로 많은 글이 양극화에 충실하다는 점이다. 글을 쓴 필자가 극단적이라는 뜻이 아니다. 필자의 뜻과는 무관하게 글의 구조와 내용이 그렇다는 것이다. 반박의 대상으로 삼는 주장을 선택함에 있어서 극단적 주장을 선호함으로써 중간적 입장을 배제하는 경향이 농후하다.

그게 나쁜가? 그렇지 않다. 그럴 만한 이유가 있다. TV 토론만 하더라도 2분법은 불가피한 면이 있다. 토론자 구성에서부터 토론자들간 상호 대립을 조장하지 않으면 토론은 화기애애한 '좌담'으로 흐를 수 있다. 2분법은 논점을 분명하게 해줌으로써 시청자들의 관심을 높여주고 이해를 쉽게 해주기 위한 선의의 배려일 수도 있는 것이다.

신문 칼럼과 사설도 마찬가지다. 그 어느 쪽 입장에서건 과격한 극단적 주장이나 사리에 맞지 않는 언행을 비판하는 건 당연하거니와 바람직한 일이다. 그런 비판을 함에 있어서 굳이 중간적 입장을 논의의 대상으로 삼아야 할 이유는 없을 것이다. 문제는 양극화 자체에 있다기보다 모든 논쟁이 극단에 대한 비판 중심으로 이루어질 때 발생할 수 있는 사회적 차원의 효과에 있다. 그건 중간적 입장을 구조적으로 외면함으로써 갈등 해소를 어렵게 만드는 동시에 사회를 늘 첨예한 대립 국면으로 유도할 수 있다는 것이다.

논쟁의 기능이 양쪽의 입장을 선명하게 확인하거나 각 편의 지지자들에게 카타르시스 기능을 제공하는 데 있다면 그런 논쟁은 바람직할 것이다. 그러나 논쟁을 통해 그 어떤 접점을 찾거나 무언가를 배우고자 한다면 이야기는 달라진다.

예컨대, 성매매특별법 논쟁을 보자. 신문 칼럼에선 중간파 의견은 물론 그런 의견에 대한 언급은 비교적 드물었다. 중간파 의견이라 함은 그 법의 취지엔 동의하면서도 법 시행의 방법론을 문제 삼는 의견을 말한다. 정부가 개혁의 상징으로 삼기 위해 아무런 준비도 없이 힘으로만 밀어붙였다거나 항의 시위에 나선 성매매 여성들을 포주들의 꼭두각시로만 보는 독선적이고 오만한 시각에 대한 비판도 포함한다. 그런데 대부분의 글이 이런 중간파 의견은 무시하고 오직 성매매특별법을 비난하는 '최악의 주장' 만을 격파의 대상으로 삼고 있었다.

중간파 의견에 대한 일부 네티즌들의 반응도 흥미로웠다. "그래서 찬성한다는 거야, 반대한다는 거야?" 찬반 어느 한쪽을 명확히 선택하지 않으면 짜증을 내는 구경꾼들 때문에 그러는 걸까? 정치 논쟁도 대부분 그런 구도로 진행되고 있다.

어떤 칼럼은 한나라당 내 강경파 인사로부터 나온 어떤 최악의 발언을 비판의 대상으로 삼으면서 노무현 정권을 옹호한다. 공감할 수 있는 주장이지만, 매우 허탈하다. 노 정권에 대한 많은 비판 가운데 그런 최악의 발언이 차지하는 몫은 미미하다고 여겨지기 때문이다. 물론 그 반대의 경우도 같다. 노 정권에서 나온 어떤 최악의 발언을 문제 삼으면서 노 정권을 비판한다면 이 또한 공감할 수 있되 허탈하긴 마찬가지라는 뜻이다.

'가야 할 길 가는 한국'

그런 문제의식의 연장선상에서 김갑수가 《주간동아》 2005년 3월 8일자에 기고한 〈가야 할 길 가는 한국〉이라는 제목의 칼럼을 살펴보기로 보자. 그는 "노무현 대통령의 집권 2주년을 평가하는 작업이 다채롭게 펼쳐지고 있다.…그중 기억나는 백미는 바로 노 대통령과 '겨누어 총!' 하고 있는 한나라당 의원들 의견이었다. '아무나 대통령이 될 수 있다는 귀감이 되었다' 이처럼 상대방 못지않게 자기 자신을 동시에 희화화하는 말이 또 있을까"라면서 다음과 같이 말했다.

"노 대통령은 이 땅에 대통령제가 생긴 이래 배출된 여러 대통령 가운데 한 사람이다. 돌연변이가 아니라는 말이다. 국민의 절반가량을 '변종' 의 모체로 삼는다면 그게 어찌 변종이겠는가. 언필칭 '막말하기, 편 가르기, 좌회전 우회전 우왕좌왕하기' 는 일반 국민이 발원지다. 우리들은 모두 그러면서 살아간다. 여기서 특히 '공인만은 그러지 말아야 한다' 는 말에 나는 모욕감을 느낀다. 그 '공인' 들을 그다지 대단하거나 우월하게 여기지 않기 때문이다."

그러나 공인들을 그다지 대단하거나 우월하게 여기지 않는다고 해서 "공인만은 그러지 말아야 한다"는 말에 모욕감까지 느낄 필요가 있을까? 대통령의 경우 책임감과 사회적 영향력 때문에 일반 국민과는 다르게 행동해야 한다는 요청이 잘못된 것일까? 대통령을 부당하게 욕하는 사람은 잠시 잊고 일반론적으로 생각해보자는 것이다. 그러나 김갑수는 계속 한나라당에 집착하고 있다.

"우리 시민사회는 아직 성숙하지 못했다. 운동이 성행할 때는 정치가 부재하다는 의미이고, 시민단체가 많은 것은 사회시스템이 미비한 증거로 보인다. 집권세력의 언어를 재탕해서 좀 민망한 기분이지만 이른바 탈권력, 탈권위의 정치는 바로 누구도 대신 교통정리해주지 않는 성숙하고 자율적이며 합리적인 시민사회의 수립을 목표로 한다. 그게 곧 한나라당 정책실이 말하는 산업화, 민주화에 이른 선진화 과제에 같은 맥락의 발전 수순 아니겠는가."

목표가 좋다고 해서 그 목표를 이루기 위한 모든 과정이 무조건 정당화될 수는 없는 일이다. '탈권력, 탈권위의 정치'를 국민 감상용의 관점에서만 이해하는 것도 문제다. 중요한 건 노무현이 여론 수렴과 소통을 중요하게 생각하고 있는가 하는 점이다. 노무현은 이른바 '선지자 정치'를 하고 있다. 주요 결정을 자기 혼자 또는 측근 몇 명과의 밀담을 통해 내리고 여권의 실세들을 향해서도 "무조건 나를 따르라"는 식이다. 이 나라를 옳은 길로 인도할 수 있는 정답을 자기 혼자만 알고 있다는 식이다. 이게 '탈권력, 탈권위의 정치'란 말인가?

김갑수는 자신의 칼럼을 "인터넷에서 기사의 댓글에 편을 갈라 무시무시하고 난폭한 언어가 난무하는 것을 본다. 하지만 9층 위에 옥상 있고 천장 위에 하늘 있으며, 거대하게 굽이치며 갈 길을 가는 역사가 있다. 단계마다의 고통을 치르면서도 큰 맥락에서 '한국호'는 제 갈 길을 가고 있다고 나는 믿는다"는 말로 끝맺고 있다.

사실 이렇게 갑자기 '역사'가 튀어나오는 거대담론으로 점프해 버리면 할 말이 없어진다. 지당한 말씀임에도 불구하고 이 칼럼에 선 노 정권의 2년간에 대해 아무런 배움도 교훈도 성찰도 얻을 수 없다. 오직 한나라당이 잘못됐다는 메시지 이외엔 말이다. 물론 옳은 말일 수 있되, 이게 바로 전형적인 '논쟁의 양극화' 현상이라는 것이다.

'그래도 난 노무현이다'

2005년 8월 25일 '국민과의 대화'에서 노무현은 "(한나라당이) '연정 그 정도 갖고는 얽혀서 골치 아프니까 권력을 통째로 내놓 으라'면 검토해보겠다"고 말해 또 한번 세상을 떠들썩하게 만들었 다. 비단 보수진영뿐만 아니라 개혁·진보진영에서도 왕성한 노 무현 비판이 쏟아졌다.

그러나 김갑수는 그 어떤 비판에도 동의할 수 없었나 보다. 그 는 《한겨레》 2005년 9월 2일자 칼럼에서 "요즘 주변에서는 노 대 통령의 지지자를 만나기가 쉽지 않다. 상황은 최악인 것 같다. 하 지만 탈권력과 기존 사회관행의 혁파는 누가 해도 해야 할 최대 급

선무이며, 그러한 대의를 포기하지 않는 한 나는 지지하는 한 표로 계속 남으려 한다. 아울러 민생경제를 염불처럼 외우는 이들에게 묻는다. 대통령이 경제를 주무르는 개발독재 시대를 그리워하는 것은 아닌지…"라고 말했다.[293]

답답하다. 김갑수가 '탈권력과 기존 사회관행의 혁파'를 지지의 최대 근거로 삼는 건 존중할 일이지만, 그와는 달리 '민생경제'를 더 소중하게 생각한다고 해서 '개발독재 시대를 그리워하는 것은 아닌지'라는 말까지 들어야 한다는 건 너무 심한 것 같다. 선의로 해석하자면, 빠듯하게 살더라도 평소 먹고사는 문제에 신경 쓰지 않거나 그걸 과소평가하는 지식인 특유의 '편견'으로 볼 수도 있겠지만, 자신과 생각을 달리하는 사람들과의 평화공존을 해보려는 자세를 갖는 게 필요하다 하겠다.

그러나 아무래도 김갑수에겐 그럴 뜻이 없는가보다. 김갑수는 《한겨레》 2006년 12월 11일자 칼럼에서 "노무현 탓! 노무현 탓! 노무현 탓! 그렇다면 묻는다. 당신은 대체 무엇을 했는가? 저야 뭐 힘없는 야당이니까요, 핍박받는 언론이니까요, 가진 것 없는 민초인 걸요 등등이 모범답안인 듯한데 이 대목에서 목에 콱 걸리는 것이 있다. 우리의 삶이, 우리 사회의 변화 발전이 그토록 대통령의 의지와 능력에 전적으로 좌우되어 왔다는 것일까. 너무 쉽다. 쉬운 해답은 값어치 없는 답이기 십상이다. 전면적인 국가 성장과 더불어 난마처럼 복잡다단해진 사회 안 갈등과 대립의 모든 원인을 4

년차 대통령 탓으로만 돌리고 면피하는 것은 너무 쉬운 해답이 아니냐고 묻고 싶은 것이다"라면서 다음과 같이 주장했다.

"노 대통령 등장 후 그의 반대세력들이 집요하고 일관되게 추구한 전략은 대성공을 거두었다. 대통령을 국가기관으로서가 아니라 한 인격체로 느끼도록 시현한 것이다. 정책의 내용보다는 말투와 표정과 행동을, 발언의 취지와 문맥보다는 거두절미한 표현의 강조를 통해 의도적인 곡해를 반복해왔다. 차기 집권자의 반대파들이 또다시 이런 전략을 취하고 나온다면 누가 되건 대통령 혐오증은 반복되지 않을 수 없을 것이다. 어찌됐든 지금과 같은 불만의 계절을 초래한 노 대통령은 면책될 수 없다. 하지만 속수무책, 5% 지지율의 대통령이 무엇을 책임질 수 있겠는가. 대통령 탓 즉, 쉬운 해답의 맹점이 그것이다. 각종 국가 현안에서 책임의 일단을 짊어져야 마땅한 사회세력들은 그간 너무도 편리한 변명거리 속에 행복한 도피를 누려온 셈이다. 범국민적 화풀이의 대상, 불행한 왕따 대통령만 퇴임하고 나면 이 땅에 과연 멋진 신세계가 도래할 것인가?"[294]

앞서 지적한 '양극화' 문제가 이 글에서도 적나라하게 나타나고 있다. "우리 사회의 변화 발전이 그토록 대통령의 의지와 능력에 전적으로 좌우되어 왔다는 것일까"라거나 "불행한 왕따 대통령만 퇴임하고 나면 이 땅에 과연 멋진 신세계가 도래할 것인가"라는 식의 질문은 "아니다"라는 답이 나올 수밖에 없는, 너무도 쉽게 먹으려는 논법이다. 그 어느 중간에 쟁점과 답이 있을 텐데, 왜 자꾸 이런 식으로 논지를 극단으로 끌고 가 하나마나한 논쟁을 하려는 걸까?

김갑수는 "대통령을 국가기관으로서가 아니라 한 인격체로 느끼도록 시현한 것"을 비판했는데, 생뚱맞다는 느낌을 준다. 김갑수는 대선시 노무현을 '한 인격체'가 아닌 '국가기관'으로 보고 투표했는지 묻고 싶다. 그 둘은 상호 분리되기 어려운 것인 만큼 그런 2분법은 쓰지 않는 게 좋겠다. 노무현을 그 어느 쪽으로 보건 왜 노무현에게 표를 던졌던 사람들도 노무현에게 문제가 있다고 보는 것인지, 그 이유에 대해 고민해보면 어떨까?

마법에 걸린 김갑수

앞서 던진 질문은 필요 없을 것 같다. 김갑수가 '보수언론 탓'이라는 답을 내놓을 가능성이 100%에 육박하는 칼럼을 썼기 때문이다. 그는 《한겨레》 2007년 3월 5일자 칼럼에서 "참여정부와 보수언론이 왜 그리 적대적인지는 앞으로도 두고두고 연구과제가 될 것이다. 심지어 전두환 전 대통령에 대해서 긍정적 보도가 98%였던 어떤 신문은 노무현 대통령에 대해서는 89%가 부정적 보도라고 통계에 나온다. 보도의 양을 보면 더욱 놀랍다. 같은 신문에서 전두환, 노태우, 김영삼 세 대통령 재임 때까지 사설에서 언급한 대통령 관련 기사가 총 50건 미만인 반면 노무현 대통령에 대해서만 이미 276건의 사설이 씌어졌다는 것이다. 서울대 언론정보 연구소의 조사 결과다"라면서 다음과 같이 주장했다.

"시사에 대해서 사람들이 쓰는 용어와 평가가 비슷비슷한 것은 다들 언론이라는 필터를 통해 사안을 접했기 때문이다. 그렇다면 언론을 통하지 않고 어떻게 세상사를 접할 수 있다는 말인가. 진상을 알기 위해, 무엇보다 공평함을 위해 공격받는 당사자의 말도 들어봐야 한다. 청와대나 장관실을 찾아가자는 농이 아니다. 여과되거나 재조립되지 않은 말을 듣기 위한 약간의 수고로운 노력을 제안한다. 그것은 책을 읽는 것이다."

김갑수는 청와대 홍보수석을 지낸 이화여대 교수 조기숙이 쓴 《마법에 걸린 나라》를 "적극 추천하고 싶다"고 했다. 그는 "노무현 밑에서 홍보수석을 했으니 뻔한 변명 아니겠어" 하는 사람을 보았다며, "나는 정말 묻고 싶다. 변명이든 주장이든 정말로 그들의 말에 귀 기울여 본 적이 있느냐고. 사실 그 책은 집권세력의 자기변호보다는 자성과 미래 비전에 더 많은 내용을 할애하고 있다"고 말했다.

"이쯤에서 개인적인 푸념을 하고 싶다. 책에서 조기숙 교수는 현실참여 동기를 사명감이라고 말했다. 하지만 사명감은커녕 너무도 비정치적이기만 한 나는 대체 왜 현 집권층을 애써 옹호하고 싶어 할까. 그 의문에 대한 성의 있는 답변이 바로 이 '마법책'에 알알이 담겨 있다."[295]

　이건 연애편지 수준의 글이다. 그것도 새벽 2~3시경에 쓴 연애 편지다. 서울대 언론정보 연구소의 조사 결과는 보수신문의 '독재 정권과의 유착, 민주정권 때리기'를 설명할 순 있어도, 노 정권의 '언론 탓'을 정당화시켜주진 못한다. 김대중 정권과의 비교평가가 필수인데, 왜 그걸 언급하지 않았는지 궁금하다. 김대중은 보수신 문의 때리기에 침묵을 지킨 반면, 노무현은 사사건건 싸움을 했으 므로 보수신문이 노무현을 더 많이 다뤘으리라는 것도 감안하고 들어가는 게 좋겠다.

　《마법에 걸린 나라》는 노 정권의 '보수신문 탓' 완결판이다. 내 가 놀란 건 김갑수가 그 책에서 마음의 평안을 찾았다는 사실이다. 김갑수는 내가 생각했던 것보다 훨씬 더 노무현에 집착하고 있었 다는 걸 알 수 있었다. 나는 김갑수와는 정반대로 '마법에 걸린 김 갑수'의 이미지가 떠오른다.

　《마법에 걸린 나라》라는 책의 문제에 대해 여기서 일일이 반박 할 수는 없다. 다른 기회에 그 책의 문제를 지적하도록 하겠다. 다 만 여기서 이런 이야기는 할 수 있을 것 같다. 내 경험이지만, 상대 편에 대해 혐오·경멸의 감정을 바탕에 깔고 하는 논쟁은 아예 하 지 않는 게 좋다. 거리두기에 실패할 수밖에 없기 때문이다. 나는 이런 깨달음을 늘 보수신문들과 싸우느라 여념이 없는 노 정권에 게 전해주고 싶어 2005년 10월 《기자협회보》에 〈몰입은 위험하다〉

라는 제목의 칼럼을 기고했다. 그 전문을 여기에 싣는다.

몰입은 위험하다

나는 과거 수많은 논쟁을 하면서 한 가지 중요한 교훈을 얻게 되었다. 그건 "몰입은 위험하다"는 것이다. 그런데 그걸 깨닫기가 쉽지 않다. 몰입은 주로 성실성에서 비롯되기 때문이다. 논쟁의 상대편에 대해 성실하다는 건 미덕이지만, 그건 논쟁이 관객을 전제로 한 게임이라는 사실을 소홀히 여기게 만든다.

예컨대, 논쟁의 상대편이 진지성도 성실성도 갖추지 않은 채 내 주장에 대해 악의적이거나 편의적인 왜곡을 일삼는다고 가정해보자. 그러나 그 왜곡은 교묘하다. 관객은 잘 모르거나 신경 쓰지 않는 것일 수도 있다. 그 상황에서 몰입하는 나는 펄펄 뛰면서 흥분하기 마련이다. 관객은 흥분하는 선수를 좋아하지 않는다. 논쟁에 임할 땐 적당히 불성실할 필요가 있다.

노무현정권의 대 보수신문 관계를 볼 때마다 '몰입의 위험성'을 절감한다. 노 정권의 주요 인사들은 자기들이 일은 잘했는데 보수신문들이 혹세무민惑世誣民하는 바람에 지지도가 낮다고 주장한다. 이게 진짜 혹세무민하기 위해 나온 전략적인 거짓말이라면, 차라리 다행이다. 노 정권 스스로 자신의 진짜 문제가 무엇인지 알고 있을 가능성은 남아 있기 때문이다. 그러나 노 정권 인사들 중엔 실제로 그렇게 믿고 있는 사람들이 많다. 위로 올라갈수록 많다. 그래서 불행이다.

노 정권 인사들의 그런 주장은 타당한가? 나는 30%만 인정한다. 그것도 좀 다른 의미에서의 인정이다. 노 정권은 보수신문과의 싸움에 몰입하느라 스스로 일을 그르치고 있다는 게 나의 판단이다. 보수신문에게도 원인 제공의 책임이 있다는 점에서 30%를 인정하는 것이다.

노 정권은 국민이 아니라 보수신문을 상대로 정치·행정을 하는 것 같다는 생각이 들 때가 많다. 경제문제만 하더라도 인정할 건 인정하면서 국민을 위로하면 좋겠는데, 보수신문의 주장을 반박하는 데만 정신이 팔려있는 것 같다. 그 과정에서 허풍이 자주 발생한다. 신뢰가 툭 떨어진다.

노 정권은 보수신문이라는 극단을 상대하는 데만 집중하느라 중간을 소홀히 한다. 흥미롭고도 놀라운 건 노 정권을 지지하는 논객들의 글도 노 정권을 비난하는 최악의 주장들을 격파하는 데만 몰두하고 있다는 점이다. 중간에 있는 다수 국민은 안중에도 없는 것 같다.

노 정권의 주요 인사들은 분노의 독설을 자주 구사한다. 마치 주요 인사가 되기 위해선 독설이 필수 항목인 것 같은 느낌마저 준다. 이상하다. 독설은 원래 제도적 권력을 갖지 못한 평론가들의 무기가 아닌가. 평론가들의 밥그릇을 빼앗겠다는 건가? 아니면 독설에 의한 카타르시스 정치를 구사해보겠다는 건가? 아무래도 후 자인 것 같다. 그렇게 해서 골수 고정표의 지지를 다지는 데는 도 움이 될지 모르겠지만 중간에 있는 다수는 더욱 멀어질 텐데, 권력 자들이 평론가 행세를 해도 되는 건지 모르겠다.

노 정권의 보수신문에 대한 몰입이 낳고 있는 가장 큰 문제는 '자기 성찰'을 원천봉쇄한다는 점이다. 몰입은 상대편에 대한 과 대평가로 이어져 상대편의 허물은 크게 보고 자신의 허물은 사소 하게 여기는 심리를 낳는다. 지지자들마저 그런 심리상태에 빠져 든다. 그래서 팔짱 끼고 구경하는 냉정한 관객의 수준을 폄하고 원망하는 수준에까지 이르게 된다. 노 정권은 보수신문에 대해 불 성실해질 필요가 있다.

김갑수의 한미 FTA 양비론

그러나 누가 노 정권을 말리랴. 노 정권은 지금도 보수신문에 대해 너무 성실한 나머지 숭배하는 경지에까지 이르렀다. 이른바 '분노 → 증오 → 숭배'의 법칙이란 게 있다. 처음엔 정당한 분노 였을지라도 그 정도가 심해지면 증오로 바뀌고 증오가 무르익으면 증오의 대상을 숭배하게 된다. 지금 노 정권의 보수신문 숭배주의 는 모든 준거점이 보수신문일 정도로 심각한 수준에 이르렀다.

대선·총선시 "보수신문의 시대는 끝났다"고 큰소리치던 사람들이 이젠 모든 걸 보수신문 탓으로 돌리는 '보수신문 결정론' 을 내세우고 있다. 선의를 가진 언론·지식인이 노 정권의 어떤 점을 비판해도, 그 비판의 내용을 성실하게 음미하고 나서 반론을 펴는 게 아니라 보수신문의 비판과 비슷한 점을 찾아내 '보수신문식 비판' 이라느니 '보수신문에 휘둘렸다' 느니 하는 비난을 하기에 바쁘다. 세간의 노 정권 비판마저 보수신문의 기사 제목을 그대로 따라 하는 것이라고 일축한다. '조중동 프레임' 이라는 말까지 나왔다.

이런 보수신문 숭배주의는 언론개혁도 망치고 노 정권도 망치는 비극을 초래했다. 지식인의 치정주의도 한몫했다. 한국 역사상 노무현 시대만큼 개혁파 지식인들이 거리두기를 하지 못하고 흐물흐물 놀아난 적은 없었다. 2003년 11월 11일 정치학자 김만흠이 《대자보》 기자 이창은·김광선과의 인터뷰에서 잘 지적했듯이, "김대중 대통령 때만 하더라도 적극적인 지지자 그룹에서 비판의 목소리가 많이 나왔다. 그런데 노무현 대통령 지지그룹에서는 노 대통령을 비판하고 지적하는 글이 극히 부족하다 못해 없다고 볼 수 있다."

노무현 스스로 '해체' 를 한답시고 참여의 폭을 대폭 좁힌 가운데 자신의 추종자들에게만 문호를 개방한 소위 '코드 인사' 가 미친 영향 때문이었을 것이다. 이들이 노 정권 진영 내부 담론을 지배하는 바람에 이해관계가 없는 선의의 지지자들에게까지 큰 피해를 주고 말았다.

다시 김갑수에게로 돌아가자. 예전의 김갑수 같으면 반대할 게 99% 분명한 한미 FTA에 대해서도 그는 《한겨레》 2007년 4월 16일자 칼럼에서 "어떤 의견을 갖기가 정말 난감하다"고 토로한다. "신문기사도 열심히 찾아 읽고, 티브이 토론도 보고, 몇몇 단행본도 들여다봤지만 한마디로 누구 말이 옳은지 정말 모르겠다"는 것이다. "매국 대 애국으로 몰고 가는 일부 날선 주장은 자기 이해관계에 집착한 생떼에 지나지 않아 보인다"는 말도 덧붙인다. 중립인가? 그것도 아니다. "지금은 잠시 정적이 필요한 단계가 아닐까"라고 글을 맺음으로써, 그는 사실상 반대 투쟁 좀 그만하라는 메시지를 던진 셈이다.[296]

노 정권은 거대 신문·방송의 지원과 더불어 국민이 낸 세금을 쓰는 홍보 물량공세로 한미 FTA를 점잖고 차분하게 미화할 수 있지만, 반대자들은 시끄러운 시위에 의존해야 한다. 양쪽의 그런 힘의 불균형 관계를 전혀 고려하지 않은 채 주문하는 '정적'은 한미 FTA를 일방적으로 지지하는 목소리보다 조금도 나아보이지 않는다.

참으로 이상한 일이다. '보수신문 결정론'을 믿을 정도로 언론 보도에 관심이 많은 김갑수가 왜 언론의 한미 FTA 보도에 대해선 단 한마디도 하지 않는 걸까? 이거야말로 보수신문과 방송이 한편이 되어 시도한 희대의 여론조작 주제였는데도 말이다.

그렇다고 해서 그가 언론에 대한 관심을 완전히 버린 것 같지는 않으니 더욱 이상하다. 김갑수는 '한화그룹 김승연 회장 부자의 보복폭행 의혹사건'에 대한 언론보도의 선정주의를 비판하면서 "기자에 대한 반감과 더불어 폭력을 휘둘렀다는 '회장님'에 대한 동정이 치미는 기분은 참 미묘했다"고 말한다.[297]

아, 한미 FTA여! 한미 FTA 반대를 외치며 분신을 한 허세욱은 왜 이리 빨리도 잊혀진 걸까? 누구는 한미 FTA 때문에 "우리 농민들, 광야에서 발가벗긴 채 떨고 있다"고 절규하던데,[298] 아무래도 괜한 소린가 보다. 김갑수는 "매국 대 애국으로 몰고 가는 일부 날선 주장은 자기 이해관계에 집착한 생떼에 지나지 않아 보인다"고 했는데, 양쪽의 힘의 크기가 비슷하다고 보는 걸까? 소통의 수단을 얻지 못한 약자의 절규를 강자의 물량공세 허풍과 같은 무게를 갖는 양비론으로 취급해도 되는 걸까?

노무현에 따라 춤추는 사람들

지금 나는 한미 FTA를 반대해야 한다고 주장하는 게 아니다. 그렇기 때문에 보기에 따라선 지금 내가 대단히 무리한 질문들을 던지고 있다는 걸 모르는 게 아니다. 나는 과거 김갑수가 보여준 약자에 대한 무한한 관심과 애정을 떠올리면서 "도대체 노무현이 무엇이 길래 김갑수가 이렇게까지 달라져야 하는 건가?" 하는 의아심과 더불어 안타까움을 토로하는 것이다. 언론보도가 사람 중심이냐 아니냐 하는 차이 때문일까?

2007년 5월 15일 KBS 1TV 'TV, 책을 말하다'에 출연한 김갑수는 김훈의 《남한산성》에 대해 비판적 자세를 취했다. 그런 책이 많이 읽히는 건 불행이며 위험하다고 했다. 그는 국가주의·민족주의에 강한 경계심과 우려를 표명한 것이다. 그렇다. 이게 바로 김갑수의 원래 모습이다. 그는 그간 일관되게 국가주의·민족주의에 대해 반대, 아니 혐오감을 드러내왔다. 그런데 그런 김갑수가 한미 FTA에 대해 무엇이 옳은지 모르겠다고 말하는 걸 어떻게 이해해야 하는가?

김훈이 일관되게 말하는 건 부국강병富國强兵이다. 김갑수는 이에 반대한다. 그는 자율적 개인의 완성과 개인의 선진화를 원한다. 한미 FTA는 장보고와 광개토대왕이 선전 모델로 출연하는 부국강병책이다. 물론 성공을 전제로 할 경우에 그렇다. 왜 김갑수는 김훈의 부국강병은 위험하다고 주장하면서 노무현의 부국강병은 모르겠다고 하는가? 노무현의 부국강병을 적극 지지하지 않는 것에서 그의 일관성을 찾아야 하는 건가?

하긴 그 점에서 김갑수는 차별성이 있기는 하다. 노무현의 다른 열성 지지자들은 거의 우상 숭배의 수준에서 노무현이 하는 대로 따라 춤추고 있기 때문이다. 노무현이 그 특유의 빈말로나마 '소외된 자들에 대한 관심과 사랑'을 이야기하면, 그 지지자들은 민주노동당 지지자들은 찜쪄먹을 수준의 좌파성을 드러낸다. 그러다가도 노무현이 우파의 춤을 추면 또 그 지지자들은 갑자기 스텝을 바꿔 부국강병을 역설한다. 이거 조금도 과장이 없는 실화다. 징그러울 정도다.

홍석봉은 그들의 그런 모습에서 '유아기적 사회'의 모습을 읽었나 보다. 그는 "이명박 전 서울시장이 청계천 복원사업을 펼칠 때의 일이다. 찬성하는 시민이 다수였지만 이에 대한 비판의 목소리도 있었다. 주로 그것은 복원사업이 합리적인 절차를 무시하면서 졸속으로 이루어진다는 점에 대한 지적이었다. 그 목소리는 이명박 시장과 정치적 입장을 달리하는 쪽에서 특히 컸다"며 다음과 같이 말했다.

"그런데 흥미로운 것은 그 목소리가 한미 FTA에 대해선 180도 달라진다는 점이다. 사석에서 노 대통령을 지지하는 분들을 만났는데 정부가 이번 한미 FTA 협상을 서둘렀다는 점에 동의하면서도 결론은 전혀 다르게 내리고 있었다. 합리적인 절차와 토론, 여론 수렴 절차를 거치면서 언제 협정을 체결할 수 있겠느냐는 주장이었다. 무척 궁금했다. 고민도 안 해보고, 의견도 수렴 안 하고, 졸속으로 추진하더라도, 협정 전문도 읽어보지 못한 시점에서 '한미 FTA'는 좋은 것이라는 생각은 어떻게 가능했을까? 산신령의 계시라도 받은 것일까? 혹시 누가 추진하는 일이냐에 따라 비판의 잣대를 달리하는 건 아닐까?"[299]

그들에 비하면 '모르겠다'고 한 김갑수는 성숙한 편이지만, 달리 볼 수 있는 면이 없는 건 아니다. 다른 열성 지지자들은 사석에

서나 그럴 뿐이지만, 김갑수는 과감하게 《한겨레》라는 공론장을
통해 '모르겠다'의 정당성을 역설하고자 했기 때문이다. 김갑수의
노무현 사랑이 누구 못지않게 마니아 수준인 건 분명해 보인다.

김갑수의 사람에 빠지는 기질 · 체질

"사명감은커녕 너무도 비정치적이기만 한 나는 대체 왜 현 집권
층을 애써 옹호하고 싶어 할까"라는 김갑수 자신의 물음이 가슴에
와 닿는다. 김갑수는 "그 의문에 대한 성의 있는 답변이 바로 이
'마법책'에 알알이 담겨 있다"고 했지만, 나는 김갑수가 사람에 빠
지는 기질이나 체질을 갖고 있다는 점에 주목하고 싶다. 이를 잘
보여준 게 그의 황우석에 대한 집착이다.

2005년 12월 '황우석 파동' 시 진중권이 황우석 옹호자들에게
"애국질 하지 마라!"고 말해 논란을 빚었다. 김갑수는 《한겨레》
2005년 12월 16일자 칼럼에서 그걸 거론하면서 "평소 나도 집단
주의나 무반성적 애국심이 횡행하는 풍토에 반감을 갖고 있던 터
였지만 '애국질' 운운 하는 성마른 소리에는 마음의 상처를 받지
않을 수 없었다"며 다음과 같이 말했다.

"우리는 너무나 거칠었다. 그리고 단정적이었다. 그 거칠음과
성급한 단정의 풍토에는 의혹 제기의 진원지이자 승리자인 소장
생명공학자들도 자유롭지 못하다. 이해 못하는 비전문가들을 향

한 그들의 글은 냉소, 조롱, 멸시가 주조였다. 어쨌든 진실의 자리에 믿음을 채워 넣으려던 시도는 패배했다. 어찌하나, 헐!"[300]

아닌 게 아니라 황우석 옹호자들에 대한 진중권의 비난은 '냉소·조롱·멸시'의 성격이 강했다. "꼭 저런 식으로 말해야 할까? '풍자'도 좋지만 사안에 따라 좀 진지하게 글을 쓰면 안 되는 걸까?" 하는 생각을 떠올리게 만들었다. 그럼에도 논객으로 공론장에 뛰어든 김갑수가 '마음의 상처'까지 받을 정도였다면, 그가 황우석에게 단단히 빠져 있었다는 걸로 볼 수 있겠다.

김갑수는 그로부터 3주 후 《한겨레》 2006년 1월 6일자 칼럼에선 "개각과 유시민도, 사학법과 박근혜도, 시위농민 사망까지도 두피의 겉만을 스쳐지나갈 뿐 뇌리에 콱 박힌 줄기세포는 악머구리처럼 붙어 떠나가질 않는다"며 다음과 같이 주장했다.

"나는 이 사태가 황 교수에게 최고 과학자 운운의 과도한 영예를 얹어준 데서 비롯됐다고 본다. 그의 연구는 마치 삼성전자의 반도체 개발처럼 세계 경쟁이 붙은 첨단 분야의 기술개발 차원으로 보아야 한다. 그래야 그 모든 비학문적, 비학자적 행태들이 설명될 수 있다. 명칭부터 생명과학이 아닌 생명공학 즉 테크놀로지가 아닌가. 하지만 비판자들은 그에게 순수학문 및 이론과학의 엄정성, 실험논문의 가능성 검증이기보다는 교과서 검증의 잣대를 들이대고 있다. 돈 되는 기술개발 경쟁 과정에서 불거진 이해다툼으로 사안을 바라보면 누가 사기 친 것도 음모를 꾸민 것도 아닐 수 있다는 전망이 생겨난다. 나는 여기에 주사위를 던지고 싶다."[301]

'온갖 기성의 것에 대한 과잉된 혐오감'

김갑수의 황우석에 대한 집착이 대단한 것 같다. 김갑수의 황우석 집착과 노무현 집착은 비슷한 양상을 보이고 있지만, 노무현 집착이 훨씬 더 강했다. 혹 그의 노무현 집착은 그가 갖고 있는 '온갖 기성의 것에 대한 과잉된 혐오감'[302]에서 비롯된 건 아닐까? 그 혐오감은 그가 젊은 시절 가졌던 것이라지만, 지금도 그게 완전히 사라진 것 같지는 않다. 나는 다른 글에서 다음과 같이 주장한 바 있다.

"노무현의 가장 확고한 지지세력은 '아웃사이더 기질'을 가진 사람들이다. 여전히 목숨 걸다시피 하면서 노무현을 지지하는 사람들이 많다. 대부분 매우 강한 아웃사이더 기질을 가진 사람들이다. 노무현을 비판·비난하는 사람들이 많아질수록 아웃사이더 기질파의 노무현 지지도는 더욱 강고해진다. 이유는 없다. 그건 아웃사이더 기질파의 본능이다."[303]

그 본능은 '쿨'과도 관련이 있다. "쿨의 페르소나는 제도권 인사들을 가면을 쓴 자들로 간주하고, 그들에 대한 불신을 거두지 않는다"는 점에 주목할 필요가 있다.[304] 문제는 역방향으로 극단을 치닫는 것에 있지, 그런 불신의 발단은 '쿨'의 정신에 충실하다는 것이다.

김갑수가 황우석에게 빠진 가장 큰 이유도 그가 황우석을 노무현과 같은 '아웃사이더'로 보았으며, 황우석의 승리를 낮은 곳에서 떨쳐 일어난 '코리안 드림'의 한 표현으로 보았기 때문일 가능성이 높다.

김갑수와 같은 노무현 지지자들은 대통령임에도 불구하고 노무현을 '기성의 것'으로 보지 않는다. 오히려 '기성의 것'과 싸우기 위해 청와대에 잠입한 '트로이의 목마'로 본다. 그래서 노무현이 '대통령답지' 않게 처신할수록 지지율이 떨어지지만 아웃사이더 기질파는 더 열광한다. 노무현이 매우 불안정한 모습으로 좌충우돌하는 모습을 보일수록 그를 자신으로 여겨 뜨거운 애정마저 보인다. 그 애정은 부모자식 간의 애정과 비슷한 것이어서 논리와 이성의 영역을 초월한다. 만약 노무현이 대통령답게 굴면서 안정된 모습을 보였더라면, 아웃사이더 기질파는 오히려 서운하게 생각하고 노무현에 대한 관심을 버렸을지도 모른다.

김갑수는 나긋나긋 말하는 것도 그렇고 생김새도 '쿨'하게 생겼다. 그렇지만 그는 내면 깊숙이 뜨거운 정열과 분노를 갖고 있으며, 그 정열과 분노는 사람에 대한 몰입으로 나타난 게 아닐까? 이는 김갑수가 그만큼 사람을 좋아하는 좋은 인간성의 소유자라는 뜻이기도 하다. 과거 노무현을 열심히 칭찬했다가 대통령이 된 뒤엔 그가 국민을 속였다며 비판하는 나처럼 뻔뻔한 사람보다는 훨

썬 나은 사람이리라.

물론 달리 볼 수 있는 가능성도 있다. 내면지향적인 사람들의 이타성은 곧잘 자신의 선택이나 감정투자에 집착하는, 즉 "나는 오류를 범할 수 없다"는 과도한 자존감이나 이기심의 발로일 수도 있다. 그 어느 쪽이건 사회적 공인들의 경우, 공사 구분 브레이크가 잘 듣지 않는 건 문제일 수 있다.

김갑수가 굳이 한미 FTA에 대해 글을 쓸 필요는 없는 일이었다. 그럼에도 그가 자신의 혼란스러움을 밝힌 글을 쓴 이유는 그 특유의 성실성과 더불어 노무현으로 인해 야기된 자신의 '인지부조화認知不調和, cognitive dissonance'를 줄여보려는 목적 때문이었을 것이다.

평소 다른 문제에선 '쿨' 했던 사람이 내면의 정열을 의인화 · 개인화의 과정을 거쳐 발산하게 되면 통제 메커니즘을 기대하기 어려운가 보다. 그러나 앞서 말했듯이, 이 또한 변종의 '쿨'이다. '온갖 기성의 것에 대한 과잉된 혐오감'에 근거한 '마니아 기질'로서의 '쿨'이다.

'마니아 기질'로서의 '쿨'은 하루키 계열의 '탈정치화 쿨'이다. 특정 정치인에 대한 정열은 높아도 그 정열은 철저히 사람 중심이라는 점에서 '정치의 연예화'에 가깝다. 특정 정치인을 지지하는 각종 '사모 클럽'도 연예인 팬클럽과 다를 바 없는 논리와 메커니즘에 의해 생성 · 발전 · 소멸해간다는 점에서 정치 발전에 기여하기보다는 '정치의 연예화'로 나아가 갈등과 대립을 촉진할 수 있다. '쿨'의 역설인 셈이다.

3분법 논쟁으로 가자

김갑수를 사례로 들어 여러 이야기를 했지만, 내가 논점으로 삼고자 하는 건 '논쟁의 양극화'다. 이제 김갑수와 무관하게, 이에 대해 정리를 해보자. '논쟁의 양극화'는 결코 예외적인 게 아니다. 의외로 널리 퍼져 있는 관행이다. 왜 그럴까? 크게 보아 3가지 이유가 있는 것 같다.

첫째, 자신의 주장을 선명하게 돋보이게 하면서 설득력을 높이기 위한 전략 때문이다. 중간파의 의견은 똑 부러지게 반박하기가 어려워 자신의 논지를 부각시키는 게 쉽지 않으며 많은 사람의 공감을 얻기도 어렵다.

둘째, 지면의 한계 때문이다. 극단적인 최악의 비판을 소개하고 반박하는 데는 긴 이야기를 할 필요가 없지만, 중간파의 비판은 그 내용을 소개하는 것조차 쉽지 않아 많은 지면을 필요로 한다.

셋째, 뉴스 가치에 집착하는 언론의 영향 때문이다. 중간파의 의견은 뉴스 가치가 떨어져 잘 보도되지도 않아 아예 처음부터 의제에서 밀려난다. 게다가 중간파는 자신의 주장을 널리 알리려는 적극성이 떨어져 그런 경향을 강화한다.

물론 그게 이유의 전부는 아니다. TV 토론이 시청률을 의식하지 않을 수 없듯이, 신문에 글을 쓰는 필자들도 자신의 글이 가급적 재미있게 읽히기를 바랄 것이다. 또 자신의 정치적 성향을 강하게 드러내는 것에서 만족을 느낄 수도 있다.

그 어느 편이건 정치 칼럼·사설은 대체적으로 명분·원칙·도덕·상식에 충실하다. 좌우左右·여야與野를 막론하고 비판할 건 무궁무진하게 널려 있기 때문에 비판자는 우월한 고지를 선점할 수 있다. 정부 여당에 우호적인 사람은 한나라당의 문제점을 집중 공격하고, 정부 여당에 적대적인 사람은 정부 여당을 집중 공격한다. 비교적 공정한 사람은 양쪽을 번갈아가며 공격한다. 예외도 있긴 하지만, 대체적으로 비판할 만한 것을 비판하기 때문에 다 말 되고, 다 설득력이 높다.

그러나 계몽의 효과가 있을 것 같지는 않다. 언제부턴가 한국 정치는 '카타르시스 산업'으로 변질되었다. 사회 전체를 생각하기보다는 "내 속 좀 후련하게 해달라"는 사람들이 많고 정치권과 언론은 그런 요구에 적극 화답한다. 국가나 국민보다는 '나'를 소중히 한다는 점에서 진일보한 점이 있기는 하나, 카타르시스 욕구는 폐쇄적이어서 상호 소통을 어렵게 만든다. 현실은 복잡한데 논쟁은 선명하다고 해서 현실까지 선명해지는 건 아니다. 오히려 현실을 왜곡할 수 있다.

사회적 논쟁을 시장논리에만 맡겨둘 일은 아닌 것 같다. 시장논리는 양극화를 선호하기 때문이다. 양극화를 피하면 화끈한 걸 좋

아하는 시민들이 싫어한다고 겁을 낼 필요는 없을 것이다. 신문구
독률과 신뢰도가 계속 하락하고 있다는 것이 그 반증이다.

편집권은 두었다 무엇에 쓰겠는가? 매체 쪽에서 무슨 사안에 대
해서건 중간파의 의견을 적극 반영하고 중간파의 의견을 중심으로
3분법 논쟁을 유도하려는 노력이 필요하다. 적어도 신문만큼은 싸
움구경하는 재미 이상의 것을 주어야 한다. 그것이 인터넷 시대에
신문이 살아남을 수 있는 자구책일 것이다.

그러나 우리가 신문 걱정만 해줄 일은 아니다. '논쟁 양극화' 의
문제는 의외로 학생들의 글쓰기에서 많이 나타났다. 앞서 지적했
듯이 쉬운 싸움을 선호하기 때문이 아닌가 생각한다. 이렇게도 볼
수 있고 저렇게도 볼 수 있는 어려운 문제를 피해, 누가 봐도 잘못
됐다고 생각하는 걸 골라 격파의 대상으로 삼는 유혹을 받는 것이
다. 그런데 이렇게 쓰면 너무 쉬운 싸움인지라 글의 질이 떨어져
좋은 점수를 받기 어려워진다. 고진감래苦盡甘來라고 했다.

‘욱’과 ‘쿨’ 사이에서

무라카미 하루키 현상

한국에선 '쿨' 하면 일본작가 무라카미 하루키를 연상하는 사람이 많다. 그런 연상은 당연하긴 한데, '쿨'에 대해 심각한 오해를 낳게 하는 주요 이유가 되고 있다. 국내에서 하루키의 인기가 워낙 높다보니 하루키에 대한 평가가 곧장 '쿨'에 대한 평가로 이어지는 부작용을 낳고 있는 것이다. 사정이 그러하니, 그런 오해를 푸는 동시에 하루키에 대한 평가에 대해서도 일부나마 검증을 시도해보는 게 좋겠다.

1989년 문학사상사가 하루키의 1987년작 《노르웨이의 숲》을 "상실의 시대"로 이름을 바꿔 출간하면서 국내엔 하루키즘[Harukism]으로 불리는 하루키 열풍과 더불어 일본소설이 상시 베스트셀러 양산 체제로 돌입하는 변화가 일어났다. 이 책은 1993년엔 《노르웨이의 숲》으로 다시 출간되었다.[305]

1995년 하루키 소설에 대한 비평과 광고는 '가벼움의 철학' '죽음과의 싸움' '젊음의 낭만적 방황과 자아 찾기' '기쁨과 자극의 천재' 등과 같은 수식어를 동원했다. 이에 대해 박유하는 "이러한 수식어들이 하루키 문학을 설명하기에는 부족하거나 전혀 거리가 먼 것이라는 것은 차치하고라도 '영상시대, 정보화사회의 특성이 노출' 되었다고 하는 이해에 이르면 한숨이 나오지 않을 수 없다"고 했다. 하루키의 주인공들은 대개 텔레비전을 거부하고 음악만 들으면서 시각이 아니라 청각에 의존하여 세상을 감지한다는 것이다.[306]

2000년대 들어 하루키의 인기는 더욱 높아졌다. 일본에서 신예 작가가 상만 받으면 한국 출판사 대여섯 곳이 곧바로 뛰어들며, 문학사상사가 우선권을 행사해온 하루키 국내 판권이 풀렸다는 소문이 돌자 한국 출판사들이 일제히 하루키에 접촉하는 소동이 일어났을 정도로 일본소설은 한국에서 대인기를 누렸다. 소설분야 베스트셀러 100위 안에 든 작품 수만 하더라도 2005년 6월 현재 한국소설이 22편인 반면 일본소설은 27편을 기록했다. 하루키의 작품은 국내에 2006년 《도쿄기담집》에 이르기까지 80권의 책(중복출간 포함)이 나왔다.

문학평론가 하응백은 "지금 언급되고 있는 일본소설은 쉽고 편하고 말랑말랑한 이야기"라면서 "이 소설들의 문학적 가치는 우리보다 못하다"고 말했다. 정과리는 "지금 대중이 손에 들고 있는 일본소설은 일본의 전통적인 소설이나 오에 겐자부로의 작품 같은 삶의 성찰이 녹아 있는 문학이 결코 아니다"라면서 "감각적 소비

를 위한 상품이 인기를 얻고 있을 뿐”이라고 분석했다.[307]

2006년 서울 소재 13개 대학 중앙도서관의 도서 대출 순위에서 일본소설이 10위 안에 평균 4편 정도 들어간 것과 관련, 중앙대 중앙도서관장 정정호는 “젊은 세대들은 논리적이고 무거운 주제를 다룬 긴 소설보다 감각적이고 가볍고 짤막한 소설에 더 흥미를 느낀다”며 “이는 취업대란 등 암울한 현실의 스트레스를 가벼운 소설로 풀어보려는 경향 때문인 것 같다”고 분석했다.[308]

하루키 소설은 ‘음담패설’ ‘군국주의’?

2006년 9월 《교수신문》이 신진문인들을 대상으로 실시한 설문조사 결과, 국내에서 가장 과대평가된 외국 문인으로 일본작가 무라카미 하루키가 꼽혔다.[309] 여기서 ‘과대평가’의 주체는 평단이 아니라 하루키를 사랑하는 국내 독자들인 것 같다. 국내 평단은 하루키에 대해 무관심하거나 적대적이기 때문이다. 심지어 ‘음담패설’이라는 비판까지 나왔다.

원로 문학평론가 유종호(71세)는 하루키의 《노르웨이의 숲》에 대해 “소설의 화자가 대학생활이 무의미하다고 생각하면서 헤르만 헤세의 《수레바퀴 밑에서》를 읽는 등 등장인물들이 다소간 학교 교육의 피해자 내지는 희생자란 함의를 풍기고 있다”며 “요컨대 감상적인 허무주의를 깔고 읽기 쉽게 씌어진, 성적 일탈자와 괴

짜들의 교제 과정에서 드러나는 특이한 음담패설집"이라고 주장
했다. 유종호는 "불안한 청년기에 가벼운 우울증을 앓고 있는 심
약한 청년들에게 이 책은 마약과 같이 단기간의 안이한 위로를 제
공해줄 것"이라면서 "약삭빠른 글장수의 책이지 결코 예술가의 책
은 아니라고 생각한다"고 밝혔다.

그런데 흥미로운 건 유종호는 하루키의 막강한 영향력 때문에
위와 같은 주장을 하게 되었다는 사실이다. 그는 "상당수의 대학
생이 문학적 위엄을 보여주는 고전을 제쳐놓고 《노르웨이의 숲》을
가장 감명 깊게 읽었다고 해서, 곤혹스럽고 우려가 되어 글을 쓰게
됐다"고 밝혔다.[310]

반면 광운대 일본학과 교수 최정아는 "적어도 《노르웨이의 숲》
을 보는 한, 무라카미 하루키는 '상실의 작가'가 아닌 '회복의 작
가'라 함이 옳을 듯하다. 또 그에게 사회적 문제의식이 없다거나
작가적 주장이 결여되었다는 비판도 옳지 않다"며 다음과 같이 주
장했다.

"그는 현대사회의 비정한 권위적 가치체계에 의해 왜곡되는 인
간성과 그로 인한 인간의 불행, 소실되는 삶의 의미를 직시하고 있
다. 그리고 상처받은 영혼을 감싸는 따스한 사랑의 온기가 가능케
할 참된 인간적 관계 속에서 생의 의미와 행복을 회복하길 소망하
고 또 주장한다. 단 사회의 권위적 힘에 맞서고자 인간적 사랑의
가치를 주장하는 그의 목소리는 결코 높거나 강압적이지 않다. 그

는 쉽고 가벼우며 자유롭게 흐르는 반 권위적 문체로써 인간의 영혼에 스며드는 따스하고 친근한 사랑을 이야기하는 것이다.”[311]

어느 쪽 주장에 더 귀를 기울여야 하는 걸까? 어느 쪽이건 ‘쿨’하게 받아들이면 심각해질 필요는 없다. 세상엔 많은 사람이 살고 그 만큼 생각도 다양할 수 있다는 걸 음미해보는 걸로 족하리라. 유종호의 비판에 대한 하루키의 반응도 비교적 ‘쿨’ 했다. 다음 대화를 보자.

김광일 한국의 문학평론가 유종호 교수가 월간 《현대문학》 6월호에서 《노르웨이의 숲》을 신랄하게 비판했다. ‘감상적인 허무주의를 깔고 읽기 쉽게 쓰여진, 성적 일탈자와 괴짜들의 교제 과정에서 드러나는 특이한 음담패설집’ 이라고….
하루키 그 소설이 ‘읽기 쉽게 쓰여 있다’ 는 건 사실이다. 그저 ‘읽기 쉽게 쓰여 있는’ 것을 혐오하는 비평가는 세상에 많이 있는 것 같다. 내가 가장 높이 평가하는 것은 ‘읽기도 쉽고, 내용도 깊이 있는 소설’ 이다. 반대로 가장 싫은 것은 ‘읽기도 어렵고 내용도 빈약한 소설’ 이다.[312]

하루키에 대한 비판은 ‘정통문학’ 의 관점뿐만 아니라 진보적 관점에서도 나오고 있다. 일본 도쿄대 교수 고모리 요이치는 “무라카미 하루키의 소설 《해변의 카프카》는 천황의 전쟁 책임을 은폐

하고 일본인들로 하여금 전쟁과 피식민지인들에 대한 가해의 기억을 지워버리도록 하는 '치유'의 기능을 하고 있다"며 "국가가 수행했던 침략전쟁하의 조직적 '강간'의 기억을 잠시 동안 상기하고, 다음 순간 어쩔 수 없는 일이라고 기억에서 지워버리는 《해변의 카프카》의 소설 텍스트 운동은 '종군위안부' 문제를 없었던 것으로 하고 싶어 하는 사람들에게는 '치유'를 가져다주는 기능을 하는 것"이라고 주장했다.[313]

그럴 수도 있겠지만, 그게 전부는 아닐 것 같다. 즉, 다른 기능도 있을 것 같다는 생각이 든다. 위와 같은 평가도 하루키가 그만큼 일본의 젊은이들에게 막강한 영향력을 행사하고 있다는 그의 유명세에 대한 반작용으로 보는 게 옳을 것이다.

'소비주의·감상주의·허무주의' 뿐인가?

'하루키 현상'을 어떻게 보아야 할까? 90년대 초반 하루키를 열심히 읽다가 2000년대가 됐을 때쯤 하루키와 결별한 국내의 한 '전향자'는 2007년 "신기한 것은 내가, 그리고 감히 일반론을 도입하자면 내 세대 중 일부가 그의 세계를 졸업한 뒤로도, 신입생이 계속 생겨나고 있다는 점이다.

차이라면 하루키를 찾아 읽는다 함이 대학의 90년대 초반 학번에겐 어느 수준에서나마 스놉(재산과 지위로 거만을 떠는 속물)한 행위일 수 있었으나, 0자 붙는 학번들에게는 전혀 유행의 첨단이 되지 못한다는 것 정도다. 그 정도로 더 대중적이다. 또한 글로벌하다. 2004년 프랑크푸르트 도서전에 갔을 때, 각 나라의 제일 큰 문학 출판사 부스는 온통 그의 사진으로 도배가 돼 있었다"며 다음과 같이 말했다.

"나는 하루키를 안 읽는 쪽으로 돌아선 나의 선택을 후회하지도 않지만, 그렇다고 온통 일본문학 천지가 돼버린 대형서점이나 지금 한참 하루키에 빠져 있는 아랫세대를 보며 개탄할 생각도 전혀 없다.(게다가 은밀히 고백하자면, 어떤 종류든 간에 전향이란 그 이전과 이후 어느 쪽이 나은가라는 가치판단에 앞서는 일종의 죄책감을 남기는 것만은 분명하다.) 다만 지난해쯤 신문에서 고전에 대해 무식하고 하루키만 읽는 젊은 세대를 일갈한 모 교수의 글을 보면서 그 비난의 화살이 전혀 과녁 근처에도 닿지 못하고 있다는 생각을 했을 뿐이다. 지금의 나는 그저 궁금할 따름이다. 하루키 소설의 좋고 나쁨을 떠나 그와 같은 개인주의 문화들이 어떻게 해서 나의 90년대를 찾아왔으며, 그리고 그중에서도 왜 유독 하루키만이 더욱 세련되고 살벌한 2000년대에 살아남았는가 하는 것이. 그때와 지금이 또 어떻게 다른가 하는 것이. 그리고 그 원인이 아직도 한국문학의 '경쟁력'에만 국한될 일일까 하는 것이."[314]

작가 공지영은 하루키를 비롯한 일본소설 신드롬에 대해 "스타일 운운해도 결국 팔리는 건 연애소설"이라며 "문제는 한국 작가

가 연애소설을 쓰면 평단 반응이 싸늘하다는 데 있다”고 분석했
다. 한국 작가들은 문단 엄숙주의의 눈치를 보는 반면, 일본소설은
20대 여성을 사로잡을 ‘쿨한 연애담’에 집중하고 있어 국내 독자
들에게 먹혀들고 있다는 것이다.[315]

연애소설을 쓰면 진지하고 무게 있는 작가로 대접받지 못하는
풍토가 사실이라면 그건 도대체 어디에서 비롯된 것일까? 엄숙하
고 학구적인 문학 평단이 문학을 심오한 철학의 반열에 끌어올리
려는 건 아닐까? 그래서 늘 평단을 의식하지 않을 수 없는 작가는
연애소설을 피하려는 건 아닐까? 이게 바로 한국에서 하루키가 누
리는 인기가 제기한 질문 중의 하나는 아닐까?

물론 독자들의 생각은 평단과는 다르다. 2000년 하루키 소설은
꼭 읽는다는 한 네티즌은 “하루키의 소설은 꾸질꾸질한 내 현실을
잠시 접어두고 현실에서는 결코 만나기 힘든 괜찮은 남자랑 맛있
고 속 깊은 데이트를 하는 기분이 들게 한다. 그건 어디서고 맛볼
수 없는 기분이다”고 말했다.[316]

박재현은 “무라카미 하루키로 대표되는 ‘잘 팔리는’ 일본소설에
는 자본주의의 소비패턴이 일상적으로 녹아있다. 대중의 소비적
취향을 만족시켜준다”고 분석했다.[317]

한 출판사의 편집주간은 “최근 몇 년간 소설시장에서 외국문학
이 득세하는 상황이 지속되고 있다”며 “전에는 유럽소설이 인기를
끌었는데, 이제 인접국가인 일본소설이 독자를 몰고 다닌다는 점

이 다르다"고 말했다. 그는 "일본소설은 대부분 대중문화에 천착하고 있다는 점에서 우리나라 소설의 주요 독자층인 젊은 세대들의 코드와 맞다"고 분석했다.[318]

평단은 국내 독자들이 하루키의 소설에 매료되는 이유를 주로 소비주의·감상주의·허무주의, 쉬움·가벼움·부드러움 등으로 설명한다. 그런데 정말 그런 건가? 더 근본적인 이유가 있는 건 아닐까? 하루키 독자들이 구체적인 설명은 하지 않으면서도 하루키 소설을 사랑하는 이유로 드는 '쿨'의 정체를 그런 설명만으로 포착할 수 있는 걸까?

하루키의 '쿨의 법칙'

하루키는 《상실의 시대》에서 이른바 '쿨의 법칙'이라 부를 수 있는 걸 제시했다. 그건 "모든 사물을 너무 심각하게 생각하지 말 것. 그리고 모든 사물과 자신 사이에는 적당한 거리를 둘 것" 등이다.[319] 굳이 이 소설 안에서 '쿨'과 관련된 진술을 찾자면 다음 두 가지를 더 들 수 있겠다.

"일상생활이라는 차원에서 본다면 우익이든 좌익이든, 위선이든 위악이든 그건 그다지 대수로운 차이가 없는 것이다."[320]

"극히 평범한 여자는 무엇이 공정하냐 아니냐보다는 무엇이 아름답다든가, 어떻게 하면 자신이 행복해질 수 있다든가 하는, 그런 것을 중심으로 사물을 생각하는 법이죠. '공정'이란 것은 아무리 생각해도 남자가 사용하는 말이에요."[321]

물론 남자도 이제 더 이상 '공정'을 사용하지 않는다. 피곤하기 때문이다. 아니 '공정'은 신기루라는 걸 깨달았기 때문인지도 모른다. '공정'에 신경 쓰지 않는다는 건 공적 영역에서 물러나 자신의 일상적 삶을 껴안을 수 있는 조건이기도 하다.

일상적 삶에서도 심각성을 버리고 거리두기를 확보하는 건 스트레스를 유발할 수 있는 상황을 차단하는 지혜가 된다.

이런 게 바로 '쿨'한 삶이다. '쿨'은 훈련을 필요로 한다. 하루키의 경우 의식적으로 일본문학을 멀리하면서 영어로 된 책만을 읽으며 자랐으며, 《상실의 시대》도 일부러 그리스·이탈리아 등지를 옮겨 다니면서 썼다. 그의 소설엔 '쿨'의 정신이 녹아 있다.

요즘 출판계에서 한국소설들을 압도하고 있는 일본소설들을 모두 '하루키류'로 볼 순 없지만, 하루키마저 무겁다고 말하는 일본 작가들의 소설이 국내에서 인기를 얻고 있는 걸 보면 일본소설 붐을 설명할 수 있는 키워드는 아무래도 '쿨'인 것 같다.

'쿨'은 자본주의 발전단계와 밀접한 관련을 맺고 있으므로 한국의 젊은이들이 일본형 '쿨'을 수용하는 건 문제가 있다고 말할 수도 있겠지만, 오히려 반대로 생각하는 게 더 타당할 수도 있다. 한국은 일본과는 달리 감정을 발산하는 문화인데다 인간관계로 인한 스트레스가 일본보다 더 많은 나라이므로, 그 반작용으로 '쿨'의 수요가 더 클 수 있기 때문이다.

이와 관련, 연세대 사회학과 교수 조한혜정은 "젊은이들로부터 '우리 사회 왜 이렇게 후지냐'는 말을 자주 듣는다. 돌아보면 '후진 사회'의 특징은 가족주의적 끈적거림과 군사주의적 의리, 식민지적 가식 같은 것이다"며 다음과 같이 말했다.

"이제는 각자가 생각한 바를 눈치 보지 않고 추진하는 것, '국민정서'라거나 '안 그런 사람은 어떻게 하냐? 남은 사람은 어떻게 할 거냐'라는 말로 채근해 물귀신처럼 끌어내리지 않고 가볍게 움직여야 할 때다. '근대적 집요함'은 복합적이고 이질적인 경험이 널려 있는 요즘 세상에서 병을 고치기보다 악화시킬 뿐이다. 이런 시대의 미덕은 선뜻 포기하는 것, 올 때 오고 갈 때 가는 것, 집착하지 않는 것, 상대의 의사와 감수성을 존중하는 것이다. 다원화된 사회의 다양한 시민들이 존중되는 질서를 만들어가려면 그 전과는 전혀 다른 관계 맺음의 원칙과 감수성이 필요한데, '쿨'이라는 간단한 표현 속에는 이런 의미를 담고 있다."[322]

요컨대, '쿨'의 이런 한국적 수요에 주목할 필요가 있다. '쿨'은 시대정서요 감정의 처세술이다. 사회진화론의 풍미는 흘러간 역사가 아니라 생생한 현실로 나타나고 있다.

인간관계의 문제를 떠나서도 날로 극심해지는 약육강식弱肉强食 · 우승열패優勝劣敗 · 적자생존適者生存 풍토에서 '쿨'은 반드시 갖춰야 할 최소한의 자기방어 기제가 되고 있다.

'쿨'을 '쿨'하게 대하자

그러나 그건 어디까지나 주요 문화 트렌드로서의 '쿨'에 관한 이야기일 뿐이다. 이 책은 그런 트렌드를 뛰어넘어 누구에게나 있는 '쿨'의 요소가 어떤 사람에겐 어떤 유형으로 두드러지게 나타나고 있는가 하는 걸 살펴보고자 했다. 그래서 10인 10색의 '쿨'이다.

그럼에도 하루키에 관한 이야기는 우리가 '쿨'을 이해함에 있어서 매우 중요한 의미를 갖는다. 유행으로서의 '쿨'의 주요 수입원이 일본이라는 이유로, 우리는 반일감정이나 애국심을 품은 채 '쿨'에 대해 필요 이상으로 경계심을 갖고 있는 건 아닌가? '쿨'을 '쿨'하게 대하자. 한국은 일본과는 좀 다른 이유로 '쿨'에 대한 수요가 강하게 발생하고 있는 나라라는 걸 잊지 말자.

누구나 인정하겠지만, 한국인은 세계에서 둘째가라면 서러워할 정도로 '욱'하는 기질이 매우 강한 사람들이다. 높은 인구밀도와 더불어 여전히 치열한 "잘 살아보세" 정신으로 무장해 이를 악물고 살기 때문에 그런 게 아닌가 싶다. 파란만장한 역사로 인해 콤플렉스와 더불어 한恨이 맺힌 게 많은 탓도 있을 게다. 스트레스와 한이 많은 사람일수록 언제든 '욱'하고 터질 수 있으므로 각별한 주의가 요망된다 하겠다.

한국은 고高스트레스 국가다. 《파이스턴 이코노믹 리뷰》지의 1996년 아시아 10개국 조사 결과에 따르면, 스트레스가 심한 나라 1위는 한국이었다.[323] 2006년 11월 AP통신이 국제조사기관 입소스^{Ipsos}와 함께 한국 미국 영국 프랑스 독일 캐나다 호주 이탈리아 멕시코 스페인 등 10개국 성인 1,000명씩을 대상으로 지난달 실시한 전화 설문 조사에서 한국인 응답자 81%가 자주, 혹은 가끔 스트레스를 받는다고 답해 10개국 중 스트레스 호소 비율이 가장 높은 것으로 나타났다.[324] 2007년 4월 LG경제연구원 보고서에 따르면, 한국 직장인의 스트레스 보유율은 세계 최고인 95%로 미국(40%)과 일본(61%)보다 월등히 높았다.[325]

고高스트레스는 화병을 낳는다. 1996년 미국정신과의사협회는 화병火病을 "한국인에게 주로 나타나는 분노증후군"으로 공식 인정했다. 병명도 한국어를 그대로 쓴 'Hwa-byung' 이다.[326] 심리학자 조긍호는 "서구인들은 분노를 일상생활에서 10번 느낀다면, 한국인은 50번을 느낀다. 서구인은 8번 표출하고, 한국인은 20번쯤 표출한다. 전체를 보면 억누르는 측면이 훨씬 강하다"고 지적했다. 또 그는 "화병은 분노를 억제해서 나타나는 신체현상이다. 물론 화를 버럭 내는 경우도 있지만, 한국은 개인적인 분노의 표출보다는 집단적인 분노의 표출 경향이 강하다"고 말했다.[327]

집단적 · 역사적 스트레스와 한국 정치

바로 그런 이유 때문에 한국 정치는 카타르시스 기능이 유난히

발달했다. 그런데 그 카타르시스 기능은 일시적이고 기만적인 것이기 때문에 또 다른 스트레스를 낳을 수밖에 없다. 한국 정치가 기본적으로 '반감反感의 정치' 라는 건 그것이 스트레스 해소의 사이클을 형성하고 있다는 걸 의미하는 것이기도 하다.

정치에 대해 핏대를 올리는 열혈 참여자들을 잘 뜯어보라. 그들의 애국충정에 고개가 수그려지기보다는 그들이 스트레스 해소에 더 열을 올리고 있다는 게 눈에 들어올 것이다. 그 판에 대고 이성적 논의나 호소가 가능할까? 더욱 근본적인 신체 · 정신 기능상의 문제로 보아야 하지 않을까?

만약 이런 의문에 조금이라도 타당한 점이 있다면, 우리는 한국 정치판의 이전투구泥田鬪狗는 필연일 수도 있다는 가설에 도달하게 된다. 그래서 이전투구 극복을 포기하자는 게 아니다. 알건 제대로 알고 대처해야 한다는 뜻이다.

한국 정치판에선 맨 정신으론 도저히 이해할 수 없는 일들이 너무 많이 일어나고 있다. 당파성을 떠나 개탄을 금치 못할 일인데도 다른 한편에선 열광하는 사람들이 있다면 이건 이념이나 정치의 문제라기보다는 육체와 정신의 건강 문제로 보는 게 더 옳을 것이다.

우리가 흔히 말하는 '역사의 업보' 라는 건 사실상 '역사적 스트레스' 를 말하는 것이다. 파란만장한 역사의 굴곡으로 인해 갖게 된 집단적 스트레스는 잠복해 있다가 여건이 맞으면 그 해소를 위한 분출이 일어나게 돼 있다. 집단적·역사적 스트레스의 관점에서도 한국 정치를 연구할 필요가 있다.

노무현 시대는 '욱의 전성시대'였다. 특히 대통령 탄핵사태는 그 발단에서부터 결말까지 '욱의 대향연'이었다고 말해도 무방하리라. 드라마로 만들어도 비현실적으로 보일 것 같은 사건을 손수 창조해낸 한화그룹 회장 김승연의 지극한 아들 사랑도 따지고 보면 '욱'에서 비롯되었을 터인즉, '욱의 전성시대'에 충실한 이벤트였다고 훗날의 사가들은 기록할지 모르겠다.

그 어떤 이유에서 비롯되었건 '욱'은 자기객관화 능력이 사라진 상태를 의미한다. 자신의 분노에만 집착할 뿐 자신의 '욱'으로 인해 부당하게 고통받거나 불편해할 사람들에 대한 배려가 없다. 이걸 단지 '스타일에 대한 거부감'이라고 말하는 건 곤란하다. 스타일 이상의 것이기 때문이다. 아무리 좋은 선물이라도 곤히 자는 사람을 깨워 전달하려 한다면 좋은 소리 못 듣는다. '텍스트(알맹이)' 이상으로 '콘텍스트(상황)'가 중요하다는 뜻이다. 그런데 "왜 이 텍스트의 가치를 몰라보느냐"고 떼쓰고 호통까지 치면 정말 돌아버릴 수밖에 없다.

열정으로 개막된 노무현시대가 열정에 대한 환멸의 냄새를 피우며 저물어가고 있다. 누군가는 "환멸에서 지혜가 생긴다"고 했지만, 지혜를 얻어야 할 사람들은 여전히 열정을 사수하기 위한 몸부림을 치고 있다.

그런 이유로 공적 영역에서도 '쿨'은 새로운 미덕으로 떠올랐다. 분열과 갈등이 고조되면서 '참여'와 '열정'이라는 아름다운 말조차 타락하는 사태가 도처에서 일어났기 때문이다. '소통의 죽음'을 목격하고 있는 사회에서 '쿨'이 소통을 위한 전제조건으로 떠오르는 건 당연한 일이다. 각기 생각을 달리하는 세력들의 애국 충정 경쟁은 너무도 뜨거워 오히려 나라를 위태롭게 만드는 결과를 초래하고 있는데, 바로 이런 역설이 '쿨'의 수요를 키우고 있다.

지금 우리에게 필요한 건 한국형 '쿨'의 자급자족이다. 한국형 '쿨'이라 함은 어설프고 무책임한 열정을 관리하기 위해 지성으로서의 냉소주의를 훈련하는 것이다. '낙관적 감성, 비관적 이성'이라는 말과 통하는 것이다. 냉소의 훈련을 거친 후에 열정을 가질 때 비로소 '책임 윤리'가 확실한 열정이 꽃을 피우게 된다. 당연히 자기객관화 능력도 생겨난다.

자기객관화 능력은 매우 중요한 것이다. 이게 있어야 역지사지易地思之와 소통이 가능해지기 때문이다. 개혁의 이름으로 역지사지와 소통을 죽이는 일은 이제 규탄받아야 한다. 그건 개혁일 수 없다는 깨달음이 있어야 한다. 이게 한국형 '쿨'의 정신이다. '욱'과 '쿨' 사이에서 방황하는 시행착오를 거치면서 '쿨'에 한 걸음 더 가까이 갈 수 있다면, 한국인의 삶의 질은 크게 향상될 것이다.

이 책에서 다룬 10인 10색의 '쿨'은 그런 한국형 '쿨'을 정착시키는 데 있어서, 귀한 가르침과 교훈을 줄 수 있다는 점에서 10인

에게 감사드리지 않을 수 없다. 혹 마음에 들지 않는 부분이 있더
라도 '쿨'하게 대처해주시리라 믿고 싶다.

주

1. 딕 파운틴 · 데이비드 로빈스, 이동연 옮김, 《세대를 가로지르는 반역의 정신 cool》(사람과책, 2003), 51쪽.

2. 딕 파운틴 · 데이비드 로빈스, 이동연 옮김, 《세대를 가로지르는 반역의 정신 cool》(사람과책, 2003), 40~41쪽.

3. 하지현, 〈'쿨(cool)'만 찾다 얼어 죽을 수도…: '쿨' 중독〉, 《조선일보》, 2006년 12월 7일, D10면.

4. 김미리, 〈깔끔하고 이성적인 Cool 지고 솔직하고 감성적인 Warm 뜬다〉, 《조선일보》, 2005년 10월 17일, A2면.

5. 이주현 · 최혜정, 〈나 지금 쿨~ 하니?〉, 《한겨레 21》, 2003년 10월 1일자.

6. 김미리, 〈깔끔하고 이성적인 Cool 지고 솔직하고 감성적인 Warm 뜬다〉, 《조선일보》, 2005년 10월 17일, A2면.

7. 하지현, 〈'쿨(cool)'만 찾다 얼어 죽을 수도…: '쿨' 중독〉, 《조선일보》, 2006년 12월 7일, D10면.

8. 이동연, 〈옮긴이의 글〉, 딕 파운틴 · 데이비드 로빈스, 이동연 옮김, 《세대를 가로지르는 반역의 정신 cool》(사람과책, 2003), 9~10쪽.

9. 김진애, 《여자 우리는 쿨하다》(한길사, 2000), 39쪽.

10. 박창식, 《쿨하게 출세하기: 박창식 기자의 이해찬 비평》(인물과사상사, 2004), 8쪽.

11. 김창석, 〈당신의 쿨 지수는?〉, 《한겨레21》, 2003년 10월 1일자.

12. 〈안성기 · 이영애 "국민배우"〉, 《한국일보》, 2002년 8월 1일, 39면.

13. 권태호, 〈이영애로 가득찬 하루 그래도 신선한 이유는: 권태호 기자의 CF 이야기〉, 《한겨레》, 2001년 11월 14일, 19면.

14. 염강수, 〈이영애, 광고모델 선호도 2년 연속 1위〉, 《조선일보》, 2006년 12월 4일, B11면.

15. 정희진, 〈사랑한다면, 배용준처럼!〉, 《한겨레 21》, 2005년 9월 27일, 62~64면.

16. 권태호, 〈'동안' 권하는 사회〉, 《한겨레》, 2006년 2월 22일, 22면.

17. 이혜윤, 〈김근태, "이영애 도도하지만 가장 좋아해"〉, 《노컷뉴스》, 2004년 5월 20일자.

18. 남궁성우, 〈이영애 "무한도전 좋아했는데 이제껏 안 불러줬다" 이영애 섭외 일등공신 유재석, 이영애 속마음 내비쳐〉, 《노컷뉴스》, 2007년 4월 17일자

19. 신용호, 〈이영애의 '산소 같은 연기'〉, 《뉴스위크 한국판》, 2001년 10월 3일, 104면.

20. 심재명, 〈우리 시대 '미인'의 아이콘으로 부상한 이영애〉, 이영애, 《아주 특별한 사랑: 이영애 에세이》(문학사상사, 2001), 12쪽.

21. 박명진 편, 《비판커뮤니케이션과 문화이론: 기본개념과 용어》(나남, 1989), 195쪽.

22. N. 볼츠 · 빌렘 반 라이엔, 김득룡 옮김, 《발터 벤야민: 예술, 종교, 역사철학》(서광사, 2000), 167쪽.

23. 발터 벤야민, 반성완 편역, 《발터 벤야민의 문예이론》(민음사, 1983), 200, 202쪽.

24. 이영애, 《아주 특별한 사랑: 이영애 에세이》(문학사상사, 2001), 116쪽.

25. 딕 파운틴 · 데이비드 로빈스, 이동연 옮김, 《세대를 가로지르는 반역의 정신 cool》(사람과책, 2003), 71~74쪽.

26. 얀 크노프, 이원양 옮김, 《베르톨트 브레히트》(인물과사상사, 2007), 11쪽.

27. 박찬경, 〈블랙박스: 냉전 이미지의 기억〉, 현실문화연구 편, 《문화읽기: 삐라에서 사이버문화까지》(현실문화연구, 2000), 141~142쪽에서 재인용.

28. 이상일, 《브레히트: 브레히트와 서사극》(건국대학교출판부, 1996), 12쪽.

29. 조지 랠리스, 이경운 · 민경철 옮김, 《브레히트와 영화》(말길, 1993), 27~28쪽.

30. 베르톨트 브레히트, 김기선 옮김, 《서사극 이론: 베르톨트 브레히트 연극론》(한마당, 1989), 92쪽.

31. 베르톨트 브레히트, 김기선 옮김, 《서사극 이론: 베르톨트 브레히트 연극론》(한마당, 1989), 71쪽.

32. 베르톨트 브레히트, 김기선 옮김, 《서사극 이론: 베르톨트 브레히트 연극론》(한마당, 1989), 89쪽.

33. 이영애, 《아주 특별한 사랑: 이영애 에세이》(문학사상사, 2001), 142쪽.

34. 심재명, 〈우리 시대 '미인'의 아이콘으로 부상한 이영애〉, 이영애, 《아주 특별한 사랑: 이영애 에세이》(문학사상사, 2001), 149~150쪽.

35. 하재봉, 〈카멜레온 영애씨…이젠 예쁜 연기파 배우〉, 《주간동아》, 2005년 8월 16일, 43면.

36. 정혜신, 《사람 VS 사람: 정혜신의 심리평전 II》(개마고원, 2005), 42쪽.

37. 박은주 · 이동진, 〈"영화만 계속 만들 수 있다면 행복한 감독 아닐까요": 칸 영화제 심사위원 대상 받은 '올드보이' 박찬욱 감독〉, 《조선일보》, 2004년 6월 9일, A22면.

38. 이동욱, 〈인터뷰/공동경비구역 JSA를 만든 박찬욱 감독: "순진한 휴머니즘으로 분계선을 넘으면 인생이 박살난다는 것 보여주려 했다"〉, 《월간조선》, 2000년 11월, 407쪽.

39. 변성찬, 〈박찬욱이 몰랐던 박찬욱의 모든 것〉, 《씨네 21》, 2003년 12월 9일, 61면.

40. 박찬욱, 《박찬욱의 몽타주》(마음산책, 2005), 211쪽.

41. 이오성, 〈모순투성이 세상을 그대로 보여주고 싶다: 영화감독 박찬욱〉, 《월간 말》, 2003년 2월, 167쪽.

42. 정상원, 〈요즘 평양 유행어는…"너나 걱정하세요"〉, 《한국일보》, 2007년 2월 2일, A5면.

43. 신정록, 〈임기말에도 꿈쩍 않는 '님 향한 일편단심' : 청와대 출입기자가 본 '청와대 참모들'〉, 《조선일보》, 2007년 4월 21일, B15면.

44. 김시관, 〈"가난은 반항심 키우고, 열등감은 싸움을 불렀다": 최진 교수의 노무현 리더십 철저 해부〉, 《주간동아》, 2007년 5월 1일자; 최진, 〈제7절 노무현 대통령〉, 《대통령리더십 총론》(법문사, 2007), 439~603쪽.

45. 이오성, 〈모순투성이 세상을 그대로 보여주고 싶다: 영화감독 박찬욱〉, 《월간 말》, 2003년 2월, 167쪽.

46. 박찬욱, 《박찬욱의 몽타주》(마음산책, 2005), 18~19쪽.

47. 일본무라카미월드연구회 엮음, 김선영 옮김, 《무라카미 하루키 옐로사전》(새물결사, 2000), 39~41쪽.

48. 박찬욱, 《박찬욱의 몽타주》(마음산책, 2005), 16~17쪽.

49. 박승희, 〈"한나라당은 인질 정치 대선후보는 국정 발목": 요즘 입이 찢어진다는 노 대통령〉, 《중앙일보》, 2007년 5월 2일, 4면.

50. 한홍구, 《대한민국사: 단군에서 김두한까지》(한겨레신문사, 2003), 23~24쪽.

51. 김진경, 《삼십년에 삼백년을 산 사람은 어떻게 자기 자신일 수 있을까》(당대, 1996), 82~83쪽; 정영태, 〈개발연대 지식인의 역할과 반성〉, 장회익 · 임현진 외, 《한국의 지성 100년》(민음사, 2001), 175~176쪽에서 재인용.

52. 이정은 《사람은 왜 인정받고 싶어하나》(살림, 2005), 12쪽.

53. 지그문트 바우만, 김동택 옮김, 《지구화, 야누스의 두 얼굴》(한길사, 2003), 22쪽.

54. 강준만, 〈욕망: 욕망은 인간세계의 엔진이다〉, 《인간사색: 한국인의 인간관계에 대하여》(개마고원, 2006), 87쪽.

55. 염강수, 〈이영애, 광고모델 선호도 2년 연속 1위〉, 《조선일보》, 2006년 12월 4일, B11면.

56. 정유진, 〈'마네킹 외모' 강요하는 사회〉, 《경향신문》, 2007년 1월 2일, 6면; 김윤덕·한종휘, 〈허영부리는 '된장女' vs 궁상떠는 '고추장男'〉, 《조선일보》, 2006년 8월 4일자.

57. 김은실, 〈몸, '매개 아닌 주체'로 등장하다〉, 《경향신문》, 2006년 8월 12일, K7면.

58. 샌더 L. 길먼, 곽재은 옮김, 《성형수술의 문화사》(이소출판사, 2003), 38~39쪽.

59. 샌더 L. 길먼, 곽재은 옮김, 《성형수술의 문화사》(이소출판사, 2003), 55쪽.

60. 조르주-클로드 길베르, 김승욱 옮김, 《포스트모던 신화 마돈나》(들녘, 2004), 217쪽.

61. 최승현, 〈광고 베끼는 지상파 TV〉, 《조선일보》, 2007년 1월 3일, A22면.

62. 제임스 트위첼, 김철호 옮김, 《욕망, 광고, 소비의 문화사》(청년사, 2001), 11쪽.

63. 김민경, 〈전지현: 신문화코드 '전지현 따라잡기'〉, 《주간동아》, 2003년 8월 14일, 58면.

64. 어수웅, 〈인기 해부학 (1) 전지현〉, 《조선일보》, 2000년 1월 10일, 41면.

65. 이영재·홍지능, 〈전지현: '시월애' 은주〉, 《KINO》, 2000년 8월, 150쪽.

66. 어수웅, 〈인기 해부학 (1) 전지현〉, 《조선일보》, 2000년 1월 10일, 41면.

67. 이상용, 〈스타탐험/전지현: 아기의 얼굴과 소녀의 팔다리, 여인의 목선을 가진 신세대 스타〉, 《월간중앙》, 2003년 9월, 251쪽.

68. 배장수, 〈전지현〉, 《경향신문》, 2004년 5월 27일, M1면.

69. 배장수, 〈전지현〉, 《경향신문》, 2004년 5월 27일, M1면.

70. 박지영, 《유쾌한 심리학》(파피에, 2003), 220쪽.

71. 어수웅, 〈인기 해부학 (1) 전지현〉, 《조선일보》, 2000년 1월 10일, 41면.

72. 김고금평, 〈중년의 '새로운 무기' 동안〉, 《문화일보》, 2006년 2월 11일, 6면.

73. 권태호, 〈'동안' 권하는 사회〉, 《한겨레》, 2006년 2월 22일, 22면.

74. 강준만, 〈아파트와 스타〉, 《강남, 낯선 대한민국의 자화상: 말죽거리에서 타워팰리스까지》(인물과사상사, 2006), 226~229쪽.

75. 신윤동욱, 〈카피, 참을 수 없는 '비교'의 유혹〉, 《한겨레 21》, 2004년 12월 9일, 40~42면.

76. 박주연, 〈스타초대석/영화배우 전지현: 아시아가 제 매력에 '푹' 빠졌죠〉, 《뉴스메이커》, 2004년 3월 25일, 113면.

77. 박주연, 〈스타초대석/영화배우 전지현: 아시아가 제 매력에 '푹' 빠졌죠〉, 《뉴스메이커》, 2004년 3월 25일, 113면.

78. 김훈·김용옥, 〈기자 도올, 소설가 김훈을 인터뷰하다〉, 《중앙일보》, 2007년 4월 13일, 3면.

79. 류길상, 〈"얇게 더 얇게" 초슬림폰 경쟁〉, 《서울신문》, 2006년 8월 22일, 25면.

80. 염강수, 〈최고의 광고모델 조사… '여왕님' 전지현 지고 '이웃남' 장동건 떴다〉, 《조선일보》,

2007년 3월 30일, A22면.

81. 한현우, 〈"저와 테크노 댄스 한판 추실래요"〉, 《조선일보》, 2000년 5월 17일, 40면.

82. 하임숙·이진한, 〈'건강'도 지나치면 독(毒): 건강강박증에 빠진 대한민국〉, 《동아일보》, 2007년 1월 13일, 13면.

83. 강준만, 〈청결증후군〉, 《한국생활문화사전》(인물과사상사, 2006), 254~259쪽.

84. 유신재, 〈갖다 붙이니 착착…그 말 참 '착하다'〉, 《한겨레》, 2006년 12월 22일, 5면.

85. 민동용, 〈"대선나가 분위기 반전? 내가 무슨 치어리더냐": 강금실 전 장관〉, 《동아일보》, 2007년 2월 23일, A8면.

86. 한민수·안의근, 〈강금실의 힘, 실체 있나 거품인가〉, 《국민일보》, 2006년 3월 3일, 4면.

87. 이동관, 〈모성정치, 애인정치〉, 《동아일보》, 2006년 3월 30일, A34면.

88. 황상민, 〈'이미지 정치'의 최대 수혜자: 강금실 전 법무부 장관의 이미지〉, 《월간조선》, 2005년 11월, 552~557쪽; 황상민, 〈쿨한 인턴 정치인 혹은 한국의 힐러리?〉, 《시사저널》, 2006년 2월 28일, 19면.

89. 강금실, 《서른의 당신에게》(웅진지식하우스, 2007), 186쪽.

90. 고종석, 〈글을 먼저 읽고: 강금실, 또는 느낌의 지성〉, 강금실, 《서른의 당신에게》(웅진지식하우스, 2007), 5쪽.

91. 한기홍, 〈"'유혹적 이미지' 여자 아니라 '강인한 리더십' 여성상 보여줘라": 전여옥이 본 강금실〉, 《월간중앙》, 2005년 12월 54~55쪽.

92. 엄주엽, 〈강금실/페미니즘리더십의 새 표상: '조율' 탁월한 민주적 리더〉, 《문화일보》, 2003년 11월 25일, 21면.

93. 장 보드리야르, 배영달 편저, 〈페미니즘에 대한 보드리야르의 도전〉, 《보드리야르의 문화읽기》(백의, 1998), 211~242쪽.

94. 성한용, 〈강금실의 매력〉, 《한겨레》, 2006년 3월 17일, 26면.

95. 필립 뒤르세, 강주헌 옮김, 《유혹 그 무의식적인 코드》(나무생각, 2005), 12쪽.

96. 김정일, 《부드러운 칼의 노래: 아름다운 휴머니스트 강금실》(한국경제신문, 2004), 26쪽.

97. 조성식, 〈"나는 '빛의 전사', 내겐 아낄 게 없어요": 강금실 열린우리당 서울시장 후보〉, 《신동아》, 2006년 5월, 85쪽.

98. 조광희, 〈단독인터뷰/ '칼의 여인' 강금실〉, 《월간중앙》, 2003년 4월, 336쪽.

99. 이철호, 〈여 전대는 '강금실배 쟁탈전'?〉, 《세계일보》, 2006년 2월 17일, 3면.

100. 고종석, 〈특별하고 예외적인 금실씨〉, 《한국일보》, 2006년 3월 2일, 30면.

101. 구혜영, 〈강금실, 여와 거리두기?〉, 《서울신문》, 2006년 3월 29일, 5면; 심은정, 〈여 '강금

실 때리기'〉, 《문화일보》, 2006년 3월 29일, 7면.

102. 이숙이, 〈"서울시장 선거를 봄맞이 대축제로 만들고 싶다"〉, 《시사저널》, 2006년 4월 11일, 30면.

103. 윤평중, 〈정치인과 '시네마 폴리티카'〉, 《주간동아》, 2006년 4월 18일, 108면.

104. 조성식, 〈"나는 '빛의 전사', 내겐 아낄 게 없어요": 강금실 열린우리당 서울시장 후보〉, 《신동아》, 2006년 5월, 84쪽.

105. 강금실, 《서른의 당신에게》(웅진지식하우스, 2007), 66쪽.

106. 강병태, 〈강금실의 보랏빛 모호성〉, 《한국일보》, 2006년 4월 11일, 30면.

107. 이가영, 〈"한나라, 청와대 만찬 불참은 반민족적"〉, 《중앙일보》, 2006년 4월 20일, 6면.

108. 유성식, 〈반성없는 가면(假面) 선거〉, 《한국일보》, 2006년 4월 19일, 30면.

109. 김순덕, 〈강금실과 노무현〉, 《동아일보》, 2006년 4월 17일, A34면.

110. 류이근·최은주, 〈무서운 속도로 진화한 강금실〉, 《한겨레 21》, 2006년 6월 13일, 26면.

111. 류이근·최은주, 〈무서운 속도로 진화한 강금실〉, 《한겨레 21》, 2006년 6월 13일, 28면.

112. 조성식, 〈"나는 '빛의 전사', 내겐 아낄 게 없어요": 강금실 열린우리당 서울시장 후보〉, 《신동아》, 2006년 5월, 88쪽.

113. 고종석, 〈글을 먼저 읽고: 강금실, 또는 느낌의 지성〉, 강금실, 《서른의 당신에게》(웅진지식하우스, 2007), 8쪽.

114. 박철화, 〈강금실을 '읽다': 강금실의 문학 예술 마인드〉, 황성혜·조선희 외, 《강금실, 매혹의 카리스마》(이가서, 2004), 111쪽.

115. 조선희, 〈강금실로 가는 다섯 가지 코드: 한국 여성 정치의 최전선〉, 황성혜·조선희 외, 《강금실, 매혹의 카리스마》(이가서, 2004), 57쪽.

116. 딕 파운틴·데이비드 로빈스, 이동연 옮김, 《세대를 가로지르는 반역의 정신 cool》(사람과책, 2003), 195쪽.

117. 강금실, 〈책읽기 365/군중과 권력〉, 《경향신문》, 2007년 4월 2일, 1면.

118. 딕 파운틴·데이비드 로빈스, 이동연 옮김, 《세대를 가로지르는 반역의 정신 cool》(사람과책, 2003), 32, 86쪽.

119. 딕 파운틴·데이비드 로빈스, 이동연 옮김, 《세대를 가로지르는 반역의 정신 cool》(사람과책, 2003), 39쪽.

120. 김민호, 〈'방송 80돌' 시청자가 최고를 뽑았다〉, 《국민일보》, 2007년 2월 24일, 18면.

121. 정혜신, 《사람 VS 사람: 정혜신의 심리평전 II》(개마고원, 2005), 248쪽.

122. 이나리, 〈"내가 '과대포장' 됐다면 실체 벌써 드러났겠죠": 대한민국을 움직이는 '입', 손석

희〉, 《신동아》, 2006년 1월, 206쪽.

123. 김필규, 〈“수양이 덜 돼” 홈피에 사과: 주미대사와 인터뷰 때 언쟁 손석희씨〉, 《중앙일보》, 2007년 4월 24일, 12면.

124. 김고은, 〈이태식 주미대사 거짓말 ‘들통’ : 25일 ‘사과문’ 방송〉, 《PD저널》, 2007년 4월 25일, 4면.

125. 김창룡, 〈이태식 주미대사, ‘사죄’ 발언 오역이라더니〉, 《미디어오늘》, 2007년 4월 25일, 15면.

126. 김경애, 〈승률 높은 벤처 창업형 진행자: 《미디어 비평》 진행자 손석희〉, 《MBC 가이드》, 2001년 5월, 50쪽.

127. 정혁준, 〈“노대통령 · 이건희 회장에 질문 던지고 싶어”: 문화방송 ‘시선집중’ 5돌 맞은 손석희 아나운서 국장〉, 《한겨레》, 2005년 10월 21일, 24면.

128. 정혜신, 《사람 VS 사람: 정혜신의 심리평전 II》(개마고원, 2005), 264쪽.

129. 이나리, 〈“내가 ‘과대포장’ 됐다면 실체 벌써 드러났겠죠”: 대한민국을 움직이는 ‘입’, 손석희〉, 《신동아》, 2006년 1월, 206쪽.

130. 정혜신, 《사람 VS 사람: 정혜신의 심리평전 II》(개마고원, 2005), 266~272쪽.

131. 〈‘기획-스피치’ 말 잘하는 사람이 뜬다〉, 《캠퍼스헤럴드(www.camhe.com)》, 2007년 4월 17일자.

132. 홍세화, 〈방송토론 아직 ‘목마르다’ : 손석희 아나운서와의 대담〉, 《한겨레》, 2004년 3월 2일, 18~19면.

133. 손석희, 〈언론개혁과 대통령의 말: 손석희의 세상읽기〉, 《문화일보》, 2003년 8월 7일, 17면.

134. 이봉수, 〈현명관과 손석희〉, 《한겨레》, 2006년 3월 8일, 23면.

135. 정혜신, 《사람 VS 사람: 정혜신의 심리평전 II》(개마고원, 2005), 277쪽.

136. 오한숙희, 〈손석희, 부드럽지만 강한 남자의 ‘사랑법’〉, 《참여사회》, 1996년 11 · 12월호, 51쪽에서 재인용.

137. 이나리, 〈“내가 ‘과대포장’ 됐다면 실체 벌써 드러났겠죠”: 대한민국을 움직이는 ‘입’, 손석희〉, 《신동아》, 2006년 1월, 200~201쪽.

138. 오한숙희, 〈손석희, 부드럽지만 강한 남자의 ‘사랑법’〉, 《참여사회》, 1996년 11 · 12월호, 51쪽에서 재인용.

139. 김경애, 〈승률 높은 벤처 창업형 진행자: 《미디어 비평》 진행자 손석희〉, 《MBC 가이드》, 2001년 5월, 50쪽.

140. 정혜신, 《사람 VS 사람: 정혜신의 심리평전 II》(개마고원, 2005), 277쪽.

141. 손석희, 《풀종다리의 노래: 손석희 아나운서의 삶의 이야기》(역사비평사, 1993), 53~54쪽.

142. 손석희, 《풀종다리의 노래: 손석희 아나운서의 삶의 이야기》(역사비평사, 1993), 54쪽.

143. 임현선, 〈손석희 교수는?〉, 《미디어오늘》, 2006년 9월 13일, 7면.

144. 손석희, 《풀종다리의 노래: 손석희 아나운서의 삶의 이야기》(역사비평사, 1993), 75쪽.

145. 양성희, 〈공정방송의 간판스타 손석희 아나운서〉, 《월간 말》, 1992년 12월, 228쪽에서 재인용.

146. 이나리, 〈"내가 '과대포장' 됐다면 실체 벌써 드러났겠죠": 대한민국을 움직이는 '입', 손석희〉, 《신동아》, 2006년 1월, 199쪽.

147. 임현선, 〈손석희 교수는?〉, 《미디어오늘》, 2006년 9월 13일, 7면.

148. 조규완, 〈차라리 목이 길어 슬펐던 쪽: 아나운서 손석희〉, 《MBC 가이드》, 1992년 7월, 94~95쪽.

149. 양성희, 〈공정방송의 간판스타 손석희 아나운서〉, 《월간 말》, 1992년 12월, 231쪽.

150. 임현선, 〈"잘 견뎠구나, 프로그램도 저도 대견해요": 300회 맞은 MBC 〈100분 토론〉 사회자 손석희 성신여대 문화정보학부 교수〉, 《미디어오늘》, 2006년 9월 13일, 7면.

151. 딕 파운틴·데이비드 로빈스, 이동연 옮김, 《세대를 가로지르는 반역의 정신 cool》(사람과책, 2003), 39쪽.

152. 딕 파운틴·데이비드 로빈스, 이동연 옮김, 《세대를 가로지르는 반역의 정신 cool》(사람과책, 2003), 39~40쪽.

153. 홍세화, 〈방송토론 아직 '목마르다': 손석희 아나운서와의 대담〉, 《한겨레》, 2004년 3월 2일, 19면.

154. 양성희, 〈정치와 방송은 '관계' 없어야: '정치 불참' 선언 아나운서 손석희〉, 《문화일보》, 2003년 11월 6일, 19면.

155. 박인규, 〈대중성과 공익성을 겸비한 청정 방송인 손석희〉, 《MBC 가이드》, 2002년 3월, 13쪽.

156. 이나리, 〈"내가 '과대포장' 됐다면 실체 벌써 드러났겠죠": 대한민국을 움직이는 '입', 손석희〉, 《신동아》, 2006년 1월, 206~207쪽.

157. 임현선, 〈"잘 견뎠구나, 프로그램도 저도 대견해요": 300회 맞은 MBC 〈100분 토론〉 사회자 손석희 성신여대 문화정보학부 교수〉, 《미디어오늘》, 2006년 9월 13일, 7면.

158. 이나리, 〈"내가 '과대포장' 됐다면 실체 벌써 드러났겠죠": 대한민국을 움직이는 '입', 손석희〉, 《신동아》, 2006년 1월, 205쪽.

159. 오태수, 〈[타향에서]웃음을 주는 '개그'의 힘〉, 《전북일보》, 2007년 5월 10일자.

160. 안인용, 〈입장 번호표 1번을 위하여!〉, 《한겨레 21》, 2006년 10월 10일, 110면.

161. 엄주엽, 〈"TV가 사회 저질 평준화시킨다"〉, 《AM7》, 2006년 9월 14일, 6면.

162. 오태수, 〈[타향에서]웃음을 주는 '개그'의 힘〉, 《전북일보》, 2007년 5월 10일자.

163. 김희경, 〈피에로의 눈물을 아시나요?〉, 《한국일보》, 2006년 11월 11일, 18면.

164. 〈'기획-스피치' 말 잘하는 사람이 뜬다〉, 《캠퍼스헤럴드(www.camhe.com)》, 2007년 4월 17일자.

165. 정시행, 〈박근혜 유재석 인기 예로 들며 "지도자는 깨끗해야"〉, 《조선일보》, 2007년 3월 1일, A5면.

166. 신여진, 〈유재석: 선천성 배려증후군 탓 노총각 신세〉, 《스포츠서울》, 2006년 10월 31일, 13면.

167. 장은교, 〈문화수첩: 유재석을 향한 지나친 시선·관심〉, 《경향신문》, 2006년 12월 21일, K17면.

168. 김종광, 〈폭력과 존중심〉, 《국민일보》, 2007년 5월 2일, 22면.

169. 홍수현, 〈개그맨이 괴로우면 시청자는 즐겁다?〉, 《중앙일보》, 2006년 9월 7일, 24면.

170. 이승재, 〈'X맨'에 대한 고찰: 독설, 배신, 맞짱, 싸가지…신세대 코드 넘쳐나는 권위 파괴의 현장〉, 《신동아》, 2006년 1월, 314~315쪽.

171. 김윤종, 〈크로스 채널 시대〉, 《동아일보》, 2007년 5월 3일, A25면.

172. 강명석, 〈그들만의 연예계 뒷담화…"해도 너무해"〉, 《한국일보》, 2007년 4월 26일, 33면.

173. 강영구, 〈'유재석 입심' 연 20억 번다〉, 《스포츠칸》, 2006년 10월 27일자.

174. 장은교, 〈문화수첩: 유재석을 향한 지나친 시선·관심〉, 《경향신문》, 2006년 12월 21일, K17면.

175. 강영구, 〈'유재석 입심' 연 20억 번다〉, 《스포츠칸》, 2006년 10월 27일자.

176. 김고은, 〈오락프로그램 DY가 장악: 스타권력화 브레이크가 없다(상)〉, 《PD저널》, 2007년 2월 7일, 3면.

177. 정성민, 〈팬텀, DY 인수에도 주가 하락세〉, 《PD저널》, 2007년 3월 21일, 7면.

178. 장서윤, 〈팬텀 '제국'의 야망〉, 《한겨레 21》, 2007년 3월 20일, 42~43면.

179. 김고은, 〈오락프로그램 DY가 장악: 스타권력화 브레이크가 없다(상)〉, 《PD저널》, 2007년 2월 7일, 3면.

180. 조계완, 〈연예인 이사들이 돈도 벌어줄까〉, 《한겨레 21》, 2007년 3월 20일, 46면.

181. 이순혁, 〈'팬텀' 수십억 탈세혐의 검찰수사〉, 《한겨레》, 2007년 5월 3일, 10면; 박진석, 〈"팬텀, PD들에 주식로비"…연예계 '덜덜덜'〉, 《한국일보》, 2007년 5월 4일, A9면; 김필

규, 〈"금품 비리 또 터지나" 떨고 있는 방송연예계〉, 《중앙일보》, 2007년 5월 5일, 8면.

182. 남정호, 〈한류 속 민족 과잉 '문화수출' 방해: '비' 키운 박진영씨 도발적 제안〉, 《중앙일보》, 2007년 2월 7일, 2면.

183. 남정호, 〈"민족주의로 먹고사는 사람 너무 많다": 박진영씨 '한류 속 민족 과잉' 발언 파장〉, 《중앙일보》, 2007년 2월 8일, 3면.

184. 남정호, 〈"민족주의로 먹고사는 사람 너무 많다": 박진영씨 '한류 속 민족 과잉' 발언 파장〉, 《중앙일보》, 2007년 2월 8일, 3면.

185. 〈과잉 민족주의는 독이 된다(사설)〉, 《중앙일보》, 2007년 2월 9일, 34면.

186. 김종휘, 〈"한류는 원래 탈민족 착각하게 하지 말라": 문화평론가 김종휘씨, 박진영씨에게 되묻다〉, 《중앙일보》, 2007년 2월 9일, 3면.

187. 남재일, 〈"민족주의 광풍 비판한 것 한류 국수주의 경계해야": 문화평론가 남재일씨 "박진영씨 주장 일리 있다"〉, 《중앙일보》, 2007년 2월 10일, 4면.

188. 박진영, 〈내가 애국자라고?〉, 《조선일보》, 2007년 2월 13일, A34면.

189. 남정호, 〈"한국문화, 콘텐트 넘어 시스템 수출할 단계": 박진영씨, 미 하버드대서 '아시아 한류' 강연〉, 《중앙일보》, 2007년 2월 20일, 27면.

190. 이재언, 〈문화가 국부(國富)다〉, 《한국일보》, 2007년 4월 25일, 39면.

191. 박현동, 〈'딴따라'와 민족주의〉, 《국민일보》, 2007년 2월 13일, 23면.

192. 류숙렬, 〈"난 페미니스트의 노예가 되어도 좋아": 맛있는 남자 박진영〉, 《if》, 1998년 겨울, 148~149쪽.

193. 주철환·박진영 인터뷰, 〈시사 토크쇼 진행하고픈 '대중 공화국' 자유주의자〉, 월간 《말》, 1999년 3월호.

194. 류숙렬, 〈난 페미니스트의 노예가 되어도 좋아〉, 페미니스트 저널 《이프》, 1998년 겨울호, 150~151쪽에서 재인용.

195. 류숙렬, 〈"난 페미니스트의 노예가 되어도 좋아": 맛있는 남자 박진영〉, 《if》, 1998년 겨울, 147쪽.

196. 김지룡, 《재미있게 사는 사람이 성공한다》(명진출판, 1998), 129-130쪽.

197. 김기정, 〈'좋은 세상 만들기'의 첫걸음〉, 박진영, 《미안해》(김영사, 1999), 220쪽.

198. 박진영, 《미안해》(김영사, 1999), 28쪽.

199. 박진영, 《미안해》(김영사, 1999), 29쪽.

200. 박진영, 《미안해》(김영사, 1999), 111쪽.

201. 박진영, 《미안해》(김영사, 1999), 112쪽.

202. 박진영, 《미안해》(김영사, 1999), 117쪽.

203. 박진영, 《미안해》(김영사, 1999), 118쪽.

204. 박진영, 《미안해》(김영사, 1999), 122쪽.

205. 황태훈, 〈노력해서 안 되는 일이란 없다〉, 《학교에서 배우지 못한 것을 스타에게서 배운다》 (명진출판, 1998), 21쪽.

206. 박진영, 《미안해》(김영사, 1999), 124쪽.

207. 김찬호, 〈이젠 눈으로 말해봅시다〉, 《주간동아》, 2005년 12월 13일, 96면.

208. 최보식, 〈최보식기자 직격인터뷰/ '월드스타' 비〉, 《조선일보》, 2007년 4월 28일, B3면.

209. 황호택, 〈"고영구원장 정실인사 문제삼다 '지휘체계 문란' 으로 내몰렸다": 대학교수 복귀한 서동만 전 국정원 기조실장〉, 《신동아》, 2005년 4월, 82~101쪽.

210. 이하원, 〈인물연구/물러난 반기문 전 외교통상부 차관: 능력, 성실성, 대인관계서 그는 '전설' 같은 존재였다. 그러나 NMD가 그의 발목을 잡았다〉, 《월간조선》, 2001년 5월, 350~351쪽.

211. 고성표, 〈'세계의 대통령' 에 도전하는 '미스터 겸손' 〉, 《월간중앙》, 2006년 3월, 28쪽.

212. 최현미, 〈유엔사무총장실 인턴근무 수기/반기문 곁 24시: 총성없는 전쟁터…반기문은 외롭다〉, 《월간조선》, 2007년 5월, 439쪽.

213. 오종석, 〈반외교, 조용히 치른 장녀 결혼식〉, 《국민일보》, 2005년 5월 25일, 2면.

214. 배진영, 〈내막/반기문 외교부 장관의 발언 아부인가, 진심인가〉, 《월간조선》, 2005년 5월, 133~134쪽.

215. 이하원, 〈인물연구/물러난 반기문 전 외교통상부 차관: 능력, 성실성, 대인관계서 그는 '전설' 같은 존재였다. 그러나 NMD가 그의 발목을 잡았다〉, 《월간조선》, 2001년 5월, 353쪽.

216. 이하원, 〈인물연구/물러난 반기문 전 외교통상부 차관: 능력, 성실성, 대인관계서 그는 '전설' 같은 존재였다. 그러나 NMD가 그의 발목을 잡았다〉, 《월간조선》, 2001년 5월, 354쪽.

217. 이하원 · 안용균, 《조용한 열정, 반기문》(기파랑, 2006), 130~131쪽.

218. 박영환, 〈 '오락가락 대일외교' 도마에〉, 《경향신문》, 2005년 10월 25일, 2면.

219. 〈오락가락 대일외교, 실익 뭔가(사설)〉, 《서울신문》, 2005년 10월 26일, 31면.

220. 이하원 · 안용균, 《조용한 열정, 반기문》(기파랑, 2006), 131~132쪽.

221. 〈 '한강의 기적' 열매만 따먹는 정권은 '이제 그만' (사설)〉, 《동아일보》, 2006년 10월 5일, 19면.

222. 유태종, 〈 '반기문 노래' 나와〉, 《조선일보》, 2007년 3월 10일, A9면.

223. 도정일, 〈반기문과 '우물 안 한국' 〉, 《경향신문》, 2007년 1월 9일, 31면.

224. 조현호, 〈영웅주의 · 인권의식 부재 고민 없는 '반기문 띄우기'〉, 《미디어오늘》, 2007년 1월 10일, 11면.

225. 조현호, 〈영웅주의 · 인권의식 부재 고민 없는 '반기문 띄우기'〉, 《미디어오늘》, 2007년 1월 10일, 11면.

226. 이승철, 〈황금돼지와 '대박병'〉, 《경향신문》, 2007년 1월 16일, 30면.

227. 〈"난 이런 선물 받고 싶다" 10인에게 물어봤어요: 선물의 달 5월… 고를 때 참고하세요〉, 《한국일보》, 2007년 5월 4일자.

228. 김미영, 〈"독립 피디 저널리즘 침해" 논쟁 불붙어〉, 《한겨레》, 2007년 4월 12일, 21면.

229. 김영미 · 김홍길, 《바다에서 길을 잃어버린 사람들: 동원호 나포 117일간의 기록》(북하우스, 2007), 206쪽.

230. 배명복, 〈대한민국 외교부, 아직 멀었다〉, 《중앙일보》, 2007년 1월 11일, 30면.

231. 최재봉, 〈'남한산성'의 노래 김훈 소설 돌풍〉, 《한겨레》, 2007년 5월 5일, 2면.

232. 박해현, 〈김훈 소설 '남한산성' 남성을 사로잡다〉, 《조선일보》, 2007년 5월 7일, A19면.

233. 조성관, 〈동인문학상 수상한 소설가 김훈씨〉, 《주간조선》, 2001년 10월 18일, 105쪽.

234. 정혜신, 《사람 VS 사람: 정혜신의 심리평전 II》(개마고원, 2005), 317쪽.

235. 김훈, 〈책머리에〉, 《칼의 노래 1: 소설 이순신》(생각의나무, 2001), 12쪽.

236. 김순응, 〈저 멀리 군중을 떠나, 삶의 허무를 껴안는 필(筆)의 노래여…: 김순응 K옥션 대표를 감동시킨 소설가 김훈〉, 《동아일보》, 2007년 2월 17일, 21면.

237. 이명원, 〈김훈의 소설은 유령인가〉, 《한겨레》, 2007년 5월 10일, 30면.

238. 정혜신, 《사람 VS 사람: 정혜신의 심리평전 II》(개마고원, 2005), 302~303쪽.

239. 정혜신, 《사람 VS 사람: 정혜신의 심리평전 II》(개마고원, 2005), 302~303쪽.

240. 박해현, 〈김훈 소설 '남한산성' 남성을 사로잡다〉, 《조선일보》, 2007년 5월 7일, A19면.

241. 김훈, 〈"그의 칼은 칼일 뿐이었다"〉, 《월간조선》, 2001년 7월, 456쪽.

242. 김훈, 〈"그의 칼은 칼일 뿐이었다"〉, 《월간조선》, 2001년 7월, 463쪽.

243. 정혜신, 《사람 VS 사람: 정혜신의 심리평전 II》(개마고원, 2005), 303~304, 309쪽.

244. 강성민, 〈김훈: 손만 대면 황금이 되는 '참혹의 미학' …생은 계속 되새김하여 음미된다〉, 월간 《인물과 사상》, 2007년 6월, 129쪽.

245. 김훈 · 김용옥, 〈기자 도올, 소설가 김훈을 인터뷰하다〉, 《중앙일보》, 2007년 4월 13일, 3면.

246. 박해현, 〈김훈 소설 '남한산성' 남성을 사로잡다〉, 《조선일보》, 2007년 5월 7일, A19면.

247. 김훈 · 김용옥, 〈기자 도올, 소설가 김훈을 인터뷰하다〉, 《중앙일보》, 2007년 4월 13일, 3면.

248. 임순만, 〈김훈 소설의 문장〉, 《국민일보》, 2007년 5월 18일, 23면.

249. 오효진, 〈오효진의 인간탐험/ '칼의 노래' 김훈〉, 《월간조선》, 2002년 2월, 670쪽.

250. 오효진, 〈오효진의 인간탐험/ '칼의 노래' 김훈〉, 《월간조선》, 2002년 2월, 677~678쪽.

251. 오효진, 〈오효진의 인간탐험/ '칼의 노래' 김훈〉, 《월간조선》, 2002년 2월, 671쪽.

252. 오효진, 〈오효진의 인간탐험/ '칼의 노래' 김훈〉, 《월간조선》, 2002년 2월, 665~666쪽.

253. 오효진, 〈오효진의 인간탐험/ '칼의 노래' 김훈〉, 《월간조선》, 2002년 2월, 676쪽.

254. 김대성 정리, 〈 '회색분자' 많아야 좋은 세상/중도 깃발 아래 희망이 있어: 본보 문화부 기자들, 김훈을 만나다〉, 《한국일보》, 2004년 12월 30일, 25면.

255. 장강명, 〈"충무공의 명량대첩 꿈꾸는 건 시대착오": '칼의 노래' 김훈씨〉, 《동아일보》, 2007년 2월 24일, 5면.

256. 〈내가 무너졌던 30년 전 그 자리에 후배들이 서 있다〉, 고종석 외, 《기자로 산다는 것》(호미, 2007), 225쪽.

257. 김경, 《김훈은 김훈이고 싸이는 싸이다: 이 시대 가장 매혹적인 단독자들과의 인터뷰》(생각의나무, 2005), 23쪽.

258. 김훈 · 김용옥, 〈기자 도올, 소설가 김훈을 인터뷰하다〉, 《중앙일보》, 2007년 4월 13일, 3면.

259. 최재봉, 〈 '남한산성' 의 노래 김훈 소설 돌풍〉, 《한겨레》, 2007년 5월 5일, 2면.

260. 김정훈, 〈[盧대통령 訪美] "미국이 한국 도와줘야" 다섯차례 반복〉, 《동아일보》, 2003년 5월 13일자.

261. 안준현, 〈"대통령 방미 때 발언과 행동 노 변한 건 없고 무식한 탓"〉, 《한국일보》, 2003년 5월 24일, A2면.

262. 김훈 · 김용옥, 〈기자 도올, 소설가 김훈을 인터뷰하다〉, 《중앙일보》, 2007년 4월 13일, 3면.

263. 김훈, 《남한산성: 김훈 장편소설》(학고재, 2007), 5쪽.

264. 박해현, 〈신작 장편 '남한산성' 낸 소설가 김훈〉, 《조선일보》, 2007년 4월 17일, A24면.

265. 한윤정, 〈김훈 '바늘끝 문체' 로 쓴 병자호란…장편 '남한산성' 〉, 《경향신문》, 2007년 4월 19일, 20면.

266. 최재봉, 〈김훈 새 장편 '남한산성' 출간〉, 《한겨레》, 2007년 4월 19일, 27면.

267. 구둘래, 〈살아내는 것이 아름답다('남한산성' 서평)〉, 《한겨레 21》, 2007년 5월 1일, 52면.

268. 김훈 · 홍세화, 최재봉 정리, 〈"유전자는 같지만 진화 달랐다": 김훈–홍세화 특별한 만남〉, 《한겨레》, 2007년 5월 15일, 1, 4~5면.

269. 《새전북신문》, 2006년 5월 1일자.

270. 《한국일보》, 2006년 6월 14일자.

271. 《한국일보》, 2007년 3월 14일자 칼럼.

272. 《새전북신문》, 2007년 4월 2일자.

273. 김영석, 〈'하얀거탑' 속 노무현〉, 《국민일보》, 2007년 2월 15일, 22면.

274. 양성희, 〈분수대/하얀거탑〉, 《중앙일보》, 2007년 2월 17일, 27면.

275. 이지훈, 〈'하얀거탑'과 모피아〉, 《조선일보》, 2007년 3월 9일, A34면.

276. 남동철, 〈편집장이 독자에게/희생양 장준혁〉, 《씨네 21》, 2007년 3월 13일, 8면.

277. 고경태, 〈기를 쓰며 살어리랏다〉, 《씨네 21》, 2007년 3월 13일, 74면.

278. 김필규, 〈'하얀거탑' 주인공 살릴 수 없었던 사연〉, 《중앙일보》, 2007년 3월 13일, 23면.

279. 김민호, 〈하얀거탑 인기 후폭풍〉, 《국민일보》, 2007년 3월 13일, 20면.

280. Jean Baudrillard, 〈The Implosion of Meaning in the Media and the Implosion of the Social in the Masses〉, Kathleen Woodward, ed. 《The Myth of Information: Technology and Postindustrial Culture》(Madison, WI: Coda Press, 1980), p.148.

281. Arthur Kroker, 〈Baudrillard's Marx〉, 《Theory, Culture & Society》, 2:3(1985), pp.73~74.

282. 바트 무어-길버트, 이경원 옮김, 《탈식민주의! 저항에서 유희로》(한길사, 2001), 195쪽.

283. 도종환, 〈여성적 가치의 확산〉, 《한겨레》, 2005년 9월 27일, 30면.

284. 노컷뉴스, 〈"데뷔시절 '넌 뭘 믿고 시험 봤냐' 핀잔도 들어": '하얀거탑' 김명민〉, 《새전북신문》, 2007년 3월 22일, 13면; 김영덕, 〈드라마 '하얀거탑'과 한일 영상문화 비교〉, 《방송문화》, 제308호(2007년 4월), 56~63쪽.

285. 김영덕, 〈드라마 '하얀거탑'과 한일 영상문화 비교〉, 《방송문화》, 제308호(2007년 4월), 56~63쪽.

286. 최보윤, 〈추락한 야망…이 시대의 '이카루스' 장준혁〉, 《조선일보》, 2007년 3월 16일, A22면.

287. 최보윤, 〈추락한 야망…이 시대의 '이카루스' 장준혁〉, 《조선일보》, 2007년 3월 16일, A22면.

288. 최보윤, 〈추락한 야망…이 시대의 '이카루스' 장준혁〉, 《조선일보》, 2007년 3월 16일, A22면.

289. 정재혁, 〈사람들은 장준혁에게 옹호가 아니라 공감하는 거다: 장준혁역 김명민〉, 《씨네 21》, 2007년 3월 13일, 76~77면.

290. 정재혁, 〈사람들은 장준혁에게 옹호가 아니라 공감하는 거다: 장준혁역 김명민〉, 《씨네 21》, 2007년 3월 13일, 76~77면.

291. 강준만, 〈논쟁의 양극화를 경계하자〉, 《대학생 글쓰기 특강》(인물과사상사, 2005),

241~247쪽.

292. 전상인, 〈TV 토론 프로, 이대론 안된다〉, 《조선일보》, 2007년 5월 4일, A34면.

293. 김갑수, 〈"노 대통령, 그래도 난…"〉, 《한겨레》, 2005년 9월 2일, 27면.

294. 김갑수, 〈노무현 탓?〉, 《한겨레》, 2006년 12월 11일, 30면.

295. 김갑수, 〈마법에 걸린 나라〉, 《한겨레》, 2007년 3월 5일, 30면.

296. 김갑수, 〈요코하마에서의 FTA 생각〉, 《한겨레》, 2007년 4월 16일, 30면.

297. 김갑수, 〈김승연 회장은 곧 잊혀진다〉, 《한겨레》, 2007년 5월 7일, 30면.

298. 오관철, 〈"우리 농민들, 광야에서 발가벗긴 채 떨고 있다": 김성훈 전농림장관 한미 FTA 신랄 비판〉, 《경향신문》, 2007년 5월 5일, 2면.

299. 홍석봉, 〈춤추는 비판의 잣대들〉, 월간 《인물과 사상》, 2007년 6월, 6쪽.

300. 김갑수, 〈너무 거칠었다, 우리 모두!〉, 《한겨레》, 2005년 12월 16일, 27면.

301. 김갑수, 〈사기도 음모도 아닐 수 있다〉, 《한겨레》, 2006년 1월 6일, 27면.

302. 김갑수, 《텔레만을 듣는 새벽에: 김갑수의 음악과 사랑 이야기》(웅진닷컴, 2001), 43쪽.

303. 강준만, 〈노무현과 영남 민주화세력의 한(恨)〉, 월간 《인물과 사상》, 2007년 3월, 70~71쪽.

304. 딕 파운틴·데이비드 로빈스, 이동연 옮김, 《세대를 가로지르는 반역의 정신 cool》(사람과 책, 2003), 184쪽.

305. 박재현, 〈소설은 죽었다…아니, 살아있다〉, 《경향신문》, 2006년 6월 19일, M1면.

306. 박유하, 〈노래하기 시작한 '태엽감는 새': 무라카미 하루키의 세계관의 변용〉, 《상상》, 1995년 여름, 109쪽.

307. 박재현, 〈소설은 죽었다…아니, 살아있다〉, 《경향신문》, 2006년 6월 19일, M1면.

308. 김상기, 〈대학생들 지금 '일본소설 탐닉중'〉, 《국민일보》, 2006년 12월 26일, 9면.

309. 박선영, 〈하루키·이문열·고은…: 30대 문인들이 뽑은 '과대평가된 문인'은〉, 《한국일보》, 2006년 9월 27일, 9면; 박수진, 〈이문열·하루키 "지나친 숭상"…이승우 재주목해야: 신진문인 의식조사〉, 《교수신문》, 2006년 9월 25일, '비평' 3면.

310. 김지영, 〈"무라카미 '노르웨이의 숲'은 음담패설집": 원로평론가 유종호씨 "약삭빠른 글장수의 책" 혹평〉, 《동아일보》, 2006년 5월 25일, A23면.

311. 최정아, 〈따뜻한 사랑, '회복'을 노래하다: 일류 연 무라카미 하루키의 소설들〉, 《경향신문》, 2007년 5월 12일, K13면.

312. 《조선일보》, 2006년 7월 29일자.

313. 최재봉, 〈무라카미 하루키를 재검증하라〉, 《한겨레》, 2007년 3월 30일, 책·지성섹션, 17면.

314. 태풍클럽 출판 편집자, 〈하루키를 읽는다는 것〉, 《한겨레 21》, 2007년 5월 8일, 57면.

315. 손민호, 〈쿨한 연애담, 한국 독자 홀리다: 일본소설 신드롬 왜 왜 왜?〉, 《중앙일보》, 2005년 7월 5일, 19면.

316. 《한겨레》, 2000년 8월 3일, 8면 광고.

317. 박재현, 〈소설은 죽었다…아니, 살아있다〉, 《경향신문》, 2006년 6월 19일, M1면.

318. 장재선, 〈'일(日) 소설 공습' 심상찮다〉, 《문화일보》, 2005년 9월 5일, 23면.

319. 무라카미 하루키, 유유정 옮김, 《상실의 시대: 무라카미 하루키 장편소설》(문학사상사, 1994), 70쪽.

320. 무라카미 하루키, 유유정 옮김, 《상실의 시대: 무라카미 하루키 장편소설》(문학사상사, 1994), 50쪽.

321. 무라카미 하루키, 유유정 옮김, 《상실의 시대: 무라카미 하루키 장편소설》(문학사상사, 1994), 165쪽.

322. 이주현 · 최혜정, 〈나 지금 쿨~ 하니?〉, 《한겨레 21》, 2003년 10월 1일자.

323. 조계완, 〈삶의 악센트? 죽음의 키스!: 경쟁과 미래에 대한 불안 속에 독버섯처럼 자라나는 직장인 스트레스, 당신을 갉아먹고 있다〉, 《한겨레 21》, 2004년 9월 23일, 46~48면.

324. 문향란, 〈한국인 81% "스트레스 받아"〉, 《한국일보》, 2006년 12월 21일, 10면.

325. 김회승, 〈한국 직장 스트레스 세계 최고〉, 《한겨레》, 2007년 4월 11일, 19면.

326. 박지영, 《유쾌한 심리학》(파피에, 2003), 146쪽.

327. 탁석산 · 조긍호, 〈대담서평: "한국인 이해의 개념틀"로 나눈 철학자와 심리학자의 대화〉, 《교수신문》, 2003년 5월 5일, 9면.

초판 1쇄 찍음 2007년 8월 1일 • 초판 2쇄 2007년 11월 8일 • 지은이 강준만 • 펴낸이 강준우 • 편집 홍석봉, 정지희, 박승범, 김윤곤, 김수현 • 디자인 이은혜, 최진영 • 마케팅 이태준 • 관리 김수연 • 펴낸곳 인물과사상 • 출판 등록 제17-204호 1998년 3월 11일 • 주소 서울시 강동구 성내1동 533-1 영우빌딩 301호 • 전화 02-471-4439 • 팩스 02-474-1413 • 우편(134-600) 서울시 강동구 강동우체국 사서함 164호 • www.inmul.co.kr • insa@inmul.co.kr • ISBN 978-89-5906-065-8 03300 • 값 12,000원 • 이 저작물의 내용을 쓰고자 할 때는 저작자와 인물사상의 허락을 받아야 합니다. 파손된 책은 바꾸어 드립니다.